SCHÄFFER
POESCHEL

Roswita Königswieser/Erik Lang/Ulrich Königswieser/
Marion Keil (Hrsg.)

Systemische Unternehmensberatung

Die wirksamsten Theorien, Modelle und Konzepte für die Praxis

2013
Schäffer-Poeschel Verlag Stuttgart

Reihe Systemisches Management

Gedruckt auf chlorfrei gebleichtem, säurefreiem und alterungsbeständigem Papier.

Bibliografische Information der Deutschen Nationalbibliothek
Die Deutsche Nationalbibliothek verzeichnet diese Publikation in der Deutschen
Nationalbibliografie; detaillierte bibliografische Daten sind im Internet über
< http://dnb.d-nb.de > abrufbar.

ISBN 978-3-7910-3290-0

© 2013 Schäffer-Poeschel Verlag für Wirtschaft · Steuern · Recht GmbH
www.schaeffer-poeschel.de
info@schaeffer-poeschel.de

Einbandgestaltung: Dietrich Ebert, Reutlingen/Jessica Joos
Satz: Marianne Wagner
Alle Zeichnungen: Rupert Königswieser
Druck und Bindung: Kösel Krugzell · www.koeselbuch.de
Printed in Germany
September 2013

Schäffer-Poeschel Verlag Stuttgart
Ein Tochterunternehmen der Verlagsgruppe Handelsblatt

Vorwort

Immer wieder sind wir davon fasziniert, wie die Teilnehmer unserer Komplementärberaterausbildung die Aufgabe lösen, für den gesamten Lehrgang vorgegebene Theorien aufzubereiten und sie verständlich, kurzweilig – zum Beispiel in Bildern und Sketches unter Miteinbeziehung der Zuhörer – und anwendungsorientiert zu präsentieren. In Kleingruppen und mit verteilten Rollen gestalten sie einen Zeitraum von etwa zwei Stunden so lebendig, dass klar wird, welche Relevanz Theorien – etwa bezüglich Strategie, Steuerung, Führung etc. – für die Beraterpraxis haben. Es geht darum, den Zuhörern kognitiv und emotional zu vermitteln, was zum Beispiel Prozessorientierung bedeutet, welche Dimensionen sie hat und welche praktischen Konsequenzen zu beachten sind, will man als Manager oder Berater am Erstellen erfolgsversprechender prozessorientierter Strukturen mitwirken. Die dabei entstandenen Beiträge zum Theorieverständnis sind wahre Schätze im Prozess der Professionalisierung von Beratern und Managern, und das zu erleben brachte uns auf die Idee, einen praxisorientierten »Theoriesammelband« herauszugeben.

Alle Autoren dieses Buches waren in unserer Ausbildung. Sie sind quasi Repräsentanten verschiedener Theoriearbeitsgruppen, die zusätzlich zu Fallarbeiten, Reflexionen über die eigene Beraterrolle, Übungen etc. zentrale Theorien aufbereiten. Wir finden, dass das Wissen hinsichtlich theoretischer Konzepte nicht nur für Komplementärberater, sondern für alle Berater, die fundiert arbeiten wollen, wichtig ist.

Unserer Meinung nach genügt es nicht, als Berater über viel Erfahrung, bewährte Problemlösungstechniken, gute Instrumente, Methoden und Interventionstools zu verfügen und somit professionell zu arbeiten – ja es genügt langfristig nicht einmal, zufriedene Kunden zu haben. Zu einer fundierten, nachhaltig erfolgreichen Beratung gehört auch ein Theorieverständnis, das Zusammenhänge aufzeigt, imstande ist, erlebte Phänomene zu erklären und einordnen zu helfen, Orientierung zu verschaffen sowie zu entlasten.

Modelle und Konzepte von Beratern sind dann »gut«, wenn sie zum einen an das Klientensystem anschlussfähig sind – man sich also als Praktiker in ihnen wiederfindet – und zum anderen Orientierung bieten, es ermöglichen, selbstbewusster zu intervenieren und somit eine Brücke zwischen Unternehmen und dynamischer Wissensproduktion zu bilden.

Welches sind aber nun relevante Theorien?

Die Ausdifferenzierung der Gesellschaft erfasst alle Gebiete – auch die Wissenschaften. Die zunehmende Spezialisierung der Disziplinen hat eine weitere Komplexitätssteigerung zur Folge, weil zwangsläufig auch die Anzahl an Publikationen explosionsartig zunimmt. Als an Theorie Interessierter sieht man den Wald vor lauter Bäumen nicht mehr.

Wie ist Vielfalt zu reduzieren? Wie sind Inhalte zu reintegrieren? Wie ist ein Prozess des Zusammenführens getrennter Entwicklungen verschiedener Disziplinen zu bewerkstelligen? Wie kann eine Auswahl getroffen werden, die nicht flach, seicht, oberflächlich erscheint?

Wir sehen die Welt nicht als eine Sammlung isolierter Teile, sondern als ein lebendiges Netzwerk, in dem alles und jedes jeweils miteinander in Beziehung steht und voneinander abhängt – als eine komplexe Bewegung, bei der alles im Fluss ist, alles ständig entsteht und vergeht.

Obwohl sich das Lebendige permanent verändert und unserem Zugriff, unseren Einordnungsversuchen immer wieder entzieht, kann man auf einer abstrahierenden Metaebene Muster erkennen, Theorien formulieren, Denkfiguren entwickeln, die helfen, die Dynamik zu verstehen, die entsprechenden Phänomene zu erklären und den Überblick zu erleichtern.

Es bleibt aber die Frage: Was ist relevant? Was ist eine »nützliche« Theorie?

Wodurch unterscheiden sich Alltagstheorien, die man immer im Hinterkopf hat, von wissenschaftlichen Theorien oder von Erfahrungswissen? Solche erkenntnistheoretischen Fragen zu vertiefen würde diesen Rahmen sprengen. Wir verstehen unsere Theorieangebote lediglich als geistiges Rüstzeug – wir suchen nicht nach Wahrheiten oder Gesetzen, sondern nach der jeweiligen Bedeutung für unsere Art von Beratung.

Im Gegensatz zu »dünnen« Beschreibungen sind wir bestrebt, unseren Lesern »dichte« Beschreibungen (Clifford Geertz) zu liefern, aus Beobachtungen und Analysen in gemeinsamer Reflexion die Bedeutungsstrukturen herauszuarbeiten und Zusammenhänge in theoretische Annahmen zu übersetzen. In diesem Sinne bewegen wir uns nicht auf der Metaebene von wissenschaftlich verifizierten Abstraktionen, sondern versuchen, reflektiertes Erfahrungswissen in (bekannte und neue) Modelle zu gießen.

Als Berater haben wir die Aufgabe, zu verstehen, was sich im System abspielt. Wir müssen die Vorstellungsstrukturen, von denen Handlungen bestimmt werden, erfassen und gleichzeitig analytische Begriffssysteme, also Konstrukte, entwickeln, die geeignet sind, die tief liegenden Muster zu beschreiben. Die Aufgabe der Theorie besteht für uns darin, ein Vokabular bereitzustellen, das diese Ideen sprachlich vermitteln kann. Wir hoffen, dass uns das gelingt.

Natürlich lernt man während der eigenen Ausbildungen eine Fülle von Modellen, Theorien, Konzepten kennen, liest Bücher, die einem interessant erscheinen oder einem empfohlen werden, aber die Komplexität des Angebots, die Flut von Publikationen, die uns überschwemmt, erzeugt oft auch Überforderung. Es gibt berechtigte Wünsche nach Fokussierung, nach radikaler Reduktion, eine Sehnsucht nach Einfachheit, nach Erfahrungsaustausch. Was ist wirklich wichtig? Was hilft in der Praxis?

So wie es entlastend und hilfreich sein kann, bevor man in ein fremdes Land reist, neben vielen Büchern auch einen kleinen Reiseführer zu lesen, damit daraus eine kompakte Auswahl an Hotels, Restaurants, besonders schönen Plätzen, Geheimtipps und Highlights als Empfehlung übrig bleibt, so kann es sehr nützlich sein, etwas über Theorien und Konzepte zu lesen und zu erfahren, was davon anderen Beratern in der Praxis hilft. In diesem Sinne wollen wir hier unser Wissen zur Verfügung stellen.

Empfehlungen stellen immer eine Auswahl dar. Sie sind ausschließlich subjektiv begründbar, aber gerade deshalb hilfreich. Wenn wir als Berater, Projektleiter oder Manager Prozesse steuern, ist es wertvoll zu verstehen, welche Phänomene (z. B. Macht, Kultur, Denkmuster) uns begegnen, wie wir diese einordnen bzw. bewerten und welche Interventionen wir daher im Sinne unseres Projektziels setzen.

Uns geht es – wie schon gesagt – in erster Linie um Relevanz für die Praxis. Dazu nutzen wir unser kollektives K&N-Erfahrungswissen. Natürlich erspart das Lesen dieser Artikel nicht die lebenslange Aneignung von und Auseinandersetzung mit Theorien, aber diese Texte sollen die Möglichkeit bieten, bei Bedarf nachzuschauen, was andere über verschiedene Inhalte zu sagen haben, nicht nur um Situationen und Zusammenhänge besser zu verstehen, sondern etwa auch, um rasch einen Theorieinput liefern zu können, aufgeführte Tools zu nutzen, Anregungen bezüglich Interventionen zur Hand zu haben.

Da wir den systemisch-komplementären Ansatz vertreten, versuchen wir nicht nur nebeneinander bestehende Inhalte aufzulisten, sondern diese möglichst in den Kontext konkreter Situationen einzubetten. Daher beziehen wir uns auch auf zukünftige Trends, betonen die Situationsabhängigkeit, geben grundsätzliche Anregungen und Tipps für die Praxis.

Natürlich kann man in Texten weit weniger analoge Impulse liefern als in Live-Interaktionen. Aber wir versuchen, einen Hauch davon anhand kleiner Geschichten, Szenen, Bilder und Interventionsbeschreibungen zu vermitteln.

Wir danken allen Ausbildungsteilnehmern und Beraterkollegen, die direkt oder indirekt an diesem Buch mitgearbeitet haben. In alter Tradition hat wieder Rupert Königswieser für uns Bilder gezeichnet, hat unsere Lektorin Nora Stuhlpfarrer die Manuskripte bearbeitet, und ohne Simone Patrick und Martina Gerstbauer wäre der Koordinationsprozess nicht so reibungslos vonstatten gegangen.

Die Herausgeber
Roswita Königswieser
Erik Lang
Ulrich Königswieser
Marion Keil

Inhalt

Kommunikation als konzertierter Dialogprozess

Macht als vielfältiges Beziehungsphänomen

Beraterprofessionalität als Balanceakt

Roswita Königswieser/Erik Lang

Trotz massiver Eheprobleme, die beim Frühstück zu einer Eskalation geführt hatten, arbeitet der Berater im Workshop ruhig und einfühlend. Über das positive Feedback seines Kollegen (»Du warst sehr professionell!«) freut er sich – gleichzeitig jedoch beneidet er jene Teilnehmer, die über ihre Probleme sprechen können.

In unserer ausdifferenzierten Gesellschaft, in der Rolle und Person zumeist nicht identisch sein können, ist Professionalität eine Selbstverständlichkeit. Aber wodurch genau ist Professionalität eigentlich gekennzeichnet? Sind das Persönlichkeitsmerkmale, Fähigkeiten, die unabhängig von der konkreten Situation gelten? Diese Fragen zu beantworten, wollen wir hier versuchen.

Wir haben dieses Thema in all unseren Beraterausbildungen behandelt, Kunden befragt, was sie unter Professionalität von Beratern – und Managern – verstehen, und unsere persönlichen Werte prägen natürlich unsere Meinung mit.

Wir unterscheiden vier interdependente Dimensionen von Professionalität, die wiederum in den Kontext Berater-Klienten-System bzw. in die Staffarbeit ein-

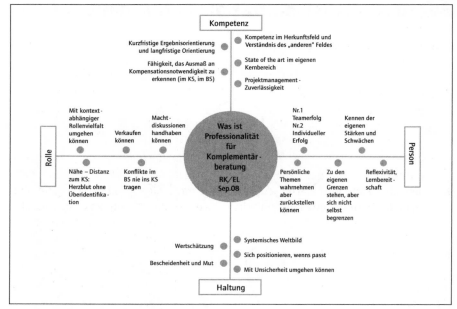

Abb. 1: Die vier Dimensionen der Professionalität

gebettet sind. Die Stichwörter in Abbildung 1 wollen wir nachfolgend ausführlich erläutern.

Es geht um Persönlichkeitsmerkmale, um relevante Kompetenzen, um ein bestimmtes Rollenverständnis und letztlich um die im Arbeitsprozess gelebte Grundhaltung.

Professionalität ist das Ergebnis vielschichtiger Faktoren. Die für uns wichtigsten sollen hier angeführt werden. Eine der Voraussetzungen ist das Wissen um die eigenen Stärken und Schwächen. Es ist peinlich, wenn jemand sich überschätzt, es ist aber auch nervend, wenn jemand sich grundsätzlich unterschätzt. Eine größtmögliche Übereinstimmung von Selbst- und Fremdbild erleichtert die Zusammenarbeit, macht Erfolg wahrscheinlicher und entlastet.

Mit einer realistischen Selbsteinschätzung hängt auch die Fähigkeit zusammen, die eigenen Grenzen zu sehen, zu ihnen zu stehen. Gleichzeitig aber sollte man sich dadurch nicht zu sehr selbst beschränken, sondern immer wieder bewusst auch über Grenzen gehen, um Neues auszuprobieren, zu lernen, zu wachsen. Diese Fähigkeiten ausgewogen einzusetzen kommt bisweilen einer Gratwanderung gleich.

Emotionale Kompetenz ist für uns ein weiteres Merkmal einer reifen Persönlichkeit, was aber nichts mit dem biologischen Alter zu tun haben muss. Dazu gehört Einfühlungsvermögen, ohne sich zu sehr mit dem Gegenüber zu identifizieren. Professionelles Verhalten bedeutet, sich Gefühle wie Ängste, Neid, Trauer etc. eingestehen zu können, sie wahrzunehmen, nicht zu verdrängen, aber zurückstellen zu können. Sich selbst als einen Resonanzkörper zu nutzen ist zwar nicht einfach, aber kann eine wertvolle Informationsquelle sein, insbesondere wenn es um existenzielle Themen geht. Charakteristisch finden wir auch, welche Bedeutung jemand dem eigenen Erfolg bzw. dem Erfolg des Kunden in Relation zum Teamerfolg beimisst. Jemand, der seine Leistungen immer wieder herausstreicht, dem das persönliche Wahrgenommenwerden wichtiger ist als der Teamerfolg, ist als Berater, der fast immer Teamplayer sein muss, unprofessionell.

Selbstverständlich ist die Fachkompetenz – die Ausbildung, der persönliche Erfahrungsschatz, die permanente Weiterbildung im eigenen Fachgebiet bzw. Kernbereich (»state of the art«) – die Basis für professionelles Handeln. Um aber die eigene Kernkompetenz kontinuierlich erweitern zu können, ist es unverzichtbar, sich auch Wissen bezüglich der angrenzenden Felder anzueignen. So ist z. B. ein Fachberater dann professionell, wenn ihm die Kenntnisse anderer Fach- und Prozessberater – und somit die Übereinstimmungen mit und Abgrenzungen zu diesen – vertraut sind. Eine weitere notwendige Fähigkeit, nämlich die, das Ausmaß an Kompensationsnotwendigkeit zu beurteilen, erfordert besondere Subtilität. Das gilt speziell für Komplementärberater, die an sich den Anspruch erheben, als Team erkennen zu können, was das Klientensystem selbst zu leisten imstande ist und was es vorerst »von außen« an Hilfe braucht. Aber es gilt auch generell in allen anderen Beratungsansätzen, dass es eines klaren Auftrags bedarf, also auszuhandeln ist, was im Beratungsprozess nötig, möglich und machbar ist. Und das betrifft nicht nur die Analyse im Klientensystem, sondern auch die Selbsteinschätzung im Beratungsteam.

Eine weitere Herausforderung liegt unserer Meinung nach darin, das Streben nach rasch erzielbaren Ergebnissen und den Wunsch nach Nachhaltigkeit in Balance zu halten. Wir halten es für unprofessionell, ausschließlich den Kurzfristerfolg anzusteuern, es sei denn, es geht um einen klaren Sanierungsfall. Dem Kunden sollte der oft auftretende Widerspruch zwischen Kurz- und Langfristigkeit bewusst sein. Der Berater hat dafür zu sorgen, dass das thematisiert wird, auch wenn es unbequem ist. Zu klären ist zudem, wer wofür verantwortlich ist.

Beratung ist Projektarbeit. Sie kann über einen kürzeren oder längeren Zeitraum erfolgen. In jedem Fall ist dafür aber das Handwerkszeug eines professionellen, zuverlässigen Projektmanagements als Voraussetzung unabdingbar.

Rollen sind mit Erwartungen verbunden. Diese zu kennen – also offen zu besprechen und auszuhandeln – ist ein wesentliches Element von Professionalität. Ohne vorab die Erwartungen geklärt zu haben, kann man auch keinen Erfolg verzeichnen, selbst wenn man de facto erfolgreich war. Es müssen nicht gerade Kennzahlen sein, aber die wesentlichen qualitativen und quantitativen Erfolgskriterien sollten vorweg mit den Auftraggebern definiert werden. Daraus ergeben sich auch die Rollenbilder, die es dann umzusetzen gilt. Zeichnet der Berater für die Entwicklung des ganzen Unternehmens verantwortlich, nur für einen Teil oder lediglich für das Topmanagement? Oft ist auch die anfallende Rollenvielfalt in ihrer Widersprüchlichkeit nicht leicht zu bewältigen: Einmal muss man inhaltlicher Sparringspartner sein, dann wieder ist man als Coach gefordert, manchmal müsste man eigentlich fast ein Therapeut sein.

Das adäquate Maß an Nähe bzw. Distanz zu den Akteuren des Klientensystems und speziell zu den Auftraggebern und Projektleitern zu halten, ist ein weiteres Professionalitätskriterium. Viele Projekte sind nur mit Herzblut in Gang zu bringen bzw. zu halten, eine »Überidentifikation« schadet jedoch mehr als sie nützt.

Als Berater wird man früher oder später – strukturell bedingt – immer in die vorhandenen Machtgefüge involviert. Einerseits muss man sie als Realität sehen, andererseits muss man aber auch im Hinblick auf die Zukunftsfähigkeit des Unternehmens helfen, sie zu verändern. Speziell bei Change-Prozessen werden die Einflusslandschaften immer umgemodelt, die Machtstrukturen verschoben. Das erzeugt Widerstände und oft auch negative Projektionen – bis hin zu Attacken den Beratern gegenüber. Sich hier souverän zu verhalten – ohne Partei zu ergreifen – gelingt nur mit Hilfe von Reflexion und überlegten Interventionen.

Als letzten Punkt zu unserer Sicht der professionellen Beraterkompetenzen möchten wir noch anführen, dass Konflikte im Beratersystem niemals vor, im oder über das Klientensystem ausgetragen werden dürfen. Das sollte eigentlich eine Selbstverständlichkeit sein. Aber Professionalität bedeutet eben auch im internen Umgang vor allem mit Problemen und den eigenen Gefühlen bewusst und reflektiert, also souverän, umgehen zu können.

Als grundlegendste Dimension von Professionalität liegt uns schließlich die »Haltung« am Herzen: Immer wieder erleben wir, dass jemand sich vordergründig als starke Persönlichkeit präsentiert, dann aber aufgrund seiner in der Praxis an den Tag gelegten Haltung – trotz hoher fachlicher Kompetenz und Rollenklarheit – dennoch den Eindruck von Unprofessionalität erweckt. Eine echte, authentische, wertschätzende Haltung Menschen gegenüber ist nicht etwas, das man »eben mal schnell anwendet«, sondern Ausdruck verinnerlichter Wertvorstellungen.

Der Beraterberuf bringt viel Unsicherheit mit sich, denn die Anforderungen und die Komplexität nehmen für Unternehmen und Berater ständig zu. Mit dieser Situation weder ängstlich noch präpotent umzugehen, das ist eine Kunst. Eine professionelle Haltung verlangt Mut und gleichzeitig Bescheidenheit, sie erfordert Neutralität, aber auch die Fähigkeit, einen Standpunkt konsequent zu vertreten. Das ausgleichende Oszillieren zwischen diesen Polen ist sehr hilfreich, vorausgesetzt man hat kein mechanistisches Weltbild, sondern eine Grundhaltung, die es ermöglicht, ein Stück weit auf die Selbststeuerung und Leistungsfähigkeit von Teams zu vertrauen und trotz starken Engagements Gelassenheit an den Tag zu legen.

Der Königsweg zu Professionalität ist also das reflektierte Oszillieren zwischen – scheinbar widersprüchlichen – Polen. So gelingt situativ »richtiges« Handeln, das von Authentizität getragen ist. Zwischen den folgenden Polen sollten wir uns wie Seiltänzer, die einen ständigen Balanceakt vollführen, bewegen:

Selbstbewusstsein, Mut	–	Bescheidenheit
eigene Grenzen kennen	–	bewusst über sie hinausgehen
eigene Gefühle zulassen	–	eigene Gefühle kontrollieren
Betroffen sein, Engagement zulassen	–	Distanz wahren können
Sicherheit geben und kompensieren, was nötig ist	–	so wenig wie möglich machen, das Wissen des Kunden bestmöglich nutzen
kurzfristige Ergebnisorientierung	–	langfristige Nachhaltigkeit
Entschleunigung	–	Effizienz
definierte Erfolgsfaktoren	–	flexible Prozessorientierung
Augenhöhe zu den Mächtigen	–	»Dienstleister« fürs ganze Unternehmen sein
Rollenklarheit	–	Authentizität

Abb. 2: Oszillieren zwischen Polen

Natürlich bildet eine gute, vertrauensvolle Beziehung zwischen Berater- und Klientensystem die Basis für professionelles Handeln. Eine wesentliche Unterstützung trägt hierzu die Staffarbeit bei. Sie bietet den strukturellen Rahmen für Professionalität, da sie infolge kontinuierlicher Reflexionsarbeit einen bewussten Umgang mit dem Geschehen im Beraterteam – vor allem aber im Klientensystem – ermöglicht. Nur so kann man Hypothesen ableiten, Interventionen immer wieder nachjustieren und läuft nicht Gefahr, den Pfad der Professionalität zu verlassen.

Strategie als Orientierung im Organisationsdschungel

Benjamin Wellstein/Marion Keil

1. Einleitung

Stellen Sie sich vor, Sie erhalten einen Anruf vom Leiter eines Expeditionsteams. Er hat gehört, dass Sie sehr erfahren in strategischer Beratung sind, und hätte gern ein paar Tipps von Ihnen. Sie stellen ihm fünf Fragen: Als Erstes wollen Sie wissen, welche Vorstellungen er bezüglich der Zukunft seines Teams hat. Sie erfahren, dass er es zum bekanntesten Expeditionsteam der Welt machen möchte. Die zweite Frage betrifft das innerhalb der nächsten drei Jahre denkbar anspruchsvollste Ziel. Er nennt eine bedeutende Expedition in die Antarktis. Drittens fragen Sie, ob die Mannschaft hierfür bereits feststeht und welche Erfahrungen und Kompetenzen die Teammitglieder mitbringen. Die Antwort lautet, dass er ein hochspezialisiertes Team zusammengestellt hat. Viertens interessiert Sie, ob er sich mit den zu erwartenden Umweltbedingungen genügend auseinandergesetzt hat. Auch dies hat er bereits zur Aufgabe des Teams gemacht. Schließlich bitten Sie den Expeditionsleiter, die Schritte zu beschreiben, mit denen er das Team bekannt machen möchte. Er meint, diese wolle er ja von Ihnen wissen. Sie entgegnen, dass er mehr über seine Expedition und sein Team wisse als Sie. Da sie aber schon viele Teams beobachtet hätten, könnten Sie ihn dabei unterstützen, mithilfe unterschiedlicher Techniken auf sein Vorhaben zu blicken und so mehr Sicherheit bezüglich der richtigen Lösungen und Herangehensweisen zu gewinnen. Und natürlich würden Sie ihm auch als »Sparringspartner« hinsichtlich inhaltlicher Fragen zur Verfügung stehen.

Was hat eine Expedition mit Strategie zu tun? Unseres Erachtens eine ganze Menge: Man kann Strategieentwicklung als eine Art Wanderung verstehen, die bei wechselnden Umweltbedingungen stattfindet und deren Route – an sich ungewiss – erst beim Gehen entsteht. Als Grundlage für eine Strategie kann es sich daher empfehlen, eine stabile übergreifende Vision für das Vorhaben zu entwickeln, die den Gesamtzweck des Unternehmens deutlich macht und Sinn und Motivation für die Beteiligten stiftet. Schritte zur Erfüllung der Vision erfolgen dann, wenn anspruchsvolle Ziele entwickelt werden. So verstanden, findet man mit Strategien Wege, wie diese Ziele erreicht werden können. Wie jede Schachpartie in der Regel eine Eröffnung, einen Mittelteil und eine Endphase hat, haben auch Strategien einzelne Phasen. Wie im Spiel gibt es trotz aller Planung bei jeder Strategie Situationen, die nicht vorhersehbar sind. Diese Unsicherheiten sollten weniger als Grund zur Klage, sondern vielmehr als Chance verstanden werden. Solche Situationen schaffen oft so viel an neuen Möglichkeiten, wie sie an Planung zunichtemachen (Oetinger/Ghyczy/Bassford 2003, S. 19). Strategieentwicklung hat demnach auch viel mit persönlicher Haltung zu tun. Entscheidend ist, dass man trotz aller ungeplanten Umstände handlungsfähig bleibt.

Mit diesem Beitrag wollen wir auf die entscheidenden Facetten von Strategie und Strategieentwicklung eingehen. Hierzu setzen wie uns zunächst damit auseinander, wozu man Strategien braucht und wie man diese möglicherweise klassifizieren kann. Dann beschäftigen wir uns mit den sich abzeichnenden Megatrends, die auf Strategien und deren Entwicklung eine besondere Auswirkung haben werden. Es folgt Strategie-Handwerkszeug, das sich in unserer Arbeit als Strategieberater als besonders hilfreich erwiesen hat. Anhand eines Fallbeispiels aus unserer Beratungspraxis erläutern wir daraufhin das Zusammenspiel von Fachberatung und systemischer Beratung, bevor wir abschließend darauf eingehen, wie Komplementarität zwischen den beiden Beratungsformen hergestellt werden kann.

2. Die richtige Zukunft entwickeln

Brauchen Unternehmen immer eine Strategie oder geht es auch ohne? Zunächst: Die bloße Existenz einer Organisation bedeutet prinzipiell, dass eine strategische Orientierung vorhanden ist (Nagel/Wimmer 2009). Das bedeutet, dass das Unternehmen in der Vergangenheit Wege gefunden hat, am Markt zu bestehen. Diese Wege müssen allerdings nicht zwangsläufig auch in Zukunft die richtigen sein. Genau hierin liegt unseres Erachtens die wichtigste Funktion der Strategie. Sie sollte beantworten, wie die Zukunft aussehen könnte und welche Ziele und Vorgehensweisen für das Unternehmen die richtigen wären, damit es auch in Zukunft bestehen kann.

Einen solchen Zukunftsentwurf zu entwickeln, ist eine sehr anspruchsvolle Aufgabe, weshalb die Strategiearbeit auch als Königsdisziplin der Unternehmensführung und -beratung verstanden wird. In unserer Praxis konnten wir grundsätzlich zwei Modi der Strategieentwicklung beobachten: Zum einen gibt es Unternehmen, die ihre Strategien eigenständig entwickeln. Zum anderen suchen Unternehmen Rat und Unterstützung bei externen Experten. Weiterhin stellen wir fest, dass sich viele Unternehmen bei ihrer Strategieentwicklung entweder als Basis in hohem Maß auf Zahlen, Daten und Fakten verlassen. Andere wiederum setzen zusätzlich auf die Intuition einzelner oder mehrerer Mitarbeiter, was die richtige Zukunft des Unternehmens betrifft.

Grundsätzlich geht es bei der Strategie auch um die Frage, über welche Wege Zukunftssicherheit gewonnen werden kann und wie lange diese Wege beschritten werden können, ehe neue fundamentale Entwicklungen auftauchen, die ein Überdenken der bestehenden Strategie erfordern.

Die soeben genannten verschiedenen Ausprägungen von Strategiekonzepten versuchen wir in der folgenden Abbildung 1 zu systematisieren. Zur Orientierung kategorisieren wir radikal, wohl wissend, dass es viele Mischformen der beschriebenen Ausprägungen gibt (z. B. Inhouse-Strategieberater).

- Die *»harte« Strategieentwicklung* setzt in hohem Maß auf Zahlen, Daten und Fakten. Diese werden häufig von Experten in internen Strategieabteilungen aufgearbeitet. Das Unternehmen gewinnt hier Sicherheit anhand elaborierter Analysen und der »Eindeutigkeit« von Zahlen. Wir konnten allerding oft beobachten, dass Trends aus der Vergangenheit einfach in die Zukunft fortgeschrieben werden – ohne kritische Reflexion bezüglich der damit verbundenen Annahmen und Voraussetzungen.
- Eine *»weiche« Strategieentwicklung* erfolgt intuitiver und hört gewissermaßen in das Unternehmen hinein, welche Zukunftsvisionen von innen kommen – von einer Gruppe oder einer Einzelperson (häufig dem Unternehmensinhaber), die intuitiv klare Vorstellungen entwickeln. Das Unternehmen erhält hier Sicherheit aufgrund der profunden Erfahrung der beteiligten Personen. Wir konnten allerdings beobachten, dass bei dieser Form der Strategieentwicklung

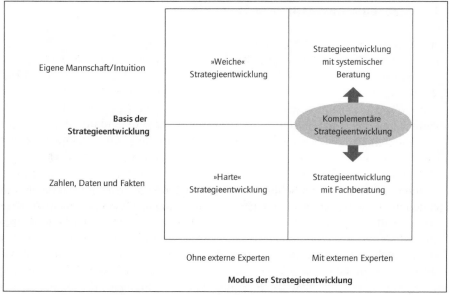

Abb. 1: Konzepte der Strategieentwicklung (eigene Darstellung)

starke Abhängigkeiten des Unternehmens von seinen internen Intuitionsgebern entstehen können.

- Die *Strategieentwicklung mit Fachberatung* erfolgt inhaltsorientiert. Sicherheit gewinnt das Unternehmen dadurch, dass externe Experten, die bereits viel inhaltliches Vorwissen und entsprechende Methoden mitbringen, klare Ratschläge bezüglich der Strategie und deren Umsetzung geben.
- Eine *Strategieentwicklung mithilfe systemischer Beratung* ist prozessorientiert. Systemische Berater entwickeln Räume außerhalb des operativen Tagesgeschäfts, in denen die Beteiligten das Unternehmen beobachten können. Hierfür setzen sie ebenfalls Methoden der Fachberatung ein, gehen aber nicht in ein inhaltliches »Sparring« und geben keinen fachlichen Rat. Zum Sicherheitsempfinden kommt es hier, da externe Experten einen klaren Weg aufzeigen, wie die Strategie zu entwickeln ist. Darüber hinaus sind die Beteiligten in die Entwicklung mit eingebunden.
- Die *komplementäre Strategieentwicklung* kombiniert schließlich synergetisch die beiden letztgenannten Beratungsformen. Wir werden diesen Ansatz im sechsten Abschnitt näher erläutern.

3. Strategie und Megatrends

Die Strategieentwicklung steht und fällt mit der Bereitschaft des Topmanagements, sich mit der Frage, wo das Unternehmen in einigen Jahren stehen soll, auseinanderzusetzen. Die Versuchung, vergangenheitsbezogene Daten zu extrapolieren und auch die Aufgabe der Strategieentwicklung an eine entsprechende Stabsstelle zu delegieren, ist groß. Dass diese Schritte allein nicht ausreichen können, zeigen die extrem schnellen Veränderungen an den Märkten – hier wird vom Topmanagement verlangt, sich regelmäßig mit der eigenen Strategie zu befassen und dies als seine ureigene Aufgabe zu betrachten.

Aries de Geus untersuchte schon 1997 die Lebenszyklen erfolgreicher Unternehmen und kam zu dem Schluss:»Sogar die großen, soliden Unternehmen, die Säulen der Gesellschaft, scheinen kaum mehr als die durchschnittlichen 40 Jahre durchzuhalten.« (de Geus 1997, S. 19) Hinzu kommen einige Megatrends, die bis vor einigen Jahren noch undenkbar schienen und nun auch starke Auswirkungen auf globale Unternehmen haben. Im Folgenden setzen wir uns mit drei Megatrends auseinander, die unseres Erachtens bei der Strategieentwicklung häufig eine wichtige Rolle spielen: Volatilität, Ressourcenknappheit und demografische Entwicklung.

Volatilität

Dieser Ausdruck war bis vor kurzem noch eher ein Insider von Ökonomen. Doch mit dem Schwelen der Finanzkrise 2007, ihrem Höhepunkt 2008 und dem Krisenjahr 2009 wurde klar, dass die Wirtschaft mittlerweile derart global verwoben ist, dass ein wirtschaftlich wichtiges Land alle anderen in eine ökonomische Krise stürzen kann. Und kaum denken wir, das Schlimmste sei überstanden, folgt eine handfeste Währungskrise in Europa. Es ist interessant zu verfolgen, dass Volatilität gern wie ein Naturereignis dargestellt wird:»Keiner konnte die Krise vorhersehen«, obwohl Wissenschaftler wie Nouriel Roubini (2011, S. 399) ein Zeitalter der Instabilität zutreffend vorausgesagt haben – mit weiteren Spekulationsblasen und Krisen, die in kürzeren Abständen auftreten würden als bisher üblich. Lässt man sich auf solch ein Szenario ein, stellen sich andere Fragen: Wie streut das Unternehmen sein Risiko auf einem globalen Markt? Wie kann es sich auf die schneller aufeinanderfolgenden Zyklen von Krise, Boom und Erholung einstellen? Welche günstigen»Deals« zwischen Wirtschaft und Politik könnten ein Krisenmanagement ermöglichen (wie die Kurzarbeitsregelungen in der Automobilindustrie 2009 in Deutschland)? Wie wird mit Investitionsunsicherheit umgegangen? Wie könnte antizyklisches Investitionsverhalten aussehen?

Ressourcenknappheit

Natürliche Ressourcen wie Wasser, Land, Nahrung und Bodenschätze sind begrenzt. Dieser Umstand blieb im Wirtschaftssystem allerdings lange Zeit ausgeblendet. Mit wachsender Bevölkerungszahl und steigendem Ressourcenbedarf in allen Teilen der Welt wird das Thema nun zunehmend virulent. Ein aktuelles Beispiel bezüglich Landknappheit ist der Fall des Kleinstwagens Nano des Konzerns Tata in Indien: Im Bundesland Westbengalen, das eine der höchsten Bevölkerungsdichten Indiens aufweist, baute der Konzern die erste Produktionsstätte auf und sah sich daraufhin aufgebrachten Bauern und Bürgern gegenüber, die die industrielle Landnutzung als unzumutbaren Eingriff in landwirtschaftliche Nutzungsflächen ansahen. Der Konzern musste sich unter hohem Verlust aus Westbengalen zurückziehen. Hätte Tata Alternativen im Umgang mit der lokalen Bevölkerung und deren Interessen in seine Strategien einbeziehen sollen?

Ein anderes Beispiel: In Ghana hat sich der Staat dem Markt für Basisnahrungsmittel zugewandt und investiert in verstärktem Ausmaß in den landwirtschaftlichen Sektor – mit Agrarkrediten, entsprechender Ausbildung usw. Im Bankensektor hat dies zu neuen Kreditprodukten geführt, sodass nun auch an die arme Landbevölkerung günstige Kredite vergeben werden können und über Mobilebanking Zugangsmöglichkeiten zu den Konten bestehen. Diese Strategie, nicht wie bisher nur der Mittelschicht ihre Finanzprodukte anzubieten, verfolgen Banken heute in vielen Ländern rund um den Globus.

Demografische Entwicklung

In Deutschland hat sich das Thema Demografie mit den Schlagwörtern »alternde Gesellschaft« und »Fachkräftemangel« in der Kommunikation der meisten Unternehmen niedergeschlagen. Mit entsprechenden Programmen für ältere Mitarbeiter, dem Zuzug von hochqualifizierten Mitarbeitern aus den südeuropäischen Ländern infolge der aktuellen Schuldenkrise und mit der verstärkten Integration von Frauen in den Arbeitsmarkt mag Deutschlands Unternehmen kurzfristig ausgeholfen sein – mittelfristig wird Deutschlands Bevölkerung auf 70 Mio. Einwohner zurückgehen, die Mehrheit davon werden über 50-Jährige sein.

Strategische Überlegungen führen schon heute zu Konzepten der altengerechten Architektur oder der Dienstleistungskonzentration in Städten – was entvölkerte Landstriche nach sich ziehen wird. Global gesehen zeichnen sich Entwicklungen ab, die bisweilen im Diskurs noch wenig angekommen sind. So wird Indien spätestens im Jahr 2050 China vom Rang des bevölkerungsreichsten Landes verdrängt haben, wohingegen China dann dieselben Probleme haben wird wie Mitteleuropa, nämlich eine extrem überalterte Bevölkerung. Ebenfalls im Jahr 2050 wird allein Nigeria etwa 390 Millionen und der gesamte afrikanische Kontinent weit über eine Milliarde Einwohner haben. Die Schere zwischen Reich und

Arm wird sich allerdings weiter öffnen. Was bedeutet das im Hinblick auf Nachfragemuster und Zukunftsinvestitionen? Unternehmen wie Unilever und Henkel haben z. B. mit speziellen Packungsgrößen von Hygieneprodukten neue Märkte in Wachstumsländern erschlossen.

4. Strategie-Handwerkszeug

Da es bei der Strategieentwicklung grundsätzlich um das Thema Zukunft geht, raten wir dazu, diesbezüglich mehrere Sichtweisen bzw. Perspektiven zu integrieren (»Mehrbrillenprinzip«). Auch bei vielen Perspektiven und Prognosen steht man am Ende allerdings von der unternehmerischen Entscheidung, welchen Weg man einschlagen sollte, um in der erdachten Zukunft erfolgreich zu sein. Zu Orientierungszwecken werden wir in diesem Kapitel
*   die Begriffe Vision, Mission, Strategie und Taktik einordnen;
*   die Objekte der Strategie erläutern;
*   einige bewährte Tools vorstellen sowie
*   den Mehrwert einer systemisch-komplementären Strategieentwicklung herausarbeiten.

Vision, Mission, Strategie und Taktik

Die genannten Begriffe werden häufig in Strategiediskussionen angewendet und können unterschiedlich interpretiert werden. Zur Orientierung schlagen wir die folgenden Definitionen vor (vgl. z. B. Collins 2001, Collins/Porras 1994).
*   Vision: Aussagen bezüglich der langfristigen Kernziele des Unternehmens, die inspirieren, zur Weiterentwicklung anregen, den Rahmen für grundlegende Entscheidungen klären und prinzipiell nie zur Gänze realisiert werden können. Die folgenden Fragen haben wir in diesem Zusammenhang als sehr hilfreich erlebt: Was wäre verloren, wenn das Unternehmen aufhörte zu existieren? Warum ist es wichtig, dass das Unternehmen jetzt und in Zukunft existiert?
*   Mission: Ziele (Meilensteine), die von der gesamten Organisation nach mehreren Jahren Entwicklung erreicht werden könnten.
    (1) Finanzielles Ziel: »In zehn Jahren wollen wir 1 Mrd. Umsatz erreichen.«
    (2) Transformationsziel: »Wir wollen mit dem Unternehmen einen bestimmten Markt revolutionieren.«
    (3) Rollenmodell: »Wir wollen zum ›Mercedes‹ in einem bestimmten Markt werden.«
    (4) Konkurrenzbild: »Wir wollen einen Konkurrenten überholen.«
*   Strategie: Der Weg, die jeweilige Mission umsetzen zu können. Folgende Fragen bieten sich hierzu an: Wie, mit welchen Personen und innerhalb welches

Zeitraums wollen wir unsere Mission erfüllen? Welche Aktionen sollten wir hierzu in den Mittelpunkt stellen? Welche Themen sollten wir permanent auf der Managementagenda stehen lassen? Was folgt, wenn wir unsere Ziele erreicht haben?

- Taktik: Reaktionen auf aktuelle bzw. unvorhersehbare Situationen. Bevor man in einem Markt mit anderen konkurrieren kann, muss man erst einmal in diesen gelangen. Strategie kommt vor taktischen Manövern und klärt die grundsätzliche Positionierung. Mithilfe von Taktiken kann man mit Veränderungen und Entwicklungen, die bei der Strategieentwicklung noch nicht absehbar waren bzw. ausgeblendet wurden, umgehen. Wenn zu viele Ressourcen in taktische Manöver fließen, sollte man die Strategie hinterfragen.

Strategieobjekte

Es handelt sich nicht immer um die »große« Strategieentwicklung – es kann auch Unternehmensteile, Funktionen oder kleinere Einheiten im Unternehmen betreffen. Demnach sind für verschiedene Ebenen strategische Prozesse möglich. Zur Verdeutlichung ziehen wir eine Analogie aus der Nautik heran.

- Strategie des Gesamtunternehmens: Welchen Kurs sollte die gesamte Schiffsflotte fahren?
- Strategie einer Business-Unit: Welche Aufgabe kommt jeweils den einzelnen Booten der Flotte zu?
- Funktionale Strategie: Wie sieht die Positionierung und Besetzung der einzelnen Funktions-Boote an Bord aus?

Beispiele für funktionale Strategien sind Marketingstrategie, Vertriebsstrategie, HR-Strategie oder IT-Strategie. Diese funktionalen Strategien ziehen dann weitere strategische Konzepte nach sich. Innerhalb einer Marketingstrategie wird man sich beispielsweise u. a. die Positionierung von einzelnen Produkten, die Preis-, die Distributions- und die Kommunikationsstrategie überlegen.

Fach-Tools zur Strategieentwicklung

Parallel zur Entwicklung des strategischen Managements sowie der Strategieberatung hat sich eine Vielzahl von Instrumenten herauskristallisiert, mit deren Hilfe Strategien entworfen werden können (vgl. z. B. Nagel 2009, Stern/Deimler 2006, Oetinger 2003). Grundsätzlich wollen wir für den Umgang mit diesen Tools zwei Erfahrungswerte mitgeben.

Erstens eine Beobachtung zum Input-Output-Verhältnis: Bei manchen Strategiemodellen sind nur einige wenige Inputgrößen erforderlich, um eine strategische Empfehlung als Output zu erhalten. Nach unserer Erfahrung kann allerdings eine Empfehlung nur so gut sein, wie das Instrument und die Informationen, die mit dessen Hilfe verarbeitet werden. Hat man nur wenige Größen eingegeben, ist das Ergebnis als entsprechend eingeschränkt zu betrachten. Damit geht zweitens einher, dass anhand vieler Strategiemodelle eine eindeutige Handlungsempfehlung abgeleitet werden kann. Dieses normative Element ist unseres Erachtens aber nur bedingt hilfreich, da es eine Eindeutigkeit vorgaukelt, die der Komplexität der heutigen Realität kaum entspricht. Wir halten es für wesentlich vielversprechender, die unterschiedlichen Perspektiven verschiedener Methoden zur Beobachtung des Marktumfelds sowie des eigenen Unternehmens einzusetzen und auf diese Weise statt einer standardisierten eine maßgeschneiderte strategische Lösung zu entwickeln.

Schließlich wollen wir noch auf drei ausgewählte Methoden eingehen, die sich zur Entwicklung und Strukturierung von Strategien als besonders hilfreich erwiesen haben.

- Erweiterte Ansoff-Matrix:
Die Ansoff-Matrix (Ansoff 1965) stellt das bestehende und potenzielle Produktportfolio des Unternehmens den vorgefundenen und neuen möglichen Märkten gegenüber und verbindet damit die externe Perspektive mit der internen. Das Ergebnis zeigt vier Felder (siehe Abb. 2) mit jeweils unterschiedlichen Empfehlungen hinsichtlich strategischer Vorgehensweisen. Wie bereits gesagt, raten wir, nicht einfach den Empfehlungen des Instruments zu folgen, sondern dieses zur Strukturierung von Möglichkeiten einzusetzen. Erfahrungsgemäß ist es besonders hilfreich, dem Instrument folgende Aspekte hinzuzufügen: Erstens die Kernkompetenzen (vgl. Prahalad/Hamel 1990) als Bündel von Fähigkeiten, die gewissermaßen die »Wurzeln« des Erfolgs eines Unternehmens sind, es von anderen unterscheiden und nicht rasch imitiert werden können. Zweitens die Erkenntnis, dass jedes Unternehmen einerseits seine Kernkompetenzen stetig ökonomisch besser nutzbar machen sollte (Exploitation), andererseits aber auch genügend Raum zum Experimentieren und zum Ausprobieren von Neuem (Exploration) schaffen sollte. Andernfalls gerät man leicht in die »Kompetenz-Falle«, dass man nämlich aufgrund der beruhigenden Gewissheit, ohnehin die Marktführerschaft innezuhaben, wichtige Veränderungen »draußen« verschläft.

		Produkte	
		bestehende (Kernkompetenz)	neue
Märkte	bestehende (Kernkompetenz)	Marktdurchdringung: Exploitation	Produktentwicklung: Exploration-Exploitation
	neue	Marktentwicklung: Exploitation-Exploration	Diversifikation: Exploration

Abb. 2: Erweiterte Ansoff-Matrix

• Wertschöpfungskettenanalyse:
Mit der Wertschöpfungskettenanalyse (vgl. z. B. Heuskel 1999) lassen sich einzelne Schritte der Wertschöpfung in verschiedenen Märkten transparent machen. Als Beispiel könnte die Wertschöpfungskette für Batterien von Elektroautos wie folgt aussehen:

Abb. 3: Beispiel einer Wertschöpfungskette (in Anlehnung an Dinger et al. 2010)

Nun gibt es Unternehmen, welche die ganze Wertschöpfungskette bearbeiten, und auch neue Wertschöpfungsstufen in die Kette einfügen, und solche, die sich nur auf eines oder auf mehrere Glieder spezialisiert haben – und dies vielleicht auch über Wertschöpfungsketten verschiedener Industrien hinweg etc. Im Prinzip kann man mit dieser Methode sehr gut den Wettbewerb um Wertkombinationen analysieren und somit auch den Kundennutzen, um den es für die jeweilige Verkaufsstufe schließlich geht.

Das Instrument ist nach unserer Erfahrung vor allem aus drei Gründen äußerst hilfreich: Erstens lässt sich damit darstellen, in welchen Wertschöpfungsschritten eines Marktes ein Unternehmen und die jeweiligen Konkurrenten positioniert sind. Darauf aufbauend kann man zweitens strategische Lücken erkennen und antizipieren, wie sich Wertschöpfungsketten der Zukunft – und somit die Wettbewerbsmuster – wahrscheinlich verändern werden. Drittens dient es dazu, die Logik der Geschäftsmodelle von kleineren Segmenten zu verstehen, in denen bisweilen mehr Wachstum stattfindet als durchschnittlich im gesamten Markt (vgl. Viguerie/Smit/Baghai 2008).

• Blue Ocean Strategy:
Ähnlich der Ansoff-Matrix werden bei der Blue Ocean Strategy (BOS) interne und externe Faktoren integriert betrachtet. Diese Strategie verfolgt das Ziel, anhand von Nutzeninnovation neue Märkte zu schaffen, in denen noch kein Wettbewerb besteht. Am Ausgangspunkt stehen vier Fragen (vgl. Kim/Mauborgne 2005).
1. Welche bestehenden Wettbewerbsfaktoren sollten wir weglassen?
2. Welche Wettbewerbsfaktoren sollten wir unter den Marktstandard senken?
3. Welche Wettbewerbsfaktoren sollten wir über den Marktstandard heben?
4. Welche neuen Wettbewerbsfaktoren sollten wir hinzufügen?

Diese Methode führt dann zu einem Strategy-Canvas. Am Beispiel der Fitnesskette McFit sieht dieser folgendermaßen aus:

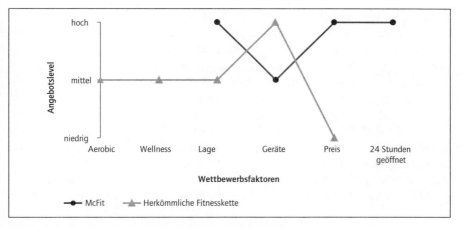

Abb. 4: Strategie-Canvas der McFitt-Fitnesskette (eigene Darstellung)

McFit verfolgt eine Blue Ocean Strategy, da u. a. Angebote wie Aerobic und Wellness ganz weggelassen wurden, die Öffnungszeit von 24 Stunden dem Angebot hinzugefügt wurde, die Lage der Studios über den Standard gehoben und der Preis unter diesen gesenkt wurde. Mit Hilfe dieser Strategie wurde ein Markt für »No frills«-Fitnessdienstleistungen geschaffen, den es in dieser Form noch nicht gab.

Es sind aber nicht immer einzelne Unternehmen, die neue Märkte schaffen, was ein völlig anderes Beispiel veranschaulicht: Trotz wahrscheinlich anhaltender hoher Armut in Afrika steigt der Wohlstand der Mittelschicht rapide an, und eine Parallelwelt, wie sie in China und Indien bereits heute zu finden ist, zeichnet sich ab. So steigt etwa die Diabetikerrate in Afrika exorbitant an – eine Wohlstandserscheinung. Ein neuer lokaler Markt entsteht, in dem bisher kaum Wettbewerb herrscht.

Systemisch-komplementäre Strategieentwicklung

Die systemisch-komplementäre Strategieentwicklung bringt vor allem zwei Herausforderungen mit sich: Zum einen, das Topmanagement und die leitenden Führungskräfte der strategischen Planung von der Fortschreibung des Status quo weg und hin zur Entwicklung strategischer Wahlmöglichkeiten zu bringen. Zum anderen, das Bewusstsein der Mitarbeiter für Veränderungsnotwendigkeiten bzw. Neuausrichtungen zu schärfen, damit sie den Veränderungsprozess auch mittragen und umsetzen. Insofern verläuft Strategieentwicklung gleichzeitig top-down und bottom-up, und beide Strömungen sollten gut miteinander verzahnt sein. Sowohl die fachlichen Komponenten als auch die Aspekte der sozialen Dynamik im Unternehmen sollten in die Strategieentwicklung integriert werden. Dazu wollen wir drei systemisch-komplementäre Tools empfehlen.

● Zukunftskonferenzmodelle:

Zu diesen Großgruppenveranstaltungen (vgl. Königswieser/Keil M. 2000) werden Schlüsselpersonen quer über hierarchische und Abteilungsgrenzen eingeladen. Zusätzlich können auch externe Stakeholder teilnehmen – wie z. B. Kunden und Wissenschaftler aus der jeweiligen Branche. In dieser gemischten Zusammensetzung wird zuerst gemeinsam der bisherige Unternehmensweg analysiert, also eine Art SWOT-Analyse durchgeführt, und danach ein attraktiver und »out of the box« gedachter Zukunftsentwurf erstellt. Dieser wird dann auf das Heute übertragen. Der Zukunftsentwurf stellt für das Management die Basis dar, auf der die Strategie beruht. Da mehr als 100 Personen aus der Zukunftskonferenz an der Entstehung eines solchen Zukunftsentwurfes beteiligt sein können, beruht darauf sein Vorteil im Hinblick auf die unternehmensinterne Legitimation der Strategie.

Eine etwas andere Herangehensweise basiert darauf, Experten aus Wirtschaft und Gesellschaft einzuladen (eigene und andere Branchen, Zukunftsforscher etc.), um dann anhand ihres Inputs in der Großgruppe die Relevanz für die eigene Strategie zu überprüfen. Erst dann erfolgt der Blick in die Zukunft. Oft werden bis zu drei Zukunftsszenarien entwickelt: ganz anders, innovativ und weiterschreibend.

Ein drittes Modell setzt darauf, dass das Topmanagement strategische Entwürfe erarbeitet und diese dann mit der Unternehmensöffentlichkeit in mehreren Großgruppenveranstaltungen diskutiert werden. Somit beginnt im Unternehmen eine intensive Auseinandersetzung mit dem Thema Strategie – das Samenkorn notweniger Veränderung ist gelegt.

● Learning Journey:

Hierbei werden aus verschiedenen Unternehmenseinheiten und Hierarchieebenen z. B. fünf Teams gebildet. Diese wählen gemeinsam fünf andere Unternehmen aus – aus derselben Branche oder einer anderen, eventuell auch aus anderen Ländern. Auswahlkriterium ist z. B. die vermutete Exzellenz bezüglich eines gewissen Lösungsmusters oder auch die inspirierende Andersartigkeit einer Branche. Die gemischten Teams gehen auf Expedition und forschen nach, was die Unternehmen, die sie besuchen, zu ihren Veränderungs-Kernfragen zu berichten haben. Man führt mit wesentlichen Entscheidungsträgern vertraulich-engagierte Gespräche und erhält somit wertvolle Impulse für das eigene Unternehmen, die nach der Rückkehr in einer Großgruppenveranstaltung diskutiert werden. Diese systemisch-komplementäre Intervention ist hilfreich, wenn es einem Unternehmen schwerfällt, über den eigenen Tellerrand hinauszublicken (vielleicht weil es lange Zeit hindurch sehr erfolgreich war). Sie ermöglicht einen guten Einstieg in den folgenden Strategieentwicklungsprozess und öffnet das Unternehmen für künftige Herausforderungen.

- Arbeiten im Tandem:

Wann kommt Fachexpertise und wann Prozessexpertise zum Zug? Zum Kern der systemisch-komplementären Beratung gehört die Arbeit im gemischten Beratertandem (Königswieser et. al. 2006). Um in der Strategiebegleitung dem Kunden eine Kombination aus »harter« Faktenseite und »softer« Prozessseite bieten zu können, ist ein Berater der Experte für die Funktion bzw. für die Branche oder bezüglich des Themas, der andere führt durch den Prozess. Der Prozessberater erstellt z. B. ein Design für die Strategiegruppe (Topmanagement, Stab und andere). Dieses sieht als Element vor, dass die Strategiegruppe Kriterien entwickelt, anhand deren sie einen Strategieentwurf bewerten will. Auf dieser Grundlage öffnet das Design ein Zeitfenster, in dem der Expertenkollege zum Beispiel drei mögliche strategische Vorgehensweisen für das Unternehmen beschreibt. Die Strategiegruppe diskutiert die Vorgehensweisen und bewertet sie nach ihrem eigenen Kriterienkatalog. So gelingt es, externe Fachexpertise einzubringen, aber die Verantwortung im Unternehmen zu stärken und eine vielleicht eher intuitive Tendenz zum einen oder anderen Entwurf zu validieren.

5. Fallbeispiel

Ein 400 Mitarbeiter zählendes mittelständisches Familienunternehmen in der IT-Branche bittet um Unterstützung bei der Vorbereitung auf künftige Aufgaben. Es geht um den Wunsch, neu anstehende strategische Herausforderungen gut bewältigbar und steuerbar zu machen, Innovationsgeist und unternehmerisches Denken zu fördern und strategische Personalplanung und -entwicklung in Zukunft zu integrieren. In den letzten Jahren konnte das Unternehmen bereits mehrere Herausforderungen meistern – etwa den Generationswechsel in der Geschäftsführung oder auch den raschen Zuwachs an Beschäftigten. Behutsames Vorgehen ist gefragt, um möglichst viele Mitarbeiter positiv eingestellt auf den Weg mitzunehmen.

Unsere Systemdiagnose zeigt auf, dass im Unternehmen ein Mangel an klarer strategischer Orientierung herrscht – eine Hypothek aus der Vergangenheit, als der Unternehmensgründer noch erfolgreich intuitiv und spontan ohne Einbindung der Führungskräfte strategische Entscheidungen traf und umsetzen ließ. Nun haben allerdings zwei Familienmitglieder der nächsten Generation Geschäftsführungsverantwortung, und die Mitarbeiter fordern eine klare Orientierung ein. Die Führungskräfte sind extrem stark operativ eingebunden, haben wenig Zeit zu führen, und die Kommunikation ins Unternehmen wird als unzureichend empfunden. Es gibt weder Zielvereinbarungen noch Kennzahlen, nach denen gesteuert würde. Den Führungskräften fehlen diese Daten. Das Unternehmen steht zwar in seinem Markt solide da (ein Spezialmarkt mit 70 Prozent Kunden aus dem öffentlich-rechtlichen Bereich) und ist schuldenfrei, hat aber keine ausreichende Finanzdecke, die notwendige Investitionen in Innovationsentwicklungen erlauben würde. Die Rückspiegelung der Diagnose wird zum inspirierenden Kick-off-Ereignis, die Mitarbeiter schöpfen Hoffnung auf Orientierung.

Wir empfehlen als erste zentrale Intervention, ein Kernteam einzusetzen und mit der Geschäftsführung, die sich nun der mangelnden Strategie bewusst wird, einen Strategieworkshop abzuhalten.

Es werden intensive Tage. Wir beginnen den Strategieworkshop mit einem Rückblick auf die bisherigen Erfolgselemente, um Stärken des Unternehmens wertzuschätzen und einen nahtlosen Übergang zur aktuellen Situation zu schaffen. Die Systemdiagnose ist beiden Geschäftsführern mehr als gegenwärtig. Getrennt lassen wir beide nun eine Umfeldanalyse der Stakeholder machen. Hier stellt sich u. a. heraus, dass öffentlich-rechtliche Kunden stabil, aber schwieriger sind als potenzielle Industriekunden, die einfacher handhabbar sind, aber bisher weniger Beachtung genießen. Eine weitere wichtige Erkenntnis besagt, dass die Beziehungen zu den Zulieferern zu wenig gepflegt werden. Wir gehen nun direkt zur Analyse der künftigen Herausforderungen über (Markt, Kunden, Personal, Technologie, Finanzierung). Beide Führungskräfte stellen fest, dass die Konkurrenz aus Asien und durch kleinere, noch weiter spezialisierte Anbieter zunimmt, technologische Innovationen unausweichlich sind und das Personal mehr hochkarätige IT-Spezialisten umfassen muss. Doch wir merken auch, dass beide noch zögern und den entscheidenden gedanklichen Schritt – sozusagen den Sprung ins kalte Wasser – noch nicht vollzogen haben.

Wir schlagen nun vor, an drei Szenarien zu arbeiten: Das erste sieht sehr konservativ eine Fortführung des bisherigen Agierens vor. Damit wollen wir erreichen, dass beiden klar wird, dass auf diese Weise kein Blumentopf zu gewinnen sein wird. Das zweite Szenario soll bereits moderate Veränderungen aufzeigen – in der Führung, in der Kundenbetreuung, in der Produktdifferenzierung. Es kommt maßvolle Energie auf. Mit dem dritten Szenario geben wir Mutiges vor: eine in hohem Maß unternehmerisch denkende Führungsmannschaft, eine bewusste Risikostreuung der Produkte und eine klare Kundensegmentierung.

Da der Workshop in den Bergen stattfindet, ist auch ein echter Perspektivenwechsel angesagt: Die Geschäftsführer bekommen ein Strategielogbuch und wandern nun von einer Jausenstation bei strahlendem Sonnenschein los. Das Ergebnis beflügelt – beide sind begeistert und erstaunt, dass ihre Erkenntnisse einander sehr ähnlich sind. Wir machen eine Aufstellung: Zu wie viel Prozent stehen beide hinter welchem Szenario? Beide stellen sich zu 100 Prozent hinter Szenario 3.

Der zweite Tag wird noch herausfordernder. Nun lautet die Aufgabe, Szenario 3 mit Kennzahlen zu unterlegen, und zwar mit je einer für die Kategorien Umsatz/ Gewinn, Kunden, Produkte, Personal, Führung und Prozesse. Aufgrund der neu gewonnenen Sicherheit, dass beide Geschäftsführer dasselbe wollen, gelingt die

Aufgabe schnell. Ein Coaching-Spaziergang (jeweils ein Berater mit einem Geschäftsführer) bringt den Durchbruch. Bei der darauffolgenden gegenseitigen Präsentation des jeweiligen Rollenverständnisses tritt auch zutage, was man vom anderen darüber hinaus noch braucht und wünscht – Bedürfnisse, die im Unbewussten geschlummert hatten. Dieses Feedback stellt den ersten wirklich effektiven Schritt zur Veränderung dar.

Nun folgt noch die praktische Planung die To-do-Liste und die unternehmensinterne Kommunikationsstrategie betreffend. Wenige Tage darauf besprechen die Geschäftsführer das Ergebnis mit dem Gründer (der Hauptanteilseigner ist) – mit sehr positivem Ausgang. In einem intensiven Workshop wird die Strategie nun mit den Führungskräften diskutiert und nachjustiert. In wenigen Wochen werden alle Mitarbeiter zu einer Zukunftskonferenz eingeladen und somit in den Strategieprozess aktiv eingebunden, um bereits an der Umsetzung der neu erdachten Zukunft mitzuarbeiten.

6. Strategie für Fachberater und systemische Berater

Was unterscheidet nun komplementäre Strategieentwicklung von der rein fachlichen bzw. rein systemischen? Im Folgenden wollen wir unsere Erfahrungen, wie die bislang jeweils ausgeblendete Dimension eingebaut werden kann, auf den Punkt bringen.

- Innerhalb einer fachlichen Strategieentwicklung geht es zunächst darum, mithilfe ausgefeilter Analysen und Strukturierungsmethoden optimale inhaltliche Lösungsvorschläge zu erarbeiten. Die Aufgabe der Umsetzung bleibt dabei oft ausgeblendet. Sieht man Strategieentwicklung nicht losgelöst von der Tragfähigkeit der Organisation, für welche sie entwickelt wird, stellen sich Fragen der Umsetzung wesentlich früher als bisher. Dann geht es nicht mehr nur um die beste inhaltliche Lösung, sondern vielmehr um die bestmöglich umsetzbare Lösung. Die Analysequalität muss unter diesem Schritt ebenso wenig leiden wie das visionäre Element. Nach unserer Erfahrung werden sich aber auch fachlich brillante strategische Pläne, die einer »Rüttelstrecke« der Umsetzbarkeit als Realitätscheck standhalten, als die in Zukunft tragfähigsten erweisen.

- Aus der Perspektive systemischer Strategieentwicklung liegt der Schwerpunkt auf der Gestaltung von Kommunikationsprozessen. Fachliche Ratschläge sind hierbei nicht vorgesehen, und es werden auch keine fachlichen Positionen bezogen. Nach unserer Erfahrung ist dies besonders irritierend, da im Beratungsprozess oft fachliche Fragen auftauchen, die auf eine Antwort warten. Verweigert sich der Berater der inhaltlichen Diskussion, kann dies auch die Bereitschaft, ihn als Experten für den Kommunikationsprozess zu akzeptieren, unterminieren. Um hier eine Brücke schlagen zu können, empfiehlt es sich, die eigene fachliche Expertise gut zu reflektieren und diese auszubauen, um auch für inhaltliche Diskussionen bereitzustehen.

7.   Fazit für die Beratungspraxis

Hier wollen wir nun die grundlegenden Aussagen unseres Beitrags in fünf Prinzipien – kombiniert mit Tipps und Erkenntnissen aus unserer Beratungspraxis – zusammenfassen.

1. Die Strategie soll »passen«

Strategieentwicklung sollte nicht isoliert von der Kultur, den Strukturen und den Besonderheiten einer Organisation erfolgen. Gleichzeitig sollte sie auch genügend Raum für Herausforderungen schaffen, denn die Strategie weist ja den Weg in die Zukunft. Das erfordert von den Beratern hohen Respekt hinsichtlich der Vergangenheit und viel Fingerspitzengefühl für eine wertschätzende Konfrontation mit Zukunftsfragen. Dieser Rolle, die auch Coaching mit einschließt, ist nur in einem Vertrauensverhältnis zwischen Kunden- und Beratersystem, gerecht zu werden.

2. Mitarbeiter in die Strategieentwicklung einbinden

Strategien und ihre Umsetzung funktionieren nach unserer Erfahrung dann, wenn sie in der Kommunikation des Unternehmens eine Rolle spielen und diese auch vom Mitarbeiter »am Band« oder »am Schalter« gelebt werden. Dies ist ohne (frühzeitige) Einbindung der gesamten Organisation in die Strategieentwicklung nicht zu erreichen. Wir empfehlen daher, schon am Anfang (Konzeption) ans Ende (Umsetzung) zu denken und die verschiedenen Unternehmensebenen explizit in die Strategieentwicklung einzubinden.

3. Weniger ist oft mehr

Häufig werden zur Strategieentwicklung entsprechende »Cockpits« erstellt, in denen recht viele Kennzahlen definiert werden. Dies mag zwar vordergründig bei Entscheidungsträgern den Eindruck erhöhen, alles unter Kontrolle zu haben, kann unseres Erachtens aber auch leicht zu einer Desorientierung führen. Mit Blick auf die Umsetzung der Strategie sollten daher besser nur einige wenige Key Performance Indicators (KPIs) definiert werden, die den Unterschied machen und von zentraler Bedeutung für den Erfolg des Unternehmens sind.

4. Balance zwischen Vergangenheit und Zukunft

Ein weiterer wichtiger Punkt ist, die Tatsache, dass KPIs mitunter nur vergangenheitsorientiert sind. Unseres Erachtens ist es wesentlich, vergangenheitsorientierte mit zukunftsorientierten Kennzahlen (z. B. den Anteil an innovativen Produkten am Umsatz betreffend) zu kombinieren. Dies reflektiert die Erkenntnis, dass ein Unternehmen sich grundsätzlich auf das besinnen sollte, was es besonders gut kann (»Exploitation«), andererseits aber auch bestrebt sein sollte, genügend Freiraum für Variationen und Experimente zu schaffen (»Exploration«). Die Balance zwischen diesen beiden Tendenzen zu finden, ist eine der grundlegenden Voraussetzungen für den Erfolg einer Strategie.

5. Beharrlichkeit zahlt sich aus

In Strategieentwicklungsprozessen geht es oft »ans Eingemachte«. Hier zahlt sich eine »beharrende Haltung« aus, die sich darin manifestiert, dass auch »heilige Kühe« zur Sprache kommen und »schockierende« Szenarien bearbeitet werden können. Nach unserer Erfahrung ist dies ein wesentlicher Mehrwert der Beratung, da diese aus ihrer Position der relativen Unabhängigkeit und Neutralität dem Unternehmen den »Blick von außen« ermöglicht und auch »heiße Themen« strukturiert bearbeitbar machen kann.

Literatur

Ansoff, H. (1965). Checklist for Competitive and Competence Profiles; Corporate Strategy, New York, S. 98–99.
de Geus, A. (1998). Jenseits der Ökonomie. Stuttgart.
Dinger, A./Ripley, M./Mosquet, X./Rabl, M./Rizoulis, D./Russo, M./Stichler, G. (2010). Batteries for electric cars. Bosten Consulting Group.
Heuskel, D. (1999). Wettbewerb jenseits von Industriegrenzen. Frankfurt.
Kim, W.C./Mauborgne, R. (2005). Blue Ocean Strategy. Bosten, MA: Harvard Business School Press.
Königswieser, R./Keil, M. (Hrsg.) (2000). Das Feuer großer Gruppen. Stuttgart.
Königswieser, R./Sonuc, E. Gebhardt, J./Hillebrand M. (Hrsg.) (2006). Komplementärberatung. Das Zusammenspiel von Fach- und Prozess-Know-how. Stuttgart.
Nagel, R./Wimmer, R. (2009). Systemische Strategieentwicklung. Modelle und Instrumente für Berater und Entscheider. Stuttgart.
Prahalad, C./Hamel, G. (1990). The Core Competence of the Corporation. In: Harvard Business Review, May-June, S. 79–91.
Prahalad, C. K. (2004). The fortune at the bottom of the pyramid. Philadelphia.
Roubini, N./Mihm, S./Neubauer, J./Pyka, P. (2011). Das Ende der Weltwirtschaft und ihre Zukunft. München.
Stern, C./Deimler, M. (2006). The Boston Consulting Group on Strategy. Hoboken, N.J.
v. Oetinger, B. (Hrsg.) (2003). Das Boston Consulting Group Strategie-Buch. München.
v. Oetinger, B./v. Ghyczy, T./Bassford, C. (2003). Clausewitz: Strategie denken. München.
Viguerie, P./Smit, S./Baghai, M. (2008). The Granularity of Growth. Hoboken, N.J.

Organisation als Fundament für bewegliche Strukturen und Prozesse

Reinhard Günzl/Benjamin Wellstein

1. Einleitung

Wir nutzen den Begriff Organisation recht häufig. Es ist ein wenig so wie mit dem Begriff Liebe: Jeder verwendet ihn, aber was beinhaltet er eigentlich? Spontan kommt uns das Bild einer Stadt mit verschiedenen Vierteln in den Sinn: Die historische Innenstadt ist gut gegliedert, aber die Gebäude und die Verkehrswege entsprechen nicht mehr den Anforderungen der heutigen Zeit – zu eng, zu klein, zu wenig Technik. In den neuen Vierteln am Stadtrand ragen Hochhäuser aus dem Boden – sie werden zwar den Erfordernissen modernster Technik gerecht, wirken aber ungewohnt und entsprechen nicht den ursprünglichen Bedürfnissen der Menschen. Manche Stadtviertel wiederum wuchern abseits aller offiziellen Areale. Von diesen Bereichen will niemand offiziell wissen, und doch gibt es sie, weil sie von einem Teil der Bevölkerung gewollt und gebraucht werden. Ein

Fremder kommt in die Stadt und staunt, welch große Unterschiede hier nebeneinander, aber auch miteinander auftreten. Welche Stadtformen sind für welche
Bedürfnisse am besten geeignet? Welche werden auch in Zukunft nebeneinander
existieren können? In welchem Maß können wir alte, gewachsene Strukturen
modernisieren, um den aktuellen Anforderungen gerecht zu werden?

In diesem Beitrag wollen wir das Phänomen Organisation aus verschiedenen
Blickwinkeln beleuchten und herausarbeiten, welchen Herausforderungen eine
moderne Organisationsberatung sich gegenübersieht. Im Einzelnen werden wir
- den Begriff Organisation definieren und die Entstehungsgeschichte von Organisationen beschreiben (Kap. 2),
- auf Megatrends eingehen, die einen bedeutenden Einfluss auf Organisation
  haben (Kap. 3),
- Strukturen, Prozesse und Veränderungen in Organisationen beleuchten (Kap. 4),
- Aufgabenstellungen und Empfehlungen der Organisationberatung umreißen
  (Kap. 5) und
- abschließend auf zwei Fallbeispiele aus unserer Arbeit als Organisationsberater eingehen (Kap. 6).

2.   Was sind Organisationen und wie sind sie entstanden?

Unternehmen sind es, Krankenhäuser ebenfalls, sogar Parteien und Kirchen können wir als solche bezeichnen. Organisationen sind aus unserer Zeit nicht mehr
wegzudenken. Sie sind die Grundpfeiler von Wirtschaft und Gesellschaft und
bestimmen einen Großteil unseres Lebens. Das war nicht immer so. Organisationen haben sich über die Zeit entwickelt. Einleitend wollen wir daher kurz umreißen, was eine Organisation ist und wie sie entstanden ist.

Die folgende *Definition* von Organisation halten wir für äußerst hilfreich, da
sie auf wichtige Dimensionen hinweist (Kieser/Walgenbach 2003, S.6):

»Organisationen sind *soziale Gebilde,* die *dauerhaft ein Ziel verfolgen* und eine
formale Struktur aufweisen, mit deren Hilfe die Aktivitäten der Mitglieder auf
das verfolgte Ziel ausgerichtet werden sollen.«

Bezüglich der Merkmale wollen wir vor allem auf die drei kursiv hervorgehobe-
nen Aspekte eingehen, da diese für unsere Arbeit als Organisationsberater besonders wichtig sind.
- *Soziales Gebilde*: Eine Organisation ist keine Maschine, und sie funktioniert
  auch nicht nach linearen Prinzipien. Sie ist vielmehr ein soziales System, das
  auf Kommunikation und Entscheidungen beruht.
- *Dauerhaftes Ziel*: Organisationsmitglieder können individuelle Ziele mithilfe
  einer Organisation erfüllen (z.B. Einkommen, Status, Einfluss) und auch Ziele

bezüglich der Organisation haben (z. B. höheren Umsatz, bessere Qualität, geringere Kosten). Allerdings zählen Ziele nur dann zum Zielbündel einer Organisation, wenn sie organisationsintern einen Legitimierungsprozess durchlaufen haben. Das elementarste Organisationsziel ist es, die Organisation am Leben zu erhalten.

* *Formale Struktur*: Zusammenarbeit bedarf bestimmter Regeln. Die formale Struktur einer Organisation umfasst verschiedene Facetten, die alle als Regeln verstanden werden können. In Abschnitt 4.1 werden wir uns näher mit den Organisationsstrukturen auseinandersetzen.

Die *Entstehung* von Organisationen ist eng verbunden mit gesellschaftlichen Veränderungen. Organisationen, wie wir sie heute kennen, existieren erst seit etwa 200 Jahren in größerem Umfang. Die Organisation als Ressourcenpool, in der wir freiwillig Mitglied sein können, ist ein recht neuartiges Phänomen. In Stammesgesellschaften gab es noch keine Organisationen, ihre Strukturen basierten primär auf Verwandtschaft. Der Herrenhof des frühen Mittelalters war ebenfalls eher eine Familiengemeinschaft als eine Organisation. Auch in den Zünften des Mittelalters war die Mitgliedschaft nicht freiwillig, sondern umfasste das gesamte »Privatleben«: Die Zunft kümmerte sich um die Geburt, das Begräbnis und das Leben dazwischen. Die Entstehung der Organisation hängt eng zusammen mit der Entwicklung von Märkten u. a. für Arbeitskräfte, Kapital etc. und der des Rechtssystems. Die (sozialen) Funktionen der Organisationsvorläufer konnten so in zunehmendem Maß von Organisationen der freien Marktwirtschaft ersetzt werden.

3. Organisation und Megatrends

Voranstellen wollen wir einige Megatrends, die sehr starke individuelle und gleichzeitig kollektive Veränderung bedeuten. Als wichtigste übergeordnete »Rahmenbedingungen« unserer Zeit sehen wir

* die demografische Entwicklung,
* die Internationalisierung,
* das Streben nach Selbstverwirklichung sowie
* die Volatilität.

In Zentraleuropa bedeutet die *demografische Entwicklung* eine Überalterung der Bevölkerung und eine schrumpfende Einwohnerzahl, einhergehend mit starken Auswirkungen auf das Sozialsystem. Die Verfügbarkeit qualifizierter Arbeitskräfte wird in diesen Ländern stark absinken, bzw. werden – bedingt durch Mechanismen der Freizügigkeit auf Arbeitsmärkten – Arbeitskräfte aus anderen Regionen, insbesondere Asien, nach Europa drängen. Dieser Trend wird auch durch das globale Bevölkerungswachstum und die globale Erwärmung verstärkt.

Aus der *Internationalisierung* des Arbeitskräfteangebotes und der Internationalisierung der Zusammenarbeit resultiert die Bewältigung und die Verstärkung der Diversität: Alt und Jung, unterschiedliche Muttersprachen, unterschiedlicher kultureller Background gleichermaßen. Bewahrende und Innovative werden kooperieren. Diversität bedeutet Reichtum und Herausforderung zugleich. Eine Organisation spiegelt grundsätzlich auch die Kultur einer Region wider, demnach werden infolge der Internationalisierung neue Einflüsse zum Tragen kommen, und Organisation wird – formell wie informell – anders gelebt werden.

Mitarbeiter fordern vom Beruf in zunehmendem Maß Chancen zur *Selbstverwirklichung* sowie die Förderung ihrer Fähigkeiten, sind also darauf bedacht, sich persönlich zu entwickeln und ihr Marktpotenzial laufend zu erhöhen. Die langfristige Bindung an Unternehmen wird weiter abnehmen, Mitarbeiter werden flexiblere Arbeitszeiten und Arbeitsbedingungen fordern, sind aufgefordert, in verstärktem Maß selbstständig zu agieren, und werden somit für mehrere Unternehmen gleichzeitig tätig sein. Letzteres unterstützt auch die immer weiter fortschreitende Spezialisierung.

Was aber macht eine Organisation für die künftig benötigten, hoch qualifizierten, spezialisierten und flexiblen Mitarbeiter attraktiv? Sicherlich spielt Kultur hierbei eine wichtige Rolle – und Führung ebenfalls. Daraus ergeben sich einige Führungsdilemmata: Die unterschiedlichen kulturellen Hintergründe lassen sich mit hierarchischer und fachlicher Autorität allein nicht immer zufriedenstellend bewältigen. Fachlich versierte Mitarbeiter verfügen über Expertenmacht und sind nur mithilfe einer entsprechenden Haltung zu führen. Prinzipiell werden Unternehmen ohne ein hohes Maß an Eigenverantwortung ihrer Mitarbeiter im Wettbewerb nur schwer bestehen können.

Die zunehmende *Volatilität* auf den Kapitalmärkten und als gesamtwirtschaftliche Gegebenheit einerseits und das nie zuvor da gewesene Tempo andererseits verlangen eine neue Flexibilität in Organisationen. Kleine lokale Ereignisse können globale Auswirkungen haben. Mit linearen Entwicklungen ist immer weniger zu rechnen. Organisationskonzepte veralten bereits, während sie noch entwickelt werden. Organisationen werden nicht umhinkommen, ihre eigene Veränderungsfähigkeit als Hauptaufgabe zu sehen.

4. Strukturen, Prozesse und Veränderung von Organisationen

Als Organisationsberater benötigen wir Handwerkszeug, das uns befähigt, die Probleme einer Organisation einzuordnen und Strukturen zu entwickeln, die es ermöglichen, Lösungen zu etablieren. Um diese Werkzeuge geht es in diesem Kapitel. Im Folgenden entwickeln wir einen Einblick in

* Organisationsstrukturen (Aufbauorganisation),
* Prozesse in Organisationen (Ablauforganisation),
* neue Organisationsformen,
* die informelle Organisation sowie
* die Veränderung von Organisationen.

4.1 Organisationsstrukturen (Aufbauorganisation)

Einleitend haben wir Organisationsstrukturen im Allgemeinen als Regelsysteme charakterisiert. Im Besonderen lassen sich verschiedene Arten von Regeln (als Strukturdimensionen) unterscheiden. Am einfachsten lässt sich dies am Beispiel einer Filmproduktionsgesellschaft erläutern:

* Da ein Kinofilm kaum zur Gänze von einer einzelnen Person hergestellt werden kann, teilt die produzierende Gesellschaft die Gesamtaufgabe in Teilaufgaben auf (Spezialisierung).
* Infolgedessen werden nicht nur am Set, sondern auch filmübergreifend verschiedene Rollen (z. B. Produzent, Regisseur, Drehbuchakquisiteur) verteilt, deren Zusammenspiel geregelt werden muss (Koordination).
* Ab einer gewissen Organisationsgröße wird die Produktionsgesellschaft ihr Stellengefüge zu Papier bringen wollen (Konfiguration).
* Auf dem Plan steht zwar, wer die jeweiligen Vorgesetzten sind, allerdings nicht, wie die Entscheidungsbefugnisse verteilt sind (Entscheidungsdelegation).
* Schließlich kann in der Gesellschaft ein hoher oder niedriger Grad der Verschriftlichung interner Regeln vorherrschend sein (Formalisierung).

Im Folgenden erläutern wir die fünf genannten Hauptdimensionen der Organisationsstruktur (vgl. Kieser/Walgenbach 2003) zusammen mit einigen Herausforderungen der Beratung und interpretieren diese abschließend aus der Sicht systemisch-komplementärer Organisationsberatung.

Häufig werden wir gefragt, welche Organisationsformen in Zukunft Bestand haben werden. Diese Frage ist unseres Erachtens nicht eindeutig zu beantworten. Tendenziell erleben wir einen Trend zu mehr netzwerkartigen Organisationsstrukturen, wobei Beraterkompetenzen eine immer größere Rolle spielen, allerdings auch Klarheit bezüglich Entscheidungsprozessen und -verantwortlichkeiten gefordert ist.

1) Spezialisierung

Wie bereits erwähnt, gibt es Organisationen insbesondere dann, wenn die Erstellung von Produkten bzw. Dienstleistungen der Anstrengung mehrerer Personen bedarf. Damit stellt sich automatisch die Frage, wie die Gesamtaufgabe einer Organisation in Teilaufgaben zergliedert werden kann. Die Organisation schafft hierzu Stellen, die in der Regel dem Prinzip spezialisierter Arbeitsteilung folgen. Als Organisationsberater stellt man sich bereits an dieser Stelle die Frage, welche Arbeitsschritte eine Organisation selbst vollziehen könnte und welche extern vergeben werden sollten (»Outsourcing«). In diesem Zusammenhang haben wir das Konzept der Kernkompetenzen (vgl. Prahalad/Hamel 1990) als äußerst hilfreich erlebt: In welcher Disziplin ist die Organisation besonders spezialisiert, welche Kompetenzen sollte sie niemals aus der Hand geben?

2) Koordination

Die arbeitsteiligen Schritte bedürfen der internen Koordination, damit die Gesamtaufgabe (das fertige Produkt bzw. die Dienstleistung) erledigt werden kann. Hierzu haben sich sehr unterschiedliche Koordinationsmechanismen entwickelt (z. B. Regeln und Routinen, Hierarchie, Rollen, Selbstabstimmung, Pläne, Unternehmenskultur etc.). Nach unserer Erfahrung ist die Hierarchie aufgrund der zusätzlich zu bewältigenden Komplexität mit der Aufgabe, auch noch die Koordination zu leiten, zunehmend überlastet. In diesem Zusammenhang sehen wir immer häufiger, dass andere Koordinationsmechanismen, wie z. B. die Unternehmenskultur und Pläne, eine größere Rolle spielen. Bezug nehmend auf die Erkenntnis, dass Organisationen Regelsysteme sind, wollen wir noch darauf aufmerksam machen, dass Regeln und Routinen – im Sinne von kollektiven Handlungsmustern der Organisationsmitglieder – in einem engen Zusammenhang stehen. Führt man eine neue Regel ein, so entwickeln sich um diese herum gewisse Routinen. Letztere können in einer Organisation aber auch ohne formale Regel, sondern vielmehr aufgrund von »Trial and Error«-Prozessen entstehen.

3) Konfiguration (Stellengefüge)

Die Konfiguration ist die äußere Form, anhand welcher dann Spezialisierung und Koordination beschrieben werden können. Oft werden diese in Organigrammen dargestellt. Ob ein solches Schaubild existiert, hängt auch vom Formalisierungsgrad der Organisation (siehe Formalisierung) ab. Bezüglich der Darstellung klassischer Stellengefüge macht die Tatsache, dass fachliche und disziplinarische Führung heutzutage häufig getrennt sind, gewisse Schwierigkeiten. Darüber hinaus kommt man an Grenzen, wenn neuere Organisationsformen wie die Projektorganisation bzw. cross-funktionale Rollen (sogenannte Integratorstellen, z. B.

das Produktmanagement) eingeordnet werden sollen. Dies sind nur zwei Aspekte, die Beratung auf Basis einer dargestellten Konfiguration nur eingeschränkt möglich machen. Die versteckte Herausforderung für die Organisationberatung stellen jene Strukturen dar, die nicht auf einem Organigramm sichtbar sind. Bei Reorganisationen haben wir bereits häufig erlebt, dass trotz eines neuen Zielorganigramms latent ein »Rückfall« in »alte« Strukturen droht. Mit dem Aspekt der informellen Organisation bzw. einer systemischen Relativierung von Organisationsstrukturen werden wir uns noch auseinandersetzen.

4) Entscheidungsdelegation (vs. Weisungsbefugnis)

Wenn disziplinarische und fachliche Zuordnungen geklärt sind, steht allerdings noch nicht fest, wie die Entscheidungsbefugnisse verteilt sind. Wir erleben häufig, dass bestehende Hierarchien als Entscheidungsinstanzen überlastet sind. Das liegt unseres Erachtens primär an der gestiegenen Entscheidungshäufigkeit, -frequenz und -komplexität infolge der heutzutage vorherrschenden Geschwindigkeit, Mehrdeutigkeit und Vielschichtigkeit (siehe auch in Kapitel 3). Als organisationale Lösung wird daher häufiger als zuvor Entscheidungsverantwortung an niedrigere hierarchische Ebenen bzw. an Teams delegiert. Eine Empfehlung hierzu lautet, den Entscheidungsrahmen und die Schritte bezüglich seiner Überschreitung gleich mit zu klären.

5) Formalisierung

Als Grad der Formalisierung verstehen wir das Ausmaß an schriftlich fixierten Regeln einer Organisation (z. B. Richtlinien, Stellenbeschreibungen, Kompetenzmodelle). Als diesbezüglich hilfreich hat sich eine Unterscheidung von Regeln für technische Verfahren und von organisationalen Verhaltensregeln herausgestellt. Oft haben wir es in der Organisationsberatung mit Regeln zu tun, die von den Beteiligten als veraltet wahrgenommen werden. Hinzu kommt, dass Regeln gewöhnlich weitere Regeln nach sich ziehen und somit Bürokratie erzeugen. Es kann demnach auch zu viele Regeln geben. Gute Erfahrung haben wir mit einem »Stichtag« für schriftlich fixierte Regeln gemacht, an dem überprüft wird, ob eine Regel weiter Bestand haben sollte oder ob man sie automatisch auslaufen lässt. Wir machen allerdings darauf aufmerksam, dass die Abschaffung von Regeln nur eine Seite der Medaille darstellt und möglicherweise unverändert weiterlaufende Routinen zusätzlich beachtet werden sollten.

Systemische Interpretation von Organisationsstrukturen

Die klassische Betrachtung der Organisationsstrukturen ist zur Strukturierung dessen, was man formal vorfindet, äußert hilfreich. Wie wir noch näher beschreiben werden (Abschnitt 4.3) bleiben die »menschlichen« Aspekte in der klassischen Theorie allerdings ausgeblendet. Aus diesem Grund nehmen wir an dieser Stelle noch eine systemische Relativierung der Organisationsstruktur vor. Aus systemischer Sicht besteht eine Organisation nicht aus Maschinen, Gebäuden oder Kapital, sondern sie beruht auf der Kommunikation ihrer Mitglieder sowie den organisationsintern getroffenen Entscheidungen. Man kann dies daran festmachen, dass Organisationen in der Regel länger »leben« als ihre einzelnen Mitglieder. Daher muss die Organisation dafür sorgen, dass ihre Mitglieder (Kommunikationsteilnehmer) austauschbar sind, die Kommunikationsmuster (v. a. Routinen und Rollen) hingegen stabil bleiben.

Diese Stabilisierung funktioniert vor allem über die Kommunikation von Erwartungen: Wer den Erwartungen in der Organisation entspricht, braucht nichts zu rechtfertigen. Erwartungskonformes Handeln erscheint selbstverständlich bzw. sinnvoll und ist damit »anschlussfähig«. Jedem Beteiligten ist prinzipiell klar, welche Kommunikation zur Organisation gehört und welche nicht. Daher ist eine Organisation – trotz externer Kooperationen – kommunikativ immer *geschlossen*: Sie reagiert nur auf eigene Zustandsänderungen. Die Umwelt »irritiert« das Kommunikationsgeschehen nur. Wie die Organisation reagiert, wird ausschließlich innerhalb ihrer selbst ausgemacht.

Da Kommunikation die Handlung der Mitglieder und damit der Organisation steuert, erlangt die Frage, an welchen Unterscheidungen sich eine Organisation orientiert, zentrale Bedeutung. Welchen Themen wird Beachtung geschenkt und welchen nicht? Welches Selbstbild bestimmt das Handeln? Am deutlichsten wird dies, wenn man Entscheidungen betrachtet. Aus systemischer Sicht dienen diese der Absorption von Unsicherheit. Hierzu werden in der Regel von den Verantwortlichen mehrere Alternativen entwickelt, unter denen dann eine Wahl getroffen wird. Eine Entscheidung führt innerhalb der Organisation zu Folgeentscheidungen. Daher kann sich für eine Organisation die Verzögerung oder gar Lähmung von Entscheidungsprozessen als wahre Achillesferse erweisen.

4.2 Prozesse in Organisationen (Ablauforganisation)

Wir beginnen mit den fachlich-klassischen Inhalten und betrachten anschließend die systemische Ergänzung. Dabei stellen wir drei unterschiedliche Definitionen voran:
- Geschäftsprozesse beschreiben und regeln die Leistungserbringung in Organisationen.
- Prozesse beruhen auf den Spielregeln der täglichen Zusammenarbeit.
- »Ein Geschäftsprozess ist eine Abfolge von Aktivitäten, die erwartete Leistungen hervorbringen und aus der Strategie abgeleitete Ziele umsetzen.«

Ein Blick auf die oben genannten Dimensionen zeigt, dass diese genauso zur Beschreibung von Prozessen dienen können. Wie können wir also die Begriffe Ablauforganisation (Prozesse) und Aufbauorganisation (Struktur) unterscheiden?

Die prozessorientierte Perspektive- bzw. im Besonderen das Geschäftsprozessmanagement – stellt eine andere Sichtweise auf die Organisation dar. Deren Vorteile: Aufgrund des (zwischen)produktorientierten und kundenbezogenen Blickwinkels können Effizienzsteigerung, systematische Bearbeitung der Kundenbeziehung (»CRM«), Implementierung kontinuierlicher Verbesserungsprozesse (»KVP«) und funktionaler Software entlang des Workflows gelingen. Auch das Steuern im operativen Tagesgeschäft wird zusammen mit Prozesskennzahlen, KPIs, Product-Lifecycles etc. gut unterstützt. Geschäftsprozesse sind dann effektiv, wenn sie die Kundenanforderungen erfüllen und gleichzeitig dazu beitragen, die Unternehmensziele zu erreichen. Einer der wichtigsten Parameter für die Prozesseffektivität ist daher die Kundenzufriedenheit. Effizient ist ein Geschäftsprozess dann, wenn er diesem Parameter mit möglichst geringem Ressourceneinsatz entspricht.

Eine beispielhafte Prozessstruktur für produzierende Organisationen besteht aus

- General-Management-Prozessen,
- Product-Lifecycle-Management-Prozessen,
- Supply-Chain-Management-Prozessen,
- Customer-Relationship-Management-Prozessen sowie
- Support-Prozessen.

Analyse und Maßnahmen erfolgen nicht in einer funktional fragmentierten Form, sondern häufig »quer« zur klassischen Aufbauorganisation nach einheitlichen, meist kunden- oder strategiebezogenen Kriterien. Die Frage lautet nicht: »Wie entsteht ein Werkstück in der Produktion?« Sondern: »Welchen Weg nimmt eine Bestellung – über die Arbeitsvorbereitung, die Produktion bis zur Logistik und Nachbetreuung bei einem Kunden?« Zahlreiche klassische Managementsysteme setzen Geschäftsprozessmanagement (GPM) voraus bzw. beziehen es mit ein (z. B. Qualitätsmanagement ISO 9000, Lean-Management, Six Sigma etc.).

Zu unterscheiden sind innerhalb einer klassisch funktionalen Organisation GPM einerseits und die sogenannte Geschäftsprozessorganisation (GPO) andererseits. Letztere geht über das Management von Geschäftsprozessen hinaus und versucht, flache Hierarchien entlang von Prozessen zu gestalten. In einer funktional orientierten, hierarchischen Aufbauorganisation werden die Prozessketten durch die funktionalen Organisationseinheiten (Produktion, Marketing, Vertrieb) fragmentiert. Schnittstellen mit Leistungsverlust, Zeitverlust und Qualitätsverlust sind die Folge – die Koordinationskosten steigen. Im Fall der geschäftsprozessorientierten Organisation dominiert die Prozesslogik über die Aufbauorganisation: Dieses Design integriert die Wertschöpfungselemente (Aktivitäten) zu durchgängigen Prozessen.

Aus unserer Erfahrung kommen in der Praxis weder die Vorteile des GPM noch der GPO voll zum Tragen. Um dieses Problem zu verstehen, brauchen wir – ergänzend zur fachlichen –- die systemische Sicht auf die Organisation. Während die Optimierung einzelner Geschäftsprozesse bereits einen Wandel mit sich bringt, der in vielen Unternehmen noch recht gut bewältigt werden kann, bedeutet die Umstellung auf eine prozessorientierte Organisation eine tiefer greifende Veränderung – auch der Machtverhältnisse. In derartigen Projekten ist dann Change-Management besonders dringend nötig.

- Die prozessuale Perspektive verlangt und fördert eine Haltung der Kundenorientierung und Eigenverantwortung. Das Arbeitsleben wird abwechslungsreicher, aber auch unberechenbarer, ungewohnter und interdisziplinärer. Es erfolgt mehr Kommunikation entlang der Prozessketten. Gruppenarbeit und Teambildung werden zu wesentlichen Erfolgsfaktoren in der Prozessorganisation.
- Flache Hierarchien, Gruppenarbeit sowie interdisziplinäre, abwechslungsreiche und kommunikative Arbeit sind die Faktoren – sozusagen die neuen Ausganspunkte – der persönlichen und beruflichen Weiterentwicklung für jeden Einzelnen. Dies macht so geartete Arbeitsplätze für junge qualifizierte Mitarbeiter interessant und stellt erfahrene und bewahrende Mitarbeiter vor neue Herausforderungen.
- Eine Beschäftigung mit GPO – und mehr noch mit der prozessorientierten Organisation – fördert die Vorbereitung auf neue, netzwerkartige Organisationsformen, die unseres Erachtens künftig immer mehr an Bedeutung gewinnen werden.
- Prozessbetrachtung bringt einen dynamischen Aspekt in die Organisation. Prozesse sind in Ausprägung und Gestaltung nicht so statisch wie eine funktional getrennte Organisation, vielmehr bedeutet GPM ständige Anpassung und Veränderung. Hierdurch kann auch weniger Kontrolle ausgeübt werden, was eine Veränderung der Haltung des Managements gegenüber der Organisation erfordert.

4. 3 Neue Organisationsformen

Kaum eine der klassischen Organisationsformen wird sich in Zukunft des Einflusses tiefgreifender Veränderungen und steigender Volatilität entziehen können. Jahrzehntelang waren Hierarchie und funktionale Arbeitsteilung vorherrschend. Mittlerweile haben sich infolge von Komplexitätsdruck auch andere organisationale Strukturierungsversuche etabliert. Mitunter ist das organisationale Design selbst zur Quelle von Wettbewerbsvorteilen geworden (Schumacher 2012). Wir glauben, dass in Zukunft in vermehrtem Maß unterschiedliche

Organisationsformen parallel und mit den klassischen Modellen kombiniert zum Einsatz kommen werden. Weiters glauben wir, dass diese Formen allerdings auch ein neues Führungsverständnis voraussetzen, um zu »funktionieren«. Man stelle sich einen Stadtplaner aus dem 18. Jahrhundert vor, der mithilfe der ihm bekannten Strukturen für Kutschen und Pferde heute eine Stadt plant – diese würde in Staus versinken. Im Folgenden werfen wir einen kurzen Blick auf folgende Organisationsformen:

- Matrixorganisation,
- Projektorganisation,
- virtuelle Organisation und
- Netzwerkorganisation.

Matrixorganisation (MO)

Matrixorganisationen sind Mehrliniensysteme: Zwei oder mehrere Leitungssysteme werden miteinander verknüpft. Eine MO ist demnach zeitgleich überkreuzend nach verschiedenen inhaltlichen Dimensionen gegliedert. Beispielsweise werden Produktgruppen (z. B. Plastik, Düngemittel, Pharmazeutika) mit klassischen funktionalen Einheiten (z. B. Einkauf, Produktion, Marketing, Vertrieb) kombiniert. Hier hätte ein Mitarbeiter dann zwei Vorgesetzte: einen aus dem Bereich Produktgruppen und einen aus der funktionalen Dimension. Zur Auflösung solch ineinander verwobener Verantwortlichkeiten geht man heute immer öfter dazu über, einer Dimension die fachliche Leitung – die häufig projektbezogen abläuft –, der anderen hingegen die disziplinarische Leitung zu übertragen.

Die *Vorteile* einer solchen Organisation liegen hauptsächlich darin, dass gleichermaßen Effekte der Zentralisierung und Spezialisierung erreicht werden können. Beispielsweise können sich verschiedene Produktgruppenverantwortliche einen Einkaufsbereich »teilen«, der sämtliche Beschaffungsprozesse im Auge behält.

Die *Nachteile* der MO werden von ihrer hohen Eigenkomplexität verursacht: Bei mehreren Verantwortlichen kommt es häufig zu langwierigen Abstimmungsschleifen und Loyalitätskonflikten, weshalb manche Unternehmen ihre MO auch wieder abgeschafft haben.

Projektorganisation (PO)

Eine Projektorganisation wird im Falle eines Projekts eingerichtet, das per se umfangreich, aber zeitlich begrenzt ist, wie z. B. die Errichtung eines Staudamms, die Entwicklung eines neuen Produkts oder eine Strategieentwicklung. Derartige Vorhaben erfordern normalerweise eine funktions- bzw. abteilungsübergreifende Zusammenarbeit, die über die laufende Koordination des Geschäftsbetriebs hinausgeht. Eine PO leistet diese Koordination indem in der Regel ein Projektmanager und/oder ein Steuerungsausschuss eingesetzt wird.

Die *Vorteile* der PO bestehen in der Bündelung von übergreifenden Ressourcen – wobei die Linienorganisation nicht verändert zu werden braucht – in der Flexibilität bezüglich der PO-Ausgestaltung und in der Möglichkeit, klare Verantwortlichkeiten zu schaffen. Auch ist die PO mit ihrem Teamansatz eine adäquate Form zur Komplexitätsverarbeitung bei anspruchsvollen Aufgaben.

Die *Nachteile* der PO hängen in erster Linie damit zusammen, dass Ressourcen für Projekte parallel zum laufenden Geschäftsbetrieb bereitgestellt werden müssen. Ist eine Projektleitung nicht mit Weisungsbefugnissen ausgestattet, ist diese auf den guten Willen der Linienverantwortlichen angewiesen. Mehr »Durchsetzungskraft« erhält eine PO, wenn ihr im Unternehmen temporär volle Personalverantwortung übertragen (wie häufig bei Großprojekten) oder ein fixer Teil an Ressourcen zugeteilt wird (Matrix-PO). Die genaue Ausgestaltung der PO richtet sich demnach stark nach den Projektzielen sowie den jeweiligen organisatorischen Rahmenbedingungen.

Virtuelle Organisation (VO)

Diese junge Organisationsform nutzt neue technische Möglichkeiten (Internet, virtuelle Speicher, Clouding etc.) und liegt im Trend der beschriebenen aktuellen gesellschaftlichen Entwicklungen. Bei einer VO gründen kooperierende Organisationen eine Wertschöpfungspartnerschaft bzw. werden als solche orchestriert. Auf feste Managementpositionen verzichtet eine VO in der Regel. Wann sollte die virtuelle Organisation als Ergänzung in Erwägung gezogen werden?

Die *Vorteile* einer VO sind: kurze Reaktionszeit bei Erfüllung neuer bzw. zeitlich begrenzter Bedarfe und Marktchancen; schnelle Kombination unterschiedlicher Elemente einer Supply-Chain bzw. von Know-how und Ressourcen. Kosteneinsparungspotenzial mithilfe effizienter Ressourcennutzung/Pool-Bildung und Fokussierung auf Kernkompetenzen. Letzteres kann auch maßgeblich zur Qualitätssteigerung beitragen.

Die *Nachteile* der VO sind: Die Organisationsform ist schwer zu kontrollieren und zu steuern. Steuerung beruht auf wiederholt auszuhandelnden Vereinbarungen, der Kommunikationsaufwand ist entsprechend hoch. Vertrauen ist ein wichtiges Thema, da die rechtliche Situation nicht leicht zu handhaben ist. Zusammenschlüsse kommen daher häufig mit langjährigen Geschäftspartnern zustande. Identifikationsprobleme können sich daraus ergeben, dass sich innerhalb einer VO aufgrund des temporären und strukturell losen Charakters tendenziell kaum Kulturen, wie wir sie aus klassischen Organisationen kennen, ausprägen können.

VO hat unterschiedliche Ausprägungen und Formen – zwei davon greifen wir heraus. Erstens die gut »beherrschbare« zentrale VO: Eine Einzelperson bzw. Gruppe verwirklicht auf Basis ihrer Verfügungsrechte eine spezifische Geschäftsidee durch Auftragsvergabe bezüglich aller betrieblichen Funktionen und Prozesse – mit Ausnahme von Visionsfindung und Strategieentwicklung – an externe

Firmen (Beispiele: Nike, Ralph Lauren). Zweitens die Gruppenform: Mehrere Personen schließen sich zu einer Kooperation zusammen, ohne dass dadurch eine neue Firma/Rechtspersönlichkeit entstünde. Der Eintritt in einen virtuellen Verband kann Teile oder die gesamte Organisation betreffen, in der Regel bleiben die Kultur und die funktionalen und hierarchischen Strukturen der Kooperationspartner bestehen.

Netzwerkorganisation (NWO)

Bei einer NWO werden Zuständigkeiten und Verantwortungen an zugehörige Partner netzwerkartig verteilt. Die interne Form der NWO kann klassische Organisationsformen mit ihren Effizienzvorteilen ergänzen, wenn Flexibilität und Kreativität erhöht werden sollen. Beispiel: Eine funktionale Organisation kann ein bestimmtes Produkt sehr effizient herstellen, aber die Anpassung der Produktpalette geht zu langsam vonstatten und ist im Wettbewerb nicht differenziert genug.

In einem Netzwerk ist Autorität nicht hierarchisch, sondern emotional und fachlich begründet. Die Kommunikation erfolgt primär auf Augenhöhe, die Verantwortung und das Führen werden situativ übernommen bzw. flexibel ausgehandelt.

Die Vor- und Nachteile ähneln jenen der VO, zusätzliche *Vorteile* sind: die gute Integrationsfähigkeit in Organisationen mit aufgeschlossener, offener Kultur, die gute Ergänzung einer vorhandenen oder zu implementierenden Prozessorganisation bzw. Projektorganisation; der Motivationseffekt für Mitarbeiter mit entsprechenden Ambitionen, da Gestaltungsfreiheit und Agieren auf Augenhöhe gegeben sind.

4. 4 Die informelle Organisation

Die formelle Organisation ist in der Regel leicht darstellbar und erkennbar: Als Berater bekommt man die »offiziellen« Unterlagen der Organisation in Gestalt von Organigrammen, Qualitätsmanagement-Handbüchern, Arbeitsanweisungen und dergleichen mehr ausgehändigt. Selbst kurze Zeit nach einem Einstieg ist allerdings auch den Organisationsmitgliedern klar, dass das reale Leben in der Organisation bisweilen anderen – informellen – Regeln folgt. Die informelle Organisation ist mit der formellen bzw. offiziellen Organisation verzahnt. Sie ist ein schwer greifbares Netzwerk und Kommunikationsgeflecht zwischen Menschen bzw. Rollen in der Organisation und entsteht aus der Bildung von informellen Macht- und Einflussstrukturen, Gruppennormen, Interaktionsmustern sowie Erwartungen, Bedürfnissen und Wünschen. Insbesondere hierarchische und funktionale Organisationen bilden eine stark informelle Organisation aus.

Die informelle Organisation wirkt in vielen Fällen positiv auf die Gesamtleistungsfähigkeit eines Unternehmens, indem sie die Unzulänglichkeiten der formellen Organisation ausgleicht, da kompensatorisch eine Flexibilisierung bzw. Berücksichtigung sozialer und emotionaler Faktoren stattfindet. Eine informelle Organisation wirkt sozial ausgleichend und reagiert oft flexibler auf Veränderungen als eine formelle. Organisieren nach Schreyögg (2008, S. 16) bedeutet nicht nur »das Verhalten der Mitarbeiter in vorbedachte Bahnen zu lenken, sondern Bedingungen zu schaffen, die Mitarbeiter ermutigen, ihre Potentiale bei der Lösung der organisatorischen Probleme zu entfalten.« Diese Potenzialentfaltung ist in der informellen Organisation oft leichter möglich. In der »klassischen« fachlichen Unternehmensberatung bleibt die informelle Organisation häufig ausgeblendet.

Neben den positiven gibt es allerdings auch dysfunktionale Auswirkungen: Die informelle Organisation versucht, sich als System selbst zu stabilisieren. Wandel und Neuorientierung werden kompensiert – alles soll tendenziell so bleiben, wie es ist. Das Verhalten gleicht dem in der griechischen Tragödie: Die eigentlichen Schauspieler sind unter der Bühne, an der Oberfläche wird ein gewolltes Scheinbild dargestellt. Dieses Scheinbild verschleiert Tatsachen, versteckt Absichten (»hidden agenda«) und führt Veränderungsbestrebungen leicht in die Irre. Die informelle Organisation ist seitens der »offiziellen« Organisation in nur geringem Maß kontrollier- und steuerbar – es entsteht ein Machtverlust. Dies erklärt wohl auch einen Teil der Unlust, sich mit ihr zu beschäftigen. Systemische Methoden beziehen die informelle Organisation als einen wesentlichen Faktor in die Erhebung der Diagnose und die Erstellung der Veränderungsarchitektur mit ein.

4. 5 Veränderung in Organisationen

Häufig werden wir gefragt, wann und wie sich Organisationen verändern. Sind das viele kleine Schritte, oder kommt es zu einer Revolution? In welchen Zeiträumen finden Veränderungen statt? Wir beginnen den Abschnitt daher mit einer Einordnung von unternehmerischen Veränderungsprozessen. Die folgende Darstellung (s. S. 39) ist idealtypisch (es gibt auch viele Mischformen). Die Unterteilung in vier Felder dient zur Orientierung, ob der Änderungsdruck vom Markt oder von »innen« kommt – bzw. wie tiefgreifend die Veränderung ist.

Kommt der Änderungsdruck vom Markt, ist in der Regel das Geschäftsmodell der Organisation Änderungen unterworfen. Die Veränderung kann dann, je nachdem wie tiefgreifend sie ist, als Entwicklung oder Reorganisation betrachtet werden. So hat z. B. IBM eine evolutionäre Änderung – weg vom Hardware- und Softwaregeschäft hin zum Beratungsgeschäft – vollzogen, indem es sein Geschäftsmodell transformiert und die Organisation entsprechend entwickelt hat.

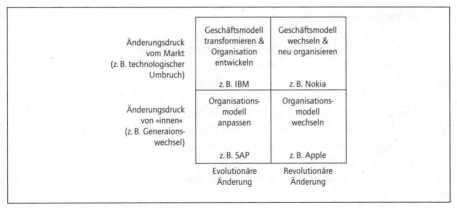

	Geschäftsmodell transformieren & Organisation entwickeln	Geschäftsmodell wechseln & neu organisieren
Änderungsdruck vom Markt (z. B. technologischer Umbruch)	z. B. IBM	z. B. Nokia
Änderungsdruck von »innen« (z. B. Generaionswechsel)	Organisationsmodell anpassen	Organisationsmodell wechseln
	z. B. SAP	z. B. Apple
	Evolutionäre Änderung	Revolutionäre Änderung

Abb. 1: Veränderung in Organisationen

Bei Nokia hingegen führte der Einstieg in die Herstellung von Mobilfunkgeräten zu einer völlig neuen Organisationsform. In den letzten Jahren wurde allerdings leider verabsäumt in Reaktion auf den Smartphone-Boom weitere Veränderungen des Geschäftsmodells vorzunehmen.

Der *Änderungsdruck von innen* tritt häufig bei einem Generationswechsel auf, der grundlegende Veränderungen weniger am Geschäfts- als am Organisationsmodell nötig macht. Bei SAP hat beispielsweise die Gründergeneration das Organisationsmodell so angepasst, dass die Unternehmensführung zu einem bestimmten Zeitpunkt von einem anderen Management übernommen werden konnte. Wie stark überlappend die verschiedenen Felder und Dimensionen sind, wird an der Veränderung des Unternehmens Apple deutlich: Augenscheinlich haben die unternehmensinternen Visionen von Steve Jobs dazu beigetragen, die Organisation hin zum Geschäft mit Musikabspielgeräten und Smartphones zu erweitern. Das Unternehmen hat gewissermaßen in einer Veränderung »von innen nach außen« einen neuen Markt geschaffen.

Wenn wir Organisationen verändern wollen, gelingt das nur, wenn sich die Muster der Zusammenarbeit verändern lassen (Stichwort Routinen). Change-Prozesse sind gewissermaßen Operationen am offenen Herzen. Veränderung hat immer mit Unsicherheiten zu tun – sowohl auf der individuellen Ebene als auch die gesamte Organisation betreffend. Muster zu verändern setzt voraus, sie erkennen zu können. Im Sinne eines erfolgreichen Veränderungsprozesses sollte die Organisation also an der Fähigkeit, ihre Muster selbst zu beobachten, arbeiten. Somit können Routinen unterbrochen oder variiert bzw. neue Muster erschaffen werden.

5. Organisationsberatung

Was zeichnet systemisch-komplementäre Organisationsberatung aus?
Unsere Kundenprojekte beginnen meist mit »klassischer« (fachlicher) Beratung.
Erst wenn auf dieser Basis Vertrauen aufgebaut ist, können systemische Elemente
einfließen und finden schrittweise beim Kunden Akzeptanz. Wir erweitern damit
den Fokus in die Komplementarität. Für unsere Kunden ist die Systemik oft Neu-
land, das vorsichtig und schrittweise erkundet und erlebt wird. Die klassische Beratung suggeriert eine Erfolgssicherheit, die letztendlich nicht existieren kann, aber
vom Kunden ersehnt wird. Die systemische Betrachtungsweise macht den Stellenwert der Eigenverantwortung und real existierender Unsicherheiten bezüglich der
Zielerreichung rasch klar. Informelle Organisation und Latenzen kommen gleichermaßen zum Vorschein, damit fallen Schutzzonen für Mitarbeiter – insbesondere
für Manager – weg. Dafür, sich auf dieses Abenteuer einlassen zu können, ist
Vertrauen im Berater-Klienten-System unabdingbar, und um dieses aufzubauen, ist
dann die einfühlsame Kommunikation eben dort unverzichtbar.

**In welchen Situationen ist nun die Kombination fachlicher und systemischer
Methoden sinnvoll?**
Wenn die Komplexität einer Organisationsveränderung hoch und/oder das Ausmaß der Veränderung tiefgreifend wird, ist Komplementarität im Beratungsansatz sinnvoll. In diesen Fällen stellen sich Machtsysteme, informelle Organisation, die Gewohnheit und die Angst vor Veränderung dieser entgegen. Die Situation gleicht jener Münchhausens, der sich angeblich am eigenen Schopf samt
Pferd aus dem Sumpf zog. Im organisationalen Kontext ist hierzu ein fixer Be-
zugspunkt außerhalb des betroffenen Systems nötig. Dieser Bezugs- und Angel-
punkt kann von Beratern zur Verfügung gestellt werden – wenn diese entsprechend professionell agieren.

Welche Organisationsform ist wann die richtige?
Die Frage nach der richtigen Organisationsform ist eine der ältesten Fragen der
Organisationswissenschaft wie der Organisationspraxis. Eine eindeutige Antwort
gibt es ebenso wenig wie den »one best way« des Organisierens, auch wenn von
Beratern oft erwartet wird, eben jenes Modell mit dem »best fit« zu liefern. Wie
bei den Geschäftsfeldern besteht für das Unternehmen auch im Hinblick auf die
Organisationsform Wahlfreiheit. Die daraus resultierende Unsicherheit führt zum
nachvollziehbaren Wunsch nach Standardlösungen. In Projekten werden wir
häufig mit dieser Erwartungshaltung konfrontiert. Die Gestaltungsverantwortung
kann einer Organisation allerdings nicht abgenommen werden.
    Wir entwickeln Organisationsmodelle in permanenter Interaktion mit unseren
Klienten, beachten die Umsetzbarkeit und begleiten den Gestaltungsprozess, um
dem ständigen Wandel adäquat zu begegnen. Nach unseren Beobachtungen wer-

den neuere Organisationsformen wie Prozessorganisation, virtuelle Organisation, Projektorganisation oder die Netzwerk-Organisation immer mehr an Bedeutung gewinnen und mit der klassischen funktional-hierarchischen Organisation in Konkurrenz treten – wenngleich wir nicht davon ausgehen, dass Letztere verschwinden wird.

6. Fallbeispiele und Empfehlungen

6. 1 Fallbeispiel 1: Einführung einer prozessorientierten Organisationsstruktur

Ausganssituation: Die Medizintechnik-Geschäftseinheit eines multinationalen Unternehmens sollte eine prozessbasierte Organisationsstruktur erhalten. Bisher hatte funktionale Arbeitsteilung vorgeherrscht. Es gab bereits ein Organisationsmodell, das innerhalb des Unternehmens entwickelt worden war. Im Zuge des Projekts sollte dies nun an die Geschäftseinheit angepasst und dann implementiert werden.

Projektverlauf: Der Ansatz sah vor, nach einer einleitenden Diagnose intensiv mit verschiedenen Teams des Klienten zusammenzuarbeiten. Die Einschätzung der Beteiligten konnte somit direkt in das Design der neuen Prozessorganisation einfließen. Es wurden verschiedene Varianten entworfen, die als Entscheidungsvorlagen mit dem Topmanagement diskutiert wurden. Nach und nach entstand ein gemeinsames Bild der zukünftigen Organisation, aber auch neuer Rollen, die intern besetzt wurden.

Erfolgsfaktoren waren hierbei:
- die baldige Einbindung der Betroffenen in die Organisationsgestaltung, die es ermöglichte, beim Design bereits die Umsetzung mit zu bedenken;
- die frühzeitige Klärung von Konflikten zwischen den späteren Prozessverantwortlichen;
- das Prozessmodell als fixer und dennoch flexibler Rahmen, der den Beteiligten Sicherheit gab, gleichzeitig aber Freiräume für Anpassungen vorsah;
- das professionelle Projektmanagement, das stets den Ablauf des gesamten Beratungsprojekts im Auge behielt.

6. 2 Fallbeispiel 2: Marketing-Reorganisation bei einem Mobilfunkbetreiber

Ausgangssituation: Im Marketingbereich eines aufstrebenden Mobilfunkbetreibers sah man die bestehende Organisation als nicht zielführend, war sich aber bezüglich der Ursachen im Unklaren und hatte daher auch kein konkretes Veränderungskonzept. Die Hoffnungen auf Verbesserung sollten von externen Beratern erfüllt werden.

Projektstart: Die Diagnose wurde gleichzeitig, aber unabhängig voneinander, sowohl klassisch als auch systemisch durchgeführt, und zwar in punktueller Abstimmung zwischen den – jeweils spezialisierten – Beratern. Überraschend für alle Beteiligten war die Tatsache, dass beide Methoden neben den spezifischen Diagnoseergebnissen viele übereinstimmende Aussagen lieferten.

Erstens: Die Verbindlichkeit der Führung wurde als unzureichend erlebt. Zweitens: Die Analyse bestehender Prozesse ergab ein verworrenes, widersprüchliches Bild. Die Dynamik des Mobilfunkmarkts schlägt sich in der täglichen Arbeit nieder. Die fünf hierarchischen Ebenen bestanden rein formell und hatten keine wirkliche organisatorische Bedeutung. So erteilte z. B. der Marketingvorstand regelmäßig Anweisungen direkt an Sachbearbeiter und umging dabei vier hierarchische Ebenen. Es bestand kein klares Konzept hinsichtlich der Organisation, und diese spiegelte daher auch die nötigen Anforderungen bezüglich Flexibilität, Reaktionsgeschwindigkeit und Kreativität nur unzureichend wider. Derartige Anforderungen können nur mithilfe flacher Hierarchien gut bewältigt werden, was das Beispiel vom Vorstand, der die Führungsebenen ignoriert, beweist. Die informelle Handlung widersprach zwar der bestehenden organisatorischen Norm, war aber aus Sicht der Marktanforderungen sinnvoll. Die Ist-Prozesse spiegelten die vielfältigen Kommunikationsbeziehungen wider, das bestehende Regelwerk blieb Theorie und wurde nicht gelebt. Die Mitarbeiter waren motiviert und aufgeschlossen und bezüglich ihrer eigenen Organisationshandhabung auch skeptisch. Ein Hauch von Abenteuer lag in der Luft. Alle wussten, dass eine andere Form der Zusammenarbeit nötig war – nur welche? Das rasche Wachstum und der schnelle Erfolg hatten organisatorische Themen in den Hintergrund gedrängt.

Grundsätzlich sind Prozesse in einem so gearteten Projektumfeld lästig: Sie beschreiben einerseits die Spielregeln der täglichen Zusammenarbeit, andererseits müssen sich die Mitarbeiter bei vielen Vorhaben auf veränderte Anforderungen einstellen und die Prozessdefinition flexibel einsetzen. Prozesse müssen hier in einem zufriedenstellenden Kompromiss das Verhältnis zwischen festgelegter verlässlicher Struktur und gestalterischem Freiraum ausbalancieren.

Das Projekt: Der ehrgeizige Plan einer Umstellung auf eine echte Prozessorganisation erwies sich als nicht umsetzbar – die Veränderung in der Machtkonstellation wäre zu groß gewesen. Dennoch konnten gemeinsam beachtliche Erfolge erarbeitet werden:

- Prozesse wurden »salonfähig« gemacht, ihre Bedeutung als wesentliches Steuerungsinstrument erkannt.
- Erstmals wurden die bestehenden Logiken des Handelns hinterfragt, neue Logiken über Prozesse abgebildet.

- Bereichsegoismen konnten überwunden und neue Wege der Zusammenarbeit gefunden werden. Die notwendige Flexibilität konnte mit geringem Reibungswiderstand aufrechterhalten werden.

Erfolgsfaktoren:
- Das nötige Vertrauen konnte anhand der eindeutigen Dokumentation der Analyseergebnisse auf fachlicher Seite und der überaus treffsicheren Feedbacks und Beobachtungen auf systemischer Seite hergestellt werden.
- Die Kombination aus fachlicher Ergänzung fehlenden Organisationswissens sowie mangelnder Erfahrung und dem systemischen Ansatz, zwar zu kompensieren, aber auch zu konfrontieren, Eigenverantwortung klarzustellen und durch Spiegelung die Möglichkeit zur Reflexion zu geben.
- Die eindeutige Dokumentation bestehender und künftiger Prozesse ergab die Konfrontation mit der organisatorischen Wirklichkeit – Wegschauen war nicht mehr möglich. Es gab immer wieder nur ein Ja oder Nein, Variante A oder B – kein Vielleicht mehr.

6. 3 Empfehlungen

Zum Abschluss wollen wir drei zentrale Empfehlungen auf den Punkt bringen. Diese sind als Prinzipien zu verstehen, als Leitplanken zur Orientierung, wenn wir als Berater ein organisationales Design entwickeln.

1. Erst die Diagnose, dann das Rezept! Wenn wir Empfehlungen zur Organisationsstruktur erarbeiten, sollten wir großen Wert auf die Diagnose legen. Nicht alle Modelle passen zu einer Organisation. Darüber hinaus sollten wir die informelle Organisation explizit in die Analyse einschließen.

2. Organisationsgestaltung ist eine Operation am offenen Herzen – sie ist immer ein Entwicklungsprozess, der in einem laufenden System stattfindet. Wie viel Bereitschaft und wie viele Ressourcen finden wir für diesen Entwicklungsprozess vor? Nicht zuletzt ist mit unterschiedlichen Organisationsmodellen auch eine jeweils andere Auffassung von Führung verbunden.

3. Personal, Personal, Personal! Manchmal besteht die Gefahr, Organisationsstrukturen um Personen herum zu bauen, sie auf diese zuzuschneiden. Das ist aus zwei Gründen nicht funktional: Erstens machen wir die Strukturen damit vom Personal abhängig, was sich bei Fluktuation als fatal erweisen kann. Zweitens verfälschen wir unseren Auswahl- und Besetzungsprozess. Dieser ist eine wichtige Designkomponente, von der es unter anderem abhängt, ob die neuen Strukturen Bestand haben können.

Literatur

Anand, N./Daft, R. L. (2007). What is the Right Organizational Design? In: Organizational Dynamics, 36 (4), S. 329–344.

Barlett, C./Ghoshal, S. (1990). »Matrix Management: Not a Structure, a Frame of Mind«. In: Harvard Business Review, July-August 1990, S. 138–145.

Kieser, A./Walgenbach, P. (2003). Organisation. 4. Aufl., Stuttgart.

Prahalad, C. K./G. Hamel (1990). The Core Competence of the Corporation. In: Harvard Business Review, May-June 1990, S. 79–91.

Nadler, D./Tushmann, M. (1997). Competing by Design. Oxford.

Roberts, J. (2004). The Modern Firm, Organizational Design for Performance and Growth. Oxford.

Schreyögg, G. (2008). Organisation. 5. Aufl., Wiesbaden.

Steuerung als Multitasking-Funktion

Reinhard Günzl/Christopher Mallmann

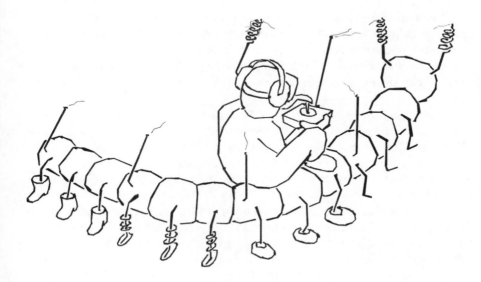

Sie steuern mit dem Auto das vereinbarte Ziel an. Mit Hilfe der Landkarte (alte Methode!) haben Sie sich die Route zusammengestellt. Unterwegs müssen Sie feststellen, dass die Straßen nicht mehr so, wie in der Karte angegeben, verlaufen und Sie ihr Ziel auf andere Weise anpeilen müssen. Sie fragen nach dem Weg (Kommunikation, situatives Steuern, sich einlassen) und erarbeiten sich so ein neues Orientierungsgefühl, anstatt sich nur auf die Karte zu verlassen. Unterwegs erfahren Sie, dass die ursprünglich als Ziel definierte Stadt jetzt nicht mehr attraktiv genug ist – eine andere Stadt in der Nähe wird als Ziel vereinbart. Diese ist auf der alten Karte gar nicht zu finden. Wieder sind Sie auf Auskünfte, Erfahrung und auch Intuition angewiesen, um das neue Ziel erreichen zu können.

1.   Das Steuern von Organisationen – Um was geht's?

In der sozialen Systemtheorie – und auf diese beziehen wir uns im Folgenden als Basis für systemische Überlegungen, was Steuerung von Organisation und Interventionen anbelangt – ist Steuerung ein nicht ganz einfaches Thema. Da Organisationen als Systeme in gewisser Weise einer Art evolutionärer Entwicklung folgen, kennen sie in der idealtypischen Ausprägung nur zwei Formen der Steuerung: die Selbststeuerung und die Kontextsteuerung. Betrachtet man klassische Steuerungsmodelle, so fällt einem die Zuordnung zu den beiden systemischen Urformen sicherlich eher schwer. Hier geht man weiter von der heroischen Form des Steuerns aus – vom Steuermann, der die Geschicke der Unternehmung lenkt und die Zukunft kennt, die er ansteuert. Im systemischen Denken ist aber die Zukunft – und somit das Ergebnis von Intervention und Handeln – in gewisser Weise unbekannt bzw. ein Prozessergebnis. So gesehen kann man nicht wissen, wohin man steuert, der Steuermann wäre blind oder zumindest doch sehr unsicher.

Worin also besteht das sogenannte Steuerungsdilemma in der Systemik? Man kann es, wie angedeutet, auf der Personenebene verorten und die Frage stellen: Wer oder was steuert? Oder man sieht es auf der Ebene des Zielsystems und versucht zu verstehen, welches übergeordnete Hauptziel oder welche Kombination von Zielen auf verschiedenen Ebenen die Steuerung zu erreichen sucht. Dann beträfe die Steuerung ein eher organisationales Problem (den Dreiklang Strategie – Struktur – Kultur betreffend), und man müsste sich fragen, ob die Organisation in diesen Bereichen richtig aufgestellt ist, ob z. B. die Strategie dieser Zielsetzung entspricht. Es ist allerdings auch sinnvoll zu hinterfragen, ob diese Ziele generell überhaupt zu erreichen sind bzw. ob ihre Verwirklichung auf allen genannten Ebenen nicht bereits einen so hohen Grad an Komplexität erreicht hat, dass der heroische Steuermann die Lage längst nicht mehr überblicken kann. Geht man von Komplexität und der Frage nach Linearität oder Zirkularität des kausalen Zusammenhangs aus, befindet man sich mitten in der systemischen Diskussion. Kann man steuern? Und, wenn ja, wie?

In Organisationen ist laut Systemtheorie alles für deren Entwicklung notwendige Wissen vorhanden, und es kann kein solches von außen importiert werden – womit auch Steuerungsimpulse als überflüssig betrachtet werden könnten. Die Organisation beobachtet sich in ihren Umwelten und erkennt darin die Entwicklungsspielräume oder -notwendigkeiten. Instruktionen von außen, die Richtung oder Tempo von Aktionien betreffend (Interventionen generell), wären somit – zumindest theoretisch – unsinnig, da die Organisation ja quasi genetisch bedingt das Potenzial zur Selbststeuerung hat. Tatsächlich aber werden Organisationen nicht nur von Managern aktiv gesteuert, sondern es werden auch von Beratern Interventionen gesetzt, die Steuerungsimpulse liefern, um das Überleben der Organisation zu ermöglichen. Selbst wenn schon allein die Existenz derselben eine in der Vergangenheit erfolgreiche Entwicklung dokumentiert, erfordern die Geschehnisse in der Umwelt, dass intervenierend und steuernd eingegriffen wird. Es gibt dann reichlich Bedarf an Auseinandersetzung hinsichtlich erfolgreicher Steuerungsformen und der Möglichkeit bzw. der Art und Weise, die Ergebnisse guter Steuerung zu messen. Dies hängt nicht unwesentlich mit der Frage nach der Komplexität des Unterfangens zusammen: Steuerungserfolg ist bei linearen Input-Output-Beziehungen sicher eher anzunehmen als bei bekanntlich komplexen nicht-trivialen Systemen, wozu soziale Systeme anerkannterweise zählen. Wie kann Steuerung solcher Komplexität gerecht werden? Wann wird in diesem Sinne über- bzw. untersteuert? Wann ist von einer adäquaten Steuerung auszugehen, bei der Aufwand und Ertrag in einem ausgewogenen Verhältnis stehen?

Im Folgenden werden wir versuchen, entlang eines Kontinuums von einfacher bis hoher Komplexität, von Unter- bis Übersteuerung, drei Ebenen der Steuerung zu diskutieren. Klassischerweise werden Unternehmen und bisweilen auch Interventionen in stark komplexitätsreduzierender Art auf die Erreichung von Zahlenwerten hin gesteuert – das gilt sowohl für die Budgetierung als auch für Controlling-Verfahren. Wenn aber Steuerung sich nicht auf einige wenige »schwarze« Zahlen reduzieren lässt, sondern andere, nicht unmittelbar wirtschaftlich messbare Größen als gleichwertig angesehen werden, wie kann dann Controlling der Komplexität von realen Organisationen gerecht werden? Wo finden Abstimmung auf und Vergleich mit anderen Zielgrößen statt? Hier werden wir als Mittelweg zwischen klassischer und systemischer Steuerung kurz die Charakteristika der Balanced Scorecard diskutieren – diese halten wir für ein geeignetes Instrument beim Versuch, neben rein wirtschaftlichen Zahlenwerten auch andere Zielgrößen abzubilden – also schon etwas ganzheitlicher an Steuerungsfragen heranzugehen.

Beide Verfahren werden allerdings noch ein Stück weit außerhalb der sozialen Räume der Steuerung diskutiert: Man geht in einer Art »Deus ex Machina«-Annahme davon aus, dass das Instrumentarium von einem Außenstehenden genutzt wird, ohne dass dies Auswirkungen auf das zu steuernde Objekt hätte. Wie wir aber nicht erst aus dem Konstruktivismus wissen, haben die Art der Beobachtung und der direkte Einfluss der Steuernden eine eigene Auswirkung auf das Ergebnis. Daher wird am Ende gleichsam als Synthese die komplementäre Steuerung beschrieben, in der die soziale Dimension berücksichtigt und mitkonzipiert wird. Systemische Steuerung wird als den sozialen Anforderungen gerecht erachtet, da hierbei der Mensch nicht außen vor ist, sondern konkret beschrieben wird, wer was zur Steuerung beiträgt und wo Steuerung eigentlich stattfindet, nämlich im komplementären Berater-Klienten-System, wo fachliche und prozessuale Steuerung zusammenkommen und wirksam werden. Selbst wenn nicht bekannt sein kann, wie das Ergebnis exakt aussehen wird, so werden doch Mitglieder der Organisation gemeinsam mit Beratern im Sinne der steuernden Beeinflussung aktiv. Diese Steuerung, die sich den jeweiligen Komplexitätserfordernissen anzupassen vermag, wird als adäquate Antwort auf das Steuerungsdilemma empfunden.

2.   Megatrends: Was hat Relevanz?

Volatilität

Die absehbar hohe Volatilität der Kapitalmärkte beeinflusst unter anderem die Rahmenbedingungen für Fremdkapitalinvestitionen sowie die Entwicklung von Branchen und Märkten insgesamt. Prognosen verlieren an Treffsicherheit, Risikobereitschaft sinkt. Banken verlangen mehr Information in Form von Kennzahlen über nachweisbaren Erfolg.

Individuelle/kollektive Veränderungen

Jüngere Mitarbeiter fordern vom Job zunehmend Unterstützung und Beitrag zur Selbstverwirklichung, die Möglichkeit, die eigene Weltsicht und Haltung zu leben, sowie die Möglichkeit, ihr Marktpotenzial zu steigern. Der Haltungskonflikt entsteht, wenn neue Mitarbeiter mit aktiver, veränderungsbereiter, risikofreudiger Haltung auf eine bewahrende, stark informelle Organisation treffen. Verstärkt wird die Auswirkung auch durch die demografische Entwicklung: Junge Mitarbeiter werden rar. Steuerung muss beide Welten integrieren und flexibel agieren, letztlich aber eine konkrete Ausrichtung präferieren.

Die Organisationsformen werden flacher, Hierarchie nimmt ab, und neue Organisationsformen – wie Projekt- und Prozessorganisation – werden in die hierarchische Grundstruktur integriert. Steuerung muss also unterschiedliche Organisationsformen sowohl gesondert als auch in ihrem Zusammenwirken integrieren.

Künftige Steuerungsanforderungen

Erfolgreiches Steuern wird die Bewältigung hoher Komplexität und situative Flexibilität bei nachhaltiger Ausrichtung und klarer Positionierung mithilfe der Integration klassischer und systemischer Methoden erfordern. Kennzahlen als Instrument klassischer Steuerungsmethodik müssen erreicht und vor allem gehalten werden – das gelingt nur in Kombination mit systemischen Methoden.

»Wenn Komplexität zu wenig berücksichtigt wird, ist es möglich mit sehr viel Aufwand sehr wenig zu erreichen.«

Grad:	Klassische Methoden	Systemische Methoden	Folgen
Starke Untersteuerung (subadäquat)	Klassische Kennzahlensysteme bzw. Controlling – unzureichend ausgeführt	keine	Klassische Steuerungsinstrumente sind nicht ausreichend implementiert. Keine (stark reduzierte) Berücksichtigung der Komplexität. Kurzfristige Erfolge und Aktionismus erzeugen Steuerungsillusion.
Untersteuerung	Klassische Kennzahlensysteme bzw. Controlling	Gruppenarbeiten, kooperatives Vorgehen	Klassische Steuerungsinstrumente sind nicht ausreichend implementiert. Komplexität nicht ausreichend berücksichtigt. Ziele werden nicht erreicht, »Ehrenrunden« werden gedreht, Auseinandersetzungen und Akzeptanzprobleme; »Projektsterben«.
Beginnende adäquate Steuerung	Zusätzlich Normen & Regeln sowie Projekt- & Prozessmanagement	Design einzelner Elemente und reflexive Schleifen Mitarbeiterauswahl berücksichtigt Haltung	Berücksichtigung von/Arbeit mit und an: Macht, Kultur Strategische Vorgaben werden erreicht, Organisation kann auf Veränderungen reagieren.
Adäquate Steuerung	Integration und Ergänzung der obigen Elemente in die BSC	Systemische Architektur	Lernende Organisation, situative Steuerung, verbunden mit hoher Flexibilität, schwierige Change-Projekte sind handhabbar.
Übersteuerung (hyperadäquat)	Zu viele Methoden, Abstimmungsrunden, eingebundene Personen, zu wenig konkrete Entscheidung		Kompensation von Führungsschwäche, nicht ausgetragenen Konflikten

Abb. 1: Adäquanz der Steuerung

3. Fallbeispiel: Strategische Neupositionierung von HR im Gesundheitswesen

Das nachfolgende Beispiel bezieht sich auf ein großes Veränderungsprojekt in stürmischem Umfeld (und damit nicht auf Routinesteuerung bei der Erbringung von Standardleistungen) und beinhaltet die beiden beschriebenen Megatrends.

Ausgangssituation

Die Gesundheitsbranche ist einer der wichtigsten Sektoren der deutschen Volkswirtschaft, dessen Wertschöpfung in den letzten Jahren um beachtliche 3,7 Prozent gewachsen ist. Trotzdem wird bezüglich des öffentlichen Gesundheitswesens immer wieder die Frage der langfristigen Finanzierbarkeit diskutiert. Es besteht also ein Konflikt zwischen Wachstumspotenzial und Finanzierbarkeit, der durch die bestehenden Konzentrationstendenzen verstärkt wird. In diesem Umfeld will sich der Personalbereich einer großen Verwaltung reorganisieren.

Die herausfordernde Business-Mission

Um sowohl die Qualität der internen Dienstleistungen als auch die Wertschöpfung zu erhöhen, soll die Leitung von Krankenhäusern direkt beraten und unterstützt werden, was eine Aufstockung qualifizierter Kapazitäten erfordert. Gleichzeitig müssen rund 30 Prozent der Personalkosten im Bereich HR eingespart werden.

Führung und Mitarbeiter haben wenig Erfahrung mit Business-Design und klassischen Management-Tools wie Projektmanagement und Prozessoptimierung. Aufgrund der hierarchischen Struktur (fünf hierarchische Ebenen allein in HR!) ist die potenzielle Veränderungsgeschwindigkeit und Flexibilität eher gering. Die Etablierung einer stabilen Unternehmenskultur war infolge der künstlichen, kurzfristigen Zusammenlegung mehrerer Krankenhäuser in einen größeren Verwaltungsbereich bisher noch nicht möglich.

Die Gegenüberstellung von Veränderungsbereitschaft und Veränderungsfähigkeit zeigt folglich die Diskrepanz zwischen der Business-Mission und der geringen Veränderungsfähigkeit auf. Das daraus resultierende Change-Modell entspricht der »Balanced Transformation«, einer tiefer greifenden Neupositionierung, die herausfordernder als eine Mobilisierung, aber noch keineswegs radikal ist.

Die strategische Perspektive und die Signale der Geschäftsführung sind anfangs unklar, die Reorganisation hat somit keinen verlässlichen Rahmen. Die Folge ist Unsicherheit bei den meisten Beteiligten.

Verlauf

Die für derartige Veränderungsprozesse typischen Phasen werden wie folgt durchlaufen:
1. Unterbrechung der Routine, beginnend mit der Grundaussage: »Wir müssen uns auf jeden Fall verändern!«
2. Entwicklung des neuen Business-Designs: »Wo wollen wir hin?« Man muss Entscheidungen treffen und konsequent zu ihnen stehen.
3. Die Umsetzung, das Aufbauen von neuem Mut und Zuversicht.

Phase 1: Der Kommunikation zur Überbringung der kritischen Nachricht wird anfangs zu wenig Bedeutung beigemessen. Die Zielvorgaben werden widerwillig akzeptiert. Der Einsatz systemischer Elemente ist zunächst gering. Es werden zwar bereits zu Beginn des Projekts systemisch designte Workshops abgehalten, aber während die involvierten Mitarbeiter dies von Anfang an begrüßen, zeigen sich Führung und Auftraggeber zunächst weniger aufgeschlossen.

Der Mangel an systemischen Steuerungskomponenten spiegelt sich in mehreren Symptomen wider: So werden neue Mitarbeiter in Meetings als Blitzableiter benutzt, weil Elemente wie Sounding Boards etc. fehlen – also Emotionen nicht adäquat bearbeitet wurden. Andererseits wird mit einer Übersteuerung im klassischen Bereich kompensiert: Die Personalkostenprognosen und Business-Cases werden übergenau.

Phase 2: Die zukünftige Ausrichtung erfolgt auf Basis einer situativ modifizierten Balanced Scorecard (BSC). Die Finanzperspektive wird durch die Personalkostenreduktion und optimiertes Risikomanagement beschrieben. Die Kundenperspektive wird durch Wertschöpfungsbedarfe der Geschäftsführung und Klinikleitungen sowie der Mitarbeiter abgedeckt. Wertschöpfungskettenoptimierung und technische Prozessoptimierung beschreiben die Prozessperspektive. Schließlich wird die Organisationsentwicklungsperspektive durch Qualifizierung und Arbeitszufriedenheit der HR-Mitarbeiter dargestellt.

Der Abgleich der vier Perspektiven führt zur Festlegung auf ein teilweise dezentralisiertes Organisationsdesign, in dem die effizienzkritischen und risikoreichen Routineprozesse zentral gebündelt werden, die stärker wertschöpfenden operativen Prozesse jedoch in den Kliniken erbracht werden sollen. Auf Implementierung eines Cost- bzw. Profit-Centers wird verzichtet.

Der Einsatz der BSC, die Implementierung eines Projektmanagements, der Einsatz gezielter Business-Cases und Personalkostenprognosen, all das ermöglicht die Genehmigung der erforderlichen Projektmittel durch die Geschäftsführung. Entscheidend ist in dieser Phase aber auch die konsequente *Haltung* des für die Restrukturierung verantwortlichen Managers, an den einmal vereinbarten Zielen »festzu*halten*«. Steuerung in stürmischen Zeiten braucht Kontinuität, Verbindlichkeit und klare Entscheidungen.

Phase 3: »Der Zug setzt sich langsam in Bewegung«. Die Beteiligten können anfangs nicht an den Erfolg glauben, und mangels Erfahrung verläuft der Start in die Umsetzung holprig. Die Verhaltensmuster »Angst vor Fehlern«, »Schuldzuweisungen«, »Delegieren von Verantwortung« kommen zum Tragen. Auch fehlt zu Beginn noch der Überblick hinsichtlich der Querverbindungen zwischen den Projekten und bezüglich des Grades der Zielerreichung, aber nach einem halben Jahr kann die erste Kontinuität im Projektgeschehen beobachtet werden. Immer wieder werden Verantwortungsbereiche klar abgesteckt, Meilensteine als Bezugspunkte verwendet, und eine objektive Terminverfolgung erzeugt zwar Druck, aber auch Klarheit bezüglich des Projektfortschritts. Die Projektorganisation liefert jene Verbindlichkeit und Klarheit, die die hierarchische wie auch die informelle Organisation nicht mehr bieten können. Normen und Regeln der offiziellen Organisation werden – weil auf einen fehlervermeidenden Alltagsbetrieb ausgelegt und zu unüberschaubarer Komplexität angewachsen – zur Behinderung. Bestehende Normen und Regeln sind also nicht unbedingt zur Steuerung in stürmischen Zeiten geeignet. Die informelle Organisation experimentiert primär mit Beharrungsmechanismen (»Wir wissen genau, warum etwas nicht funktionieren kann!«).

Steuern kann aber auch mithilfe der Besetzung neuer Stellen erfolgen: Klassisch werden hier Anforderungsprofile mit Bewerberprofilen abgeglichen. Aus systemischer Sicht sind z. B. Haltung und emotionale Intelligenz eines Bewerbers ebenfalls wichtig. Durch *Neueinstellungen* wird eine *neue Einstellung* (Haltung) in die Organisation implementiert. Die Integration gestaltet sich für die neuen Mitarbeiter zunächst schwierig. Diese erleben die eigene Haltung als fremd und die mitgebrachten Steuerungsmethoden als für das bestehende System untauglich.

Die systemischen Komponenten bleiben vorerst unterrepräsentiert. Erste Symptome für diesbezügliche Akzeptanz sind in der Verwendung von Stuhlkreisen statt Tischen in den Meetings (Abbau von Barrieren, Öffnen) und im Einsatz von Pinnwänden statt Power-Point-Präsentationen (situatives Vorgehen, Mut) zu sehen. Auch Designs für Teambildung können in die Workshops eingebaut werden. In dieser Phase gelingt auch der Aufbau eines Berater-Klienten-Systems (BKS), wobei das Generieren von Akzeptanz hinsichtlich systemischer Ansätze und von persönlichem Vertrauen die zentralen Themen sind. Mit steigendem Vertrauen im BKS steigt auch die Steuerungseffizienz in der Umsetzungsphase. Das Projekt gewinnt an Fahrt, und die ersten Erfolge stellen sich ein. Die Ziele werden als erreichbar empfunden, die Motivation nimmt zu.

Fazit

Die systemischen Steuerungskomponenten sind insgesamt unterrepräsentiert – die Steuerung ist nicht adäquat. Die Komplementärberatung kompensiert in einigen klassischen Spezialbereichen, wie etwa Prozessmanagement, Projektmanagement sowie Kostenrechnung, und bietet systemisch Hilfe zur Selbsthilfe. Sowohl BSC als teilsystemische Methode wie auch Projektmanagement bewähren sich.

Die Methode: die Balanced Scorecard

Hier soll nun mit der BSC ein beliebtes Verfahren kurz bewertet werden, welches seit den späten 1990er-Jahren stark auf dem Vormarsch ist. Es ist selbstredend keine erschöpfende Behandlung geplant, die auch angesichts der Literaturfülle anmaßend wäre. (Es sei aber auf einen guten Übersichtsartikel in der ZOE 01/2009, der von R. Nagel und W. Dietl verfasst ist, hingewiesen.)

Wir wollen die BSC als (fast) systemisches Steuerungsinstrument verstanden wissen, da sie

- die verschiedenen Zieldimensionen gleich gewichtet nebeneinanderstellt;

- die Unternehmenszukunft betrachtet und nicht die Vergangenheit auswertet;
- unterschiedliche Standpunkte einnimmt und somit Eindimensionalität auch in der Perspektive aufhebt;
- iterativ überprüft und entsprechend nachjustiert wird;
- die einzelnen Perspektiven aktiv zueinander in Beziehung setzt und
- im Zuge eines strukturierten Kommunikationsprozesses im Unternehmen verankert wird.

Die BSC nimmt neben der Finanz- also auch die Kundenperspektive ein, leitet daraus die Optima für interne Prozesse ab und speist ein Lern- und Entwicklungssystem, welches wiederum langfristig die Überlebens- und Zukunftssicherheit des Unternehmens abbildet. Die Prozess- und Lernperspektiven werden dabei im Hinblick auf die beiden Kernperspektiven (Finanzen und Kundenumwelt) als unterstützend und früh warnend betrachtet. Dieses gedankliche und ganzheitliche Verbinden – aber auch gezielte Wechseln der Perspektiven – macht das Verfahren an sich zu einem systemischen Instrument. Sind die erforderlichen Kommunikationsprozesse dann neben der Orientierung auf Strategie gut aufgesetzt und haben insgesamt die Überlebensfähigkeit der Unternehmung im Blick, so könnte die BSC als vollwertig systemisches Instrument verstanden werden.

Infolge der alleinigen Handhabung durch Berater und Stäbe wird aber oftmals die kommunikative Verankerung im Unternehmen konterkariert, und die BSC kann ihre Steuerungskraft nicht voll entwickeln und ihr Potenzial zur Selbststeuerung nicht erhöhen. Umgekehrt wird das Instrument oft überladen, indem den einzelnen Perspektiven noch Indikatoren hinzugefügt werden, die die Steuerung komplizieren: So werden Zielvereinbarungen oder variable Vergütung mitgeführt, obwohl sie eher zu einer Vermischung der Ebenen und zu Fehlsteuerung führen. Es kann also überkomplex werden, obwohl bei einem gut begleiteten Kommunikationsprozess von Adäquanz ausgegangen werden kann.

4. Synthese oder der Nutzen von Komplementärsteuerung

Gerade – und nicht zufällig – war von Kommunikationsprozessen und deren Adäquanz die Rede, und das soll nun der Ausgangspunkt für die Endbetrachtung sein: Wir haben die Ausdrücke *Untersteuerung* und *subadäquat* für Fehlsteuerung benutzt und im Fallbeispiel teilweise auch definiert bzw. in der Liste angewendet. Hier soll nun in Anlehnung daran ein Argument für die Komplementärsteuerung hergeleitet werden: Die BSC wurde zwar als potenziell machtvolles »fast-systemisches« Steuerungsinstrument eingeführt und auch genutzt – interessanterweise aber lediglich in der Vorbereitungsphase und zur Entscheidungsfindung, nicht aber als Steuerungsinstrument in der Implementierungsphase! Der

Schlüssel für das Misslingen liegt in der Nichtanwendung des eigentlich konzeptionell vorgesehenen kommunikativen Teils der BSC, der diese im Fall korrekter Nutzung eben zu einem systemischen Instrument gemacht hätte.

Dass dieses für gute Steuerung wesentliche Element fehlte, ließ sich auf mangelnde Auftragsklärung bzw. unzureichendes Verständnis im Kundensystem zurückführen. Der Auftrag betraf ursprünglich allein die Fachberatung, was sich aber in der Folge als nicht hinreichend herausstellte. Immer mehr Fachexpertise führte nicht zu einem Gefühl der Zufriedenheit, sondern konnte vom System nicht mehr verarbeitet werden, weil zu viel Information per se irgendwann nicht weiter angenommen werden kann. Der Auftrag musste also zwangsläufig im Sinne der Komplementarität geändert werden, da die Fachberatung ohne ergänzende Prozessberatung schlicht nicht anschlussfähig war. Wir halten fest, dass auch ein zunächst als Fachberatung angenommener Auftrag in der Komplementarität endet, wenn Erfolg erreicht werden will.

Was aber macht die Fachberatung mittels BSC zum einem komplementären Steuerungsmodell? Wie bereits gesagt, ist für die BSC-Nutzung der Kommunikationsprozess und die Art und Weise, wie das Verfahren im Unternehmen verankert wird, entscheidend. Wer hat an welcher Stelle mit dem Prozess zu tun und spielt welche Rolle? Wird die Diskussion zur Klärung dieser Fragen breit ausgerollt oder sehr eng von Stäben und Beratern geführt? Wenn ein gut strukturierter und durch eine explizite Architektur der Beratung beschriebener Prozess gelingt, der dann in einem gemeinsamen System von Beratern und Klienten, dem Berater-Klienten-System (BKS) mündet, so ist diese gemeinsame soziale Form der Steuerung auch der Ort der komplementären Steuerung. Hier kommen die komparativen Vorteile von Kunden und Beratern zur Kooperation zusammen, und Entscheidungen können mit den notwendigen (komplementären Kompetenzen) befördert werden.

Exkurs: Zur Logik und Methode

Im Kundensystem sind – so die soziale Systemtheorie – alles notwendige Wissen und die Umsetzungskompetenzen im Grunde vorhanden, werden aber nicht unbedingt zur Gänze genutzt. Beratersysteme haben im Idealfall die Kompetenz, dieses Wissen zu heben und operationalisierbar zu machen.

Hier sind Klienten- und Beratersystem zunächst getrennt, und im Sinne des alten Sender-Empfänger-Modells der Kommunikationstheorie wird im Beratungsvorgang Wissen von A nach B übertragen. Dieses Modell ist allerdings überholt – heute geht man davon aus, dass sich Wissen nur in Interaktion generieren lässt. Daher müssen die Systeme so nah zusammenkommen, dass die Akteure beider Seiten ihre spezifischen Kompetenzen ohne die Restriktionen der jeweiligen Organisation einbringen und sich gemeinsam an die Schaffung von Lösungen machen können. Berater und Klienten begeben sich in einen neuen, eigens dafür geschaffenen und bestimmten Raum und planen und steuern die Interventionen.

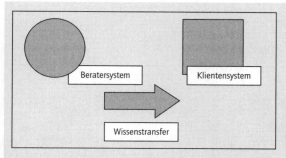

Abb. 2: Sender-Empfänger-Modell
der Kommunikation.
Quelle: Christopher Mallmann

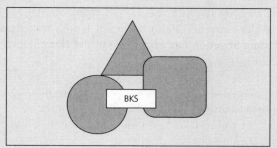

Abb. 3: Berater-Klienten-System.
Quelle: Christopher Mallmann

Eine Möglichkeit, den Beitrag des Beratersystems für das Kundensystem abzuleiten, besteht im Konzept der Kompensation: Hier wird das System einer Diagnose unterzogen, welche die Bereiche feststellt, in welchen es Beratungsbedarf gibt. Um aber Beiträge der Berater für das Kundensystem annehmbar (systemisch: anschlussfähig) zu machen, bedarf es eines neuen sozialen Systems, in dem Berater und Klienten unbehindert von der Logik der jeweiligen Heimatsysteme zusammenarbeiten können.

In diesem Sinn wird in unserem Fallbeispiel die Beratung für das Klientensystem erst »rund« bzw. annehmbar, wenn sich die guten Fachbeiträge in die konzipierte Prozessberatung einbinden lassen. Danach werden die zu setzenden Interventionen im BKS gemeinsam beschlossen, und es wird eine Beratungsarchitektur erstellt, die die einzelnen Interventionen über die Zeiträume verteilt darstellt und miteinander in Zusammenhang setzt.

Es werden die Rollen geklärt und die Anteile der Steuerung in der Steuerungsgruppe verankert. Auch weitere Arbeitsgruppen, die dem Prozess zugeordnet sind, entstehen rund um die Architektur. Wenn sich die Beteiligten aus Berater- und Klientensystem über die zu setzenden Interventionen immer wieder informieren und bei Bedarf nachsteuern, so ist diese individuelle Art der Steuerung der systemisch relevante Teil, der andere Instrumente, etwa die BSC, komplementär ergänzt und somit effektiv werden lässt.

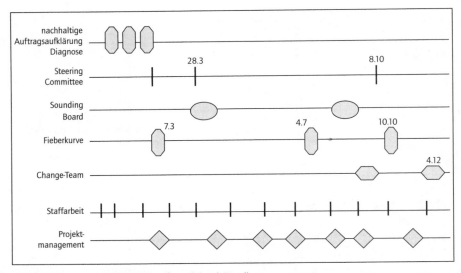

Abb. 4: Beratungsarchitektur (Quelle: Reinhard Günzl)

Beratertipps

- »Weniger ist mehr!«: Das Kontrollbedürfnis reduzieren – einige wenige gute Kennzahlen (Kennzahlenwirkungsanalyse) sind effizienter als viele, denn kein Kennzahlensystem kann die gesamte Komplexität der Realität tatsächlich abbilden! Zur Komplexitätsbewältigung braucht es zusätzlich gute Kommunikation und Reflexion.
- »Steuern braucht Freiraum!«: Freiraum steht für die Entscheidungsfreiheit und Verantwortung des Einzelnen, vor allem aber auch für die Freiheit des sozialen Prozesses. Gruppen sind Hyperexperten in Komplexitätsbewältigung und leisten überraschend viel. Ziele und Leitplanken schaffen den notwendigen Rahmen.
- »Zu viel des Guten«: Zu viele Kennzahlen, zu viele hierarchische Ebenen und Meetings sind Kennzeichen einer Übersteuerung, verbrauchen zu viele Ressourcen und liefern zu wenig konkrete Ergebnisse!
- »Wer macht was?«: Auftrag und Steuerungshoheit zu Beginn des Projekts mit dem Auftraggeber klären: Wer wird in der Projektphase mit wem in welcher Form steuern? Welche Rolle hat der Berater – von *critical Friend* bis zu enger Zusammenarbeit mit der Führung.
- »Hinschauen!«: Eine gute Analyse am Beginn ist nicht zu ersetzen! Wie wird derzeit gesteuert? Von wem, mit welchen Methoden? Wie reagiert die Organisation auf diese Steuerung?
- »Es braucht Struktur!«: Gutes Projektmanagement erfüllt speziell in Change-Prozessen das Bedürfnis nach Stabilität. Insbesondere kurzfristig und gemeinschaftlich definierte Ziele sind in diesen kritischen Situationen sehr wichtig.

Führung als Beziehungsarbeit

Sandra Lenhard/Andrea Reise

EINST   JETZT

1.   Einleitung – Was muss Führung leisten?

Eine alteingesessene Privatbank in Zürich hatte in den letzten Jahren im Rahmen der laufenden Umwälzungen im Bankensektor eine wechselhafte Geschichte durchlaufen: Aufkauf durch eine große global tätige Bank zwecks Integration – zusammen mit einer weiteren aufgekauften Privatbank – unter dem Dach der Großbank. Und schließlich zweieinhalb Jahre später der Paukenschlag: die umfassende Integration in die Großbank unter Verlust des eigenen Brands und somit einer eigenständigen Identität. Ein Schock für die Belegschaft der Privatbank – zumal deren Unabhängigkeit immer wieder bekräftigt worden war und man erst kürzlich in ein internes Reorganisationsprojekt investiert hatte.

Was kann Führung unter solch zugegebenermaßen radikalen Rahmenbedingungen leisten? Speziell mittlere Führungskräfte haben es angesichts dieser Ausgangslage extrem schwer: Einerseits sollen sie ihre Mitarbeiter bei Laune und die

Abteilungen funktionsfähig halten, andererseits sind sie oft nicht besser informiert als die Mitarbeiter und haben auf brennende Fragen keine Antworten. Dann sollen sie sich – zumindest scheinbar nach außen – voll mit dem neuen Unternehmen identifizieren und aktiv zu einer erfolgreichen Integration beitragen. Gleichzeitig wissen sie nicht, ob sie in ein paar Wochen noch einen Job haben werden.

Wir erhielten den Auftrag, für die mittlere Führungsschicht Workshops zum Thema »Leading in Change« anzubieten. Zunächst waren wir im Zweifel, ob solch ein Angebot überhaupt sinnvoll sei und nicht sogar als zynisch verstanden werden könnte. Dessen ungeachtet nahmen wir die Herausforderung an und entschlossen uns, offen gestaltete Reflexionsräume, in denen ein sehr persönlicher Austausch zur eigenen Situation möglich ist, anzubieten. Bedingung war die Arbeit mit kleinen Gruppen von maximal sechs Teilnehmern – jeweils moderiert von einem sehr erfahrenen Berater und Prozessbegleiter. Bedarfsorientiert boten wir flexibel inhaltliche Impulse (u. a. zum Thema Führung bzw. Selbstführung in Komplexität) an. Es gab vor allem viel Raum für die persönliche Verarbeitung der Situation und schließlich auch die Möglichkeit zur Festlegung von individuellen Umsetzungsschritten. Die Workshops waren – wenn man das in diesem Kontext überhaupt so sagen darf – ein großer Erfolg.

Anfangs tröpfelten nur spärlich Anmeldungen herein. Dank sehr positiver Mundpropaganda füllten sich die Veranstaltungen dann kontinuierlich und waren schließlich sehr gut besucht. Entscheidend war es, die Führungskräfte jeweils als Person ins Zentrum zu stellen: ihre aktuellen Befindlichkeiten – geprägt durch Ängste, Zweifel, Ärger und Enttäuschung – und Bedürfnisse. Weiterhin war es wichtig, daran zu arbeiten, wie sie trotz Fremdbestimmung das Steuer wieder selbst in die Hand nehmen und ihren beruflichen Einflussbereich, aber auch den privaten Ausgleichsbereich, viel aktiver gestalten konnten. Der zweite Teil des Workshops bot ausreichend Zeit, sich bezüglich Haltung und Verhalten der eigenen Teamleiter und Mitarbeiter dem Veränderungsprozess gegenüber ein aktuelles Bild zu machen und zu überlegen, wie die Führungskräfte diese noch besser unterstützen könnten.

Das beschriebene Beispiel stellt wohl die Extremform von komplexer Veränderung dar, nämlich eine M&A- respektive Integrationssituation. Allerdings beobachten wir in unserer Praxis immer häufiger, dass Stabilität und Kontinuität in Unternehmen der Vergangenheit angehören. Tempo und Komplexität nehmen zu und infolgedessen auch die Anforderungen an die einzelne Führungskraft.

Das ist an sich nichts Neues: Die Herausforderungen sind bekannt und werden allerseits besprochen. Schon seit geraumer Zeit wird von Veränderung im Zeichen der Globalisierung und der Dominanz der Finanzmärkte gesprochen. In unserer Beratungsarbeit beobachten wir allerdings, dass sich trotz allgegenwärtiger Präsenz des Themas »rasanter Wandel« im Umgang mit der erlebten Komplexität keinerlei Routine einstellt. Zwar sind viele Schlagwörter zu hören, und

Unternehmen und deren »Kapitäne« scheinen die Situation im Griff zu haben, wenn sie sich wechselnder Managementmethoden bedienen: Business Process Reengineering, Performance Improvement, Rapid Change, Shared Services, Offshoring, Outsourcing, Crowdsourcing – dies sind nur einige der Favoriten der letzten Jahre. Viele Manager beherrschen also das Vokabular bzw. den Umgang mit den aktuellen Change-Methoden. In unserer Praxis begegnen sie uns allerdings anders: Außerhalb ihrer »offiziellen« Rolle, zeigen sie sich häufig nachdenklich, was deren Grenzen betrifft, und sie äußern Zweifel hinsichtlich ihrer Fähigkeiten, die richtigen Entscheidungen zu treffen, respektive getroffene Entscheidungen richtig umzusetzen.

Wir begegnen unterschiedlichen Stilen, mit dieser Unsicherheit umzugehen: Sehr oft wird sie verdrängt. Denn sie steht für Schwäche, die man nicht zeigen möchte bzw. sich selbst nicht eingestehen kann. Also wird mit den bisherigen Methoden versucht, die neuen Herausforderungen zu meistern. Wir treffen aber auch auf Führungskräfte, die sich der eigenen Unsicherheit stellen, die Situation und auch sich selbst in ihrem Handeln hinterfragen und bereit sind, mutig neue Wege zu gehen – auch wenn das Resultat ungewiss ist.

Hier wollen wir die aktuellen Entwicklungen zunächst auf einer Metaebene analysieren: Welches sind die wesentlichen Trends in der Arbeitswelt und womit sehen sich Führungskräfte immer häufiger konfrontiert? Was bedeutet dies für Unternehmen und deren Steuerung? Daraus ergibt sich dann die zentrale Frage, was Führung unter zunehmend komplexen Rahmenbedingungen überhaupt noch leisten kann oder soll. Kann eine einzelne Führungskraft den ständig wechselnden Anforderungen noch gerecht werden? Oder anders formuliert: Braucht es ein neues Führungsparadigma, braucht es Führung 2.0? Es gibt Stimmen, die das klar und eindeutig fordern.[1] Andere sagen: »Das ist alter Wein in neuen Schläuchen – Führung ist Führung!«

Wir untersuchen verschiedene Perspektiven, auf das Thema zu blicken, und fassen sie zusammen. Schließlich fokussieren wir auf die einzelne Führungskraft: Wie gelingt es ihr, besser mit dem hohen Druck, den zunehmenden Widersprüchen und Dilemmata und mit latenten Sinnfragen umzugehen? Wir stellen konkrete Beispiele vor, wie Beratung hier unterstützen kann.

---

1 Z. B. Niels Pflägling in seinem Buch »Die 12 neuen Gesetze der Führung«.

2.   Führung in der Zukunft – Die Zukunft beginnt heute

2.1   Megatrends der westlichen Arbeitswelt

Wir sehen die folgenden fünf Megatrends, welche die Arbeitswelt bereits heute
– und mit zunehmender Intensität – beeinflussen:

- Individualisierung,
- demografischer Wandel,
- Bildung,
- technischer Fortschritt und
- Globalisierung.

Individualisierung

Lebens- und Arbeitsabläufe waren noch nie so vielfältig und unterschiedlich wie
heute: Das Berufsleben einer wachsenden Anzahl an Menschen schwankt zwischen Phasen relativer Stabilität und flexibleren Zeiten, die frei gestaltet werden
können bzw. müssen (Projektende, Entlassung etc.). Gleichzeitig sind Talente
respektive bestimmte Kompetenzen rar, und qualifizierte Mitarbeitende gestalten
ihre berufliche Entwicklung zunehmend unabhängig von den Interessen der Unternehmen. Dies verschärft den sogenannten *war for talents*. Die »Talent Edge
2020«-Studie von Deloitte (2011) zeigt auf, dass 65 Prozent der in Unternehmen
identifizierten Talente über den Weg nach draußen nachdenken und dass bei 30
Prozent ernsthafte Abwanderungspläne bestehen. Als Begründung dafür werden
unklare Karrierewege und Entwicklungsmöglichkeiten sowie der Mangel an be-
darfsgerechten Trainingsprogrammen angeführt.

Unternehmen sind aufgefordert, im Dialog mit Mitarbeitern sowohl die
Qualifikationen von morgen als auch neue Entwicklungs- und Karrierewege zu
entwerfen.

Demografischer Wandel

Es ist eine essenzielle Führungsaufgabe, dem Älterwerden der Belegschaft Rechnung zu tragen und die Kompetenzen älterer Mitarbeiter wertzuschätzen. Der
Blick nach außen und das Erschließen neuer Arbeitsmarktpotenziale (Frauen,
Migranten und auch ältere Mitarbeiter) ist ebenso wichtig wie der Blick nach
innen: Nur wer ältere Mitarbeiter konsequent fördert und sie gut integriert, wird
die vorhandenen Kompetenzen und Erfahrungen dauerhaft nutzbar machen und
damit die gewünschte Leistungsfähigkeit erzielen können.

Bildung

Lernen zu lernen – als Individuum und als Organisation – gehört ganz oben auf die Managementagenda. Das Arbeitskräftepotenzial sinkt, der Bedarf an Innovationen steigt. Der Anteil der Hochqualifizierten wird zwar von 2000 bis 2020 um fast 13 Prozent[2] steigen, dies ist aber nur bedingt der formalen Bildung zuzuschreiben, da die Halbwertszeit des Wissens rapide sinkt. Demgegenüber gewinnen die Integration von Diversität und das gezielte Nutzen von Erfahrung in der täglichen Führungsaufgabe an Bedeutung. Die Förderung zunehmend gefragter Kompetenzen wie Kreativität, Veränderungsfähigkeit und Selbststeuerung trägt ebenso zur Qualifizierung der Mitarbeiter bei wie innovative Formate des Selbstlernens.

Technologischer Fortschritt

In der IBM-CEO-Studie 2012 »Führen durch Vernetzung«, für die 1700 CEOs befragt wurden, sind Datenexplosion und Informationsüberflutung als die wichtigsten Faktoren, die strategische Geschäftsentscheidungen beeinflussen, genannt. Jenseits bloßer Lieferkettenoptimierung und besserer Verwaltungsprozesse wird auf diesem Gebiet nach Vorteilen gesucht, wobei die Aufmerksamkeit der Nutzung bereits bestehender und zukünftiger Potenziale der sich rasant weiterentwickelnden Social Media gilt. Man erwartet eine völlige Neugestaltung der Beziehungen zu allen relevanten Stakeholdern intern und extern, was einen wesentlichen Einfluss auf Strategie, Struktur und Kultur von Unternehmen haben wird. Kommunikation wird zur vorrangigen Managementverantwortung. Technologie wird als Voraussetzung für Zusammenarbeit und Beziehungen gesehen, das heißt für das Vorantreiben von Vernetzung, Kreativität und Innovation.

Globalisierung

Die zunehmende Globalisierung verschärft Abhängigkeiten und Komplexität. Weltbürger erleben tagtäglich die Auswirkungen auf Konsum-, Arbeits- und Finanzmärkte sowie die damit einhergehende Gefahr von Instabilität. Einfache Ursache-Wirkungs-Zusammenhänge sind immer weniger möglich. Dies bedeutet für Unternehmenslenker eine neue Ebene von Komplexität, deren Ausmaß nicht vorhersehbar ist. Die wachsende Vielfalt innerhalb von Organisationen und die sich mehrenden Interdependenzen stellen Unternehmen vor die Aufgabe, in zunehmendem Maß transkulturell zu denken. Die globale Machtzunahme von Schwellenländern, insbesondere von China und Indien, stellt eine zusätzliche Herausforderung dar.

---

2 Gem. Studie von Signium International/:zukunftsinstitut: Unternehmensführung 2030

2.2 Unternehmensentwicklung: Weg von starren Pyramiden – hin zu flexiblen Organismen

Die für die Arbeitswelt relevanten Megatrends zeigen, wie viel Bewegung und Neuorientierung gefordert ist, und zwar für Unternehmenslenker, Führungskräfte, Mitarbeiter und Organisationen, bezogen auf ihr Handeln nach innen und außen. Was bedeuten die Trends für Unternehmen? Wie machen sie sich »fit für die Zukunft«?

In zunehmendem Maß etablieren sich kollektive demokratische Unternehmensumgebungen (etwa Unternehmen aus dem IT-Umfeld, allen voran Google). Diese Umgebungen helfen, der Schnelllebigkeit am Markt zu begegnen und wirklich adaptiv zu sein. Klassische Top-down-Kulturen sind hierfür meist schon zu träge. Das macht es nötig, diese loszulassen und den Mitarbeitern mehr Raum für Experimente, für Lernen anhand von »Trial and Error« und für Selbstkorrektur zuzugestehen. Dies ist für langjährig am Markt etablierte Organisationen nicht gerade einfach, da in ihnen eine eher hierarchische Denkweise und die Gewohnheit, sich auf Experten zu verlassen, kulturell tief verankert sind.

Gleichzeitig lässt sich beobachten, dass die Notwendigkeit von Innovationen und Schnelligkeit in der jüngeren Managementgeneration ein neues Managementdenken initiiert. Dies deckt sich mit der Aussage der CEO-Studie 2012 von IBM, die den Trend zu Offenheit und Transparenz als größten Einfluss auf Unternehmen sieht. Unternehmen müssen sich für die stärkere interne und externe Zusammenarbeit öffnen sowie den Einzelnen stärken, um Innovation, Teamarbeit und Kreativität zu ermöglichen. Innovation entsteht durch intensivere Vernetzung der Mitarbeiter, den ungehinderten Austausch von Gedanken und das Zulassen von vielfältigen Ideen. Dies setzt in immer stärkerem Maß eine durchgängig systemische Sichtweise seitens des Managements voraus.

Unternehmen werden sich künftig weniger in ihrem Geschäftsmodell, sondern vor allem in ihrem Managementmodell voneinander unterscheiden. Aufgabe von Führung wird es sein, zu fördern, zu inspirieren und zu verbinden. Dies ist nach Gary Hamel, dem Autor von »Das Ende der Management-Unternehmensführung im 21. Jahrhundert«, Google besonders gut gelungen. Die Einzigartigkeit dieses Unternehmens beruhe auf dessen Managementmodell, so Hamel. Dazu gehören eine »waffeldünne Hierarchie«, ein dichtes Netz lateraler Kommunikationsverknüpfungen, fürstliche Entlohnung von Mitarbeitern für herausragende Ideen, Produktentwicklung im Team und eine Unternehmensphilosophie, die von den Mitarbeitern fordert, immer erst an den Benutzer zu denken. Dennoch ist ein derart freizügiges Modell nicht für jedes Unternehmen geeignet. Unternehmenslenker werden formale Managementstrukturen – je nach Organisation – auch weiterhin nutzen, allerdings mit dem Wissen im Hintergrund, dass diese ihre Grenzen haben.

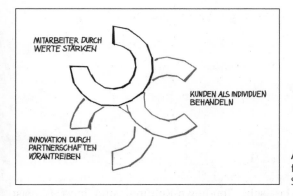

MITARBEITER DURCH
WERTE STÄRKEN

KUNDEN ALS INDIVIDUEN
BEHANDELN

INNOVATION DURCH
PARTNERSCHAFTEN
VORANTREIBEN

Abb. 1: Strategische Maßnahmen
für Führungskräfte (Quelle: IBM CEO
Study 2012)

Wer sich mit Unternehmen der Zukunft beschäftigt, muss sich mit Beziehungen, Bindung und Emotionen auseinandersetzen. Dies wird durch besagte IBM-Studie bestätigt. Aus den CEO-Gesprächen hat IBM als Empfehlungen für Unternehmenslenker drei notwendige strategische Maßnahmen abgeleitet.

Mitarbeiter durch Werte stärken: Zugleich mit der Lockerung von strikten Kontrollen brauchen Unternehmen klare Zielvorgaben und gemeinsame Überzeugungen als Grundlage für Entscheidungen. Teams benötigen Prozesse und Tools, die eine weitreichende Zusammenarbeit ermöglichen. Und Unternehmen müssen ihren Mitarbeitern helfen, die Stärken auszubauen, die sie für ihren Beitrag zum Unternehmenserfolg benötigen.

Kunden als Individuen behandeln: Unternehmen waren schon immer bestrebt, so viel wie möglich über ihre Kunden zu erfahren. Doch wo und wie sie dieses Wissen erlangen und nutzen, das verändert sich drastisch. Unternehmen brauchen eine stärkere Analysekompetenz, um die umfassenden Informationen, das breite Wissen und die Erkenntnisse bezüglich ihrer Kunden in geeignete Maßnahmen umsetzen zu können.

Innovation durch Partnerschaften vorantreiben: Angesichts wachsender Komplexität und zunehmenden Wettbewerbs haben viele Unternehmen die Zusammenarbeit mit Partnern zur zentralen Innovationsstrategie erklärt. Dauerhafte, erfolgreiche Innovationspartnerschaften erfordern intensivere, stärker integrierte Beziehungen zwischen Individuen und die gemeinsame Nutzung von für Teamarbeit geeigneten Umgebungen sowie von Daten.

Paradoxerweise hat die Verbreitung von digitaler, interaktiver und mobiler Technologie dazu geführt, dass der Mensch wichtiger geworden ist. Um eine höhere Wertschöpfung zu erzielen, müssen Unternehmenslenker neue Verbindungen zu und zwischen Mitarbeitern, Kunden und Partnern nutzen. Dabei haben Bezie-

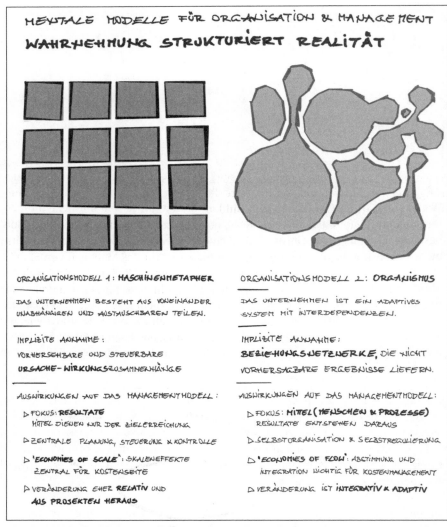

Abb. 2: Mentale Modelle für Organisation und Management (Quelle: Trendstudie Signium International/:zukunftsinstitut: Unternehmensführung 2030, Innovatives Management für morgen, S. 27)

hungsnetzwerke, die Organisationen zu lebenden Organismen werden lassen, einen besonders hohen Stellenwert.

An vielen Stellen im Unternehmen (und über die Unternehmensgrenzen hinaus) gewinnt netzwerkorientiertes Denken und Handeln – gegenüber vertikalem, hierarchischem und horizontalem Denken und Handeln – immer mehr an Bedeutung. Selbstorganisation, Selbststeuerung, Vernetzung und Verantwortungskultur werden nicht vorhersehbare innovative Ergebnisse liefern. Zentrale Planung und Steuerung, Budgets und Kontrolle werden über das notwendige Maß hinaus künftig lediglich als Orientierungsgrößen fungieren.

2.3 Traditionelle Steuerung greift nicht mehr

Trotz Unterschieden hinsichtlich Marktdynamik, Branche und Unternehmensgröße zeigt sich, dass eine wachsende Zahl von Organisationen und Führungskräften mit neuen, so zuvor nicht gekannten Herausforderungen konfrontiert ist. Mehr als die Hälfte der CEOs haben laut der IBM-Studie Zweifel, ob sie der stetig wachsenden Komplexität gewachsen sind, zumal sie weitere radikale Veränderungen erwarten, wodurch sie und ihre Teams vor allem im Bereich der Unternehmenssteuerung extrem gefordert sind.

Steuerung und Regelung sind geeignete Konzepte, wenn zukünftige Entwicklungen eindeutig absehbar sind. Zielvereinbarungen, Controlling, Qualitätsmanagement und kontinuierliche Verbesserung sind für das Managen von Stabilität bewährte und erfolgreich eingesetzte Instrumente. In Zeiten der Ambivalenz, der Vielfalt und Unvorhersehbarkeit greifen sie allerdings zu kurz. Die individuelle Intelligenz eines Unternehmenslenkers reicht allein nicht mehr aus, angemessene Lösungen anzubieten. Die traditionelle »Command and Control«-Kultur sowie der Prozess des klassischen Budgetierens verhindern eigenständiges Denken und rasche Reaktionen und unterdrücken Innovationen sowie den Mut zum Experimen-

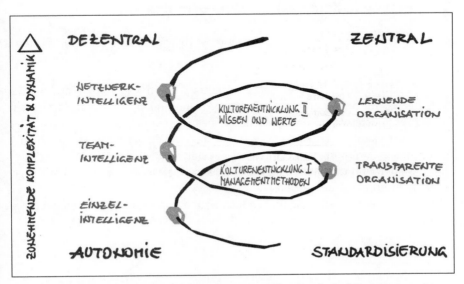

Abb. 3: Unternehmensentwicklung bei zunehmender Instabilität (Quelle: Prof. Peter Kruse: next practice. Erfolgreiches Management von Instabilität, S. 89)

tieren. Der Umgang mit langfristigen Planungs- und Steuerungsprozessen wird sich zugunsten einer flexiblen Dialog- und Kommunikationskultur verändern.

Das nun gefragte Management von Instabilität ist nach Peter Kruse, dem Autor von »Next Practice, Erfolgreiches Management von Instabilität«, »der Aufbruch zu unbekannten Kontinenten, bei dem letztlich keiner die Route und die Risiken kennt«. Der erfolgreiche Umgang mit komplexen und dynamischen Unternehmens- und Marktsituationen erfordert die Fähigkeit, eine gezielte Balance zwischen Stabilität und Instabilität herzustellen. Das Akzeptieren von Instabilität, die ja auch immer mangelnde Vorhersehbarkeit bedeutet, erhält letztlich die Innovationskraft und Adaptivität des Unternehmens aufrecht und hilft somit, krisenhafte Entwicklungen weitgehend zu vermeiden. Nach Kruse führt erfolgreiche Unternehmensentwicklung konsequent von der Individual- über die Teamintelligenz zur Gestaltung von selbstorganisierenden Netzwerken:

Agile Unternehmen lassen ein hohes Maß an Eigenverantwortung zu. Unternehmen wie Google, Best Buy, HCL Technologies und WL Gore[3] sind Beispiele für eine neue Form von Unternehmenssteuerung bzw. -führung. Abgesehen von ihrer Andersartigkeit sind sie wirtschaftlich äußerst erfolgreich.

Der Wunsch nach schnelleren Reaktionen an den Märkten wird somit zum Treiber für den Wandel von hierarchischen Unternehmenskulturen hin zu flacheren und autonomen Strukturen, die eine andere Art von Führung notwendig machen.

3.   Führung in Komplexität – Wie geht das?

> »Sensemaking is about how to stay in touch with context.«
> Karl E. Weick

Führungskräfte stehen vor der Herausforderung, neu navigieren zu lernen. Was bedeutet das für die Unternehmensführung? Insbesondere auf dieser Ebene steht ein Prozessmusterwechsel an. Folgende Aspekte gewinnen an Bedeutung:

- die Entwicklung einer starken Vision als emotionale Basis für Veränderung;
- die aktive Gestaltung von Nahtstellen (anstatt von Schnittstellen);
- die Moderation der Vernetzungsprozesse in Organisationen und über Unternehmensgrenzen hinaus und
- die kompetente Gestaltung und Unterstützung sich selbst organisierender Systeme.

---

3   Siehe dazu www.mixprize.org (M-Prize challenges help to identify, develop, and recognize the best stories (real-world case studies of management innovation) or hacks (bold ideas for tackling a critical management challenge) around make-or-break management challenges.)

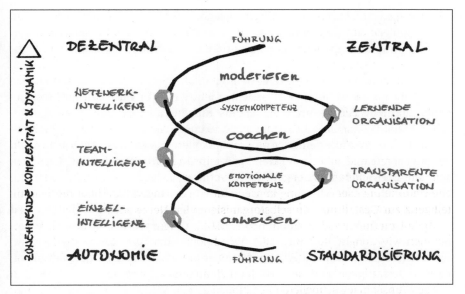

Abb. 4: Anforderungen an Führung auf dem Weg zur Netzwerkintelligenz (Quelle: Prof. Peter Kruse: next practice. Erfolgreiches Management von Instabilität, S. 147)

Für Unternehmenslenker stellt sich die Frage nach dem Vertrauen in Eigeninitiative und Selbstverantwortung vor dem Hintergrund zunehmender nicht kontrollierbarer Komplexität neu.

Peter Kruse hält die obigen Qualitäten hinsichtlich der Bewältigung künftiger unternehmerischer Herausforderungen sogar für wichtiger als die emotionale Kompetenz im Umgang mit Einzelnen und Gruppen. Er erachtet es für Führungskräfte aller Ebenen als essenziell, sich kontinuierlich Systemkompetenz anzueignen, um so die Netzwerkintelligenz von Organisationen weiter auszubauen.

3.1 Führung 2.0 oder mehr vom Gleichen?

Welches ist nun in Anbetracht der skizzierten Veränderungen auf der Ebene der Unternehmenslenkung die »richtige Mitarbeiterführung«? Interessant erscheint uns die Tatsache, dass allein schon die Suche nach der »Führung 2.0« viel Neues in Gang setzt: Es entstehen unternehmensübergreifende Austausch- und Innovationsplattformen, deren Nutzer sich unter anderem mit der Frage, wie sich z. B. Offenheit, Transparenz, Eigenverantwortung, Selbststeuerung, Mitdenken und Kreativität in neuen Managementmodellen abbilden lassen, auseinandersetzen.

So stellt etwa die Plattform »Managementexchange«[4] eine nie zuvor da gewesene Ideenschmiede dar, die den Beteiligten, die es bisher vorgezogen hatten, in ihren eigenen Unternehmen Neues hervorzubringen, völlig neue Möglichkeiten eröffnet.

Wir glauben, dass es den einzig richtigen Führungsstil, der jetzt und in Hinkunft Führungskräfte erfolgreich macht, nicht gibt. Mit Blick auf die einzelne Führungsperson gelten unseres Erachtens einige Grundsätze weiterhin – ungeachtet der sich verändernden Rahmenbedingungen: Es ist nach wie vor essenziell, als Führungskraft überhaupt führen zu wollen und grundsätzlich Menschen zu mögen (ergänzend zum notwendigen Führungs-Grundwerkzeug). Dies mag auf den ersten Blick trivial erscheinen. Auf unsere Frage, warum Führungskräfte überhaupt führen, erhalten wir immer wieder überraschende Antworten wie etwa: »Ich weiß gar nicht.« Oder: »Weil ich interessante Arbeit mag.« Oder: »Weil ich im Leben vorwärtskommen möchte.« In diesen Antworten klingen eher egozentrische Motive an – unter anderem Karriere- oder Statusziele. Daran ist an sich nichts Falsches, allerdings reicht es unseres Erachtens nicht aus, um die einem »anvertrauten« Menschen erfolgreich zu machen und somit letztlich zum eigenen Erfolg beizutragen.

Wirkungsvolle Führung ist demnach eine Haltungsfrage – also eine Frage der inneren Motivation. Dann ist es unabhängig von der steigenden Komplexität eine sehr persönliche Angelegenheit: Gute Führung ergibt sich unserer Beobachtung nach mithilfe einer Kombination aus dem Wissen um die eigenen Präferenzen und Werte, dem individuellen (Führungs-)Stil und einem guten Verständnis für die grundlegenden Werkzeuge im Führungswerkzeugkasten. Diese Qualitäten entstehen allerdings nicht einfach durch »learning by doing«, sondern im Zuge kontinuierlicher persönlicher Weiterentwicklung sowie bewusster Auseinandersetzung mit und Reflexion von Erfahrung.

In unserer Arbeit begegnen wir immer öfter überlasteten oder gar überforderten Führungskräften. Hier wäre der wesentliche Schritt in Richtung einer veränderten individuellen Führungskultur zu tun: weg vom Bild des Helden, der alles unter Kontrolle hat und primär nach dem traditionellen »Command and Control«-Prinzip führt, hin zum »sensiblen Weisen«, der die zunehmende Last auf mehrere Schultern verteilt, indem er Verantwortung delegiert, das Wissen des Systems inklusive der relevanten Umwelten nutzt und möglichst vielen Mitarbeitenden ermöglicht, ihr Potenzial zur Selbstführung und -verantwortung zu entfalten. Führung 2.0 zeichnet sich somit weit mehr durch eine veränderte Haltung als durch das Praktizieren eines komplett neuen Führungsstils aus.

---

4 www.managementexchange.com: The Management Innovation eXchange (MIX) is an open innovation project aimed at reinventing management for the 21st century. The premise: while »modern« management is one of humankind's most important inventions, it is now a mature technology that must be reinvented for a new age.

Diese Perspektive ist konsistent mit der aktuellen Führungsforschung, die sogenannte »New Leadership School«-Konzepte fordert. Unter diesem Label laufen all jene Konzepte, die dem Leitgedanken folgen: »Man muss Mitarbeitern die Arbeit nicht (mit Geld) abkaufen, sondern sie emotional mitnehmen, ihnen den Sinn der Arbeit aufzeigen und sie inspirieren.«[5] Wie eingangs aufgezeigt, fordern verschiedene aktuelle Beiträge in Fachzeitschriften zum Thema »Führung und Organisationsentwicklung« und ihnen zugrunde liegende Studien mehr netzwerkartiges Zusammenarbeiten in Organisationen, was mehr in Richtung geteilte Verantwortung geht und das Konzept der »allpotenten Führungskräfte beerdigt«. Wenn Führung den Mut aufbringt, weniger Arbeit *im* System zu leisten – also Systeme nicht zu perfektionieren, sondern viel mehr die entsprechenden Kontexte zu gestalten – als Arbeit *am* System zu leisten, können neue Kompetenzen, die dringend benötigt werden, zur Blüte gelangen.

3.2 Mögliche Ansätze für Führung 2.0

> »Was tun, wenn wirklich weite Dimensionen, wenn reale Vielfalt und provokante Komplexitäten dazu zwingen, die inneren Landkarten neu zu zeichnen?«
> Peter Sloterdijk

Aktuell werden viele Beiträge in Fachzeitschriften publiziert, die in der Essenz alle dasselbe schlussfolgern: Nur geteilte Führung kann in Anbetracht der zunehmend komplexen Rahmenbedingungen erfolgreich sein. Es finden sich etwa Beiträge unter folgenden Überschriften:

- *Transformationell Leadership* (Leitendes Prinzip ist Emotionalität, Führen erfolgt über die eigene Vorbildfunktion mittels Vertrauen und Respekt.)
- *Laterales Führen* (Einfluss entsteht über Verständigung, Vertrauen und geteilte Macht.)
- *Distributed Leadership* (Einfluss kann von einem beliebigen Punkt der Organisation aus ausgeübt werden.)
- *Leading from behind* (Verschiedene Menschen zu verschiedenen Zeiten, abhängig von ihren Stärken oder ihrer Geschicklichkeit, treten nach vorn, um die Gruppe in die Richtung zu bewegen, in die sie zu gehen hat. Es gibt keine hierarchische Anweisung.)
- *Co-Leadership* (Geteilte Führung an der Spitze eines Unternehmens, wie etwa jüngst bei der Deutschen Bank etabliert, oder ein Führungsteam anstelle von Führung durch eine Einzelperson – dies bringt den Nutzen der geteilten ge-

---

5 Prof. Dr. Heike Bruch, Direktorin des Instituts für Führung und Personalmanagement der Universität St. Gallen.

meinsamen Vision, der dauernden Kommunikation und des vorgelebten gegenseitigen Vertrauens.)

- *Charismatische Führung* (Eine inspirierende Zukunftsvision und Orientierung stiftende Werte bilden die Basis; Inspiration bewirkt Selbstmotivation; es herrscht Vertrauen statt Kontrolle.)

3.3   Essenzen von Führung 2.0

Nachfolgend fassen wir aus den unter Kapitel 3.2 aufgeführten Führungsansätzen die unserer Erfahrung nach zentralen Felder von Führung in Komplexität zusammen. Alle dargestellten Handlungsfelder sind Handlungsinhalte für Führung, die nicht alternativ zur Anwendung kommen. In einer Organisation, die eher als lebendiger Organismus verstanden wird, bedingen sie sich gegenseitig.

Flexibilität sicherstellen

Das erste Handlungsfeld trägt dazu bei, die Reaktionsfähigkeit in der eigenen Organisation bei ständig wechselnden Außenbedingungen aufrechtzuerhalten. Je höher die Veränderungsrate und je innovationsgetriebener eine Branche, desto mehr werden Reaktionsfähigkeit und damit einhergehende Anpassungsfähigkeit zu künftig entscheidenden Kompetenzen. Flexibilität sicherstellen heißt für Führungskräfte:

- *Reaktionsvielfalt* – Unternehmenslenker müssen improvisieren lernen, im Austausch mit ihren Kollegen ein neues Bild von Aufgaben und Rollen des Managements entwerfen und Raum für einen offenen Dialog über Unsicherheit und Ambivalenz schaffen.
- *Orientierung geben* – Je instabiler und komplexer das Umfeld, desto lauter der Ruf nach Orientierung. Mitarbeiter und Führungskräfte benötigen eine klare längerfristige Ausrichtung. Sie erwarten die Berücksichtigung ihrer Interessen ebenso wie das sanktionsfreie Bearbeiten von Fehlern und Konflikten.
- *Strategische People Skills* – Intelligente Staffing-Modelle und eine gemeinsam erarbeitete Überzeugung hinsichtlich *Talent-Sourcing* und *-Placing* werden zur Chefsache. Analog zu *Cloud Computing* entstehen neue Outsourcing-Modelle wie etwa die *Human Cloud*.

Kohäsion herstellen

Je fließender und flexibler die Arbeitsprozesse werden, desto wichtiger werden Kommunikation und die Fähigkeit, Mitarbeiter über intelligente Feedback- und Austauschsysteme miteinander zu koppeln und zu synchronisieren. Funktionieren kann eine solche Infrastruktur aber nur, wenn die persönliche Kommunikationsfähigkeit der Führungskraft eine neue Ebene erreicht.

- *Beziehungsstärke:* Je stärker Selbstverantwortung und Selbstorganisation in Unternehmen ausgeprägt sind, desto weniger wird die Anordnung von effizienten Abstimmungen zwischen den relevanten Stakeholdern gelingen. Die Führungskraft als Gastgeber, die zu Austausch, Klärung und Abgleich einlädt, verlangt allerdings ein anderes Selbstverständnis, eine neue Sichtweise bezüglich Macht und der eigenen Rolle.
- *Innere Diversität:* Interkulturelle Kompetenz, globale Kommunikation, der Umgang mit verschiedenen Arbeitskulturen sowie die Anpassung an neue Bedingungen und Kontexte werden von der Führungskraft ebenso verlangt wie die Integration der neuen Generation – der sogenannten Digital Natives – in die bestehende Unternehmenskultur.
- *Ambiguitätstoleranz:* In komplexen Umwelten zu führen macht es notwendig, nicht nur in Entweder-oder-Kategorien zu denken, sondern unter Einbeziehung der relevanten Umwelten Raum für verschiedene Sichtweisen zu schaffen. Perspektivenvielfalt zuzulassen bedeutet, in Sowohl-als auch-Kategorien zu denken und Widersprüche, Ambivalenzen und Unschärfen aushalten zu können.

Wer sich mit der Unternehmensführung der Zukunft beschäftigt, muss sich also mit Beziehungen, Bindung und Emotionen auseinandersetzen. Am Beispiel der amerikanischen Elektrohandelskette »Best Buy« zeigt sich eindrucksvoll, dass es hochrentabel sein kann, auf die Mitarbeiter hinsichtlich ihres Wunsches nach Selbstbestimmung einzugehen: Nach der Einführung eines »Results only Environment« werden 60 Prozent der 4 000 Mitarbeiter nur noch in Hinblick auf die Resultate ihrer Arbeit geführt und müssen nicht mehr zwingend im Büro anwesend sein. Infolgedessen erhöhte sich die Produktivität von »Best Buy« um 35 Prozent, wobei die Idee für diese Initiative aus einer Mitarbeiterbefragung hervorging.

Sinn erzeugen

Das Thema Nachhaltigkeit gewinnt an Bedeutung – sowohl für Konsumenten als auch für potenziellen Unternehmensnachwuchs. Wert- und Sinnfragen erlangen trotz Wirtschaftskrise und des Wunschs nach Sicherheit einen immer höheren Stellenwert. Für die Beantwortung dieser Fragen benötigen Führungskräfte unterstützende Managementkompetenzen.

- *Langfristausrichtung:* Neben der Einhaltung von Governance-Richtlinien ist wertebasiertes Führungsverhalten entscheidend. Die Fähigkeit, sich im Spannungsfeld zwischen kurzfristigem Erfolgsdruck und langfristig vorausplanendem Denken flexibel zu bewegen, gehört ebenso zu den erforderlichen Führungsqualitäten wie die Bereitschaft, gegebenenfalls auf Einflussnahme und Status zu verzichten.

- *Synchronisierungsfähigkeit:* Sinn und Selbstbestimmung sind die Boni der Zukunft. Eine gute Passung und Synchronisierung von Unternehmenszielen und individuellen Zielen ist eine gute Grundlage dafür, das Mitarbeiterportfolio aufzubauen, das für die Geschäftsentwicklung erforderlich ist.

Unternehmen erhalten in Zukunft eine neue, umfassendere Funktion, nämlich die Aufgabe mit Regierungen und der Zivilgesellschaft zu kooperieren und neue Formen der Partnerschaft zu finden, um ihr Geschäft langfristig weiterentwickeln zu können – so die Ansicht des *World Business Council for Sustainable Development* (WBCSD) in seiner Vision »2050«. Das Thema Nachhaltigkeit in Unternehmen wird neue, integrierte Kennzahlensysteme hervorbringen, die die ökonomische Perspektive mit der ökologischen und der sozialen Sichtweise vereinen.

Beispiele liefert der Sportartikelhersteller »Puma«, der eine Vorreiterrolle übernehmen will, wenn es um die Bezifferung der von ihm im Zuge der Herstellung seiner Produkte verursachten Umweltschäden geht. Und Unternehmen wie IBM und DHL treiben soziale Innovationen voran, indem sie sich mit ihrem Unternehmens-Know-how weltweit in soziale Projekte einbringen und somit nicht nur etwas gesellschaftlich und sozial Sinnhaftes bewegen, sondern zudem wertvolle Erkenntnisse über Kunden und Märkte gewinnen.

Lernfelder eröffnen

Auch in Zukunft wird es Unternehmen oder Bereiche geben, die auf den weitestgehenden Erhalt oder die Reproduktion stabiler Ordnungen angewiesen sind und dafür vor allem klassische Trainings und Expertenunterricht brauchen. Doch für die Erkundung und Entwicklung von gänzlich Neuem sind andere Mittel und Wege nötig – Irritationen und Expeditionen in unbekanntes Terrain gehören dazu.

»Unternehmen, die langfristig erfolgreich sind, gleichen (…) lernfähigen Gehirnen: Sie lernen durch Versuch und Irrtum, sammeln Erfahrungen, entwickeln flache, stark vernetzte Strukturen und passen ihre innere Organisation immer wieder neu an sich verändernde Rahmenbedingungen an«, so beschreibt es der Hirnforscher Gerald Hüther. Hirngerechte Führung bedeutet, regelmäßig neue Herausforderungen zu schaffen, zum Beispiel durch Job-Rotation.

Um neue Lernfelder zu eröffnen, sind die folgenden Managementkompetenzen hilfreich.

- *Destabilisierungs-Know-how:* Hier geht es darum, als Führungskraft bewusst und in angemessenem Rahmen Irritationen und Störungen im System auszulösen, um Impulse für Veränderungen zu geben. Dabei ist es notwendig zu wissen, dass Lernen nicht über Angst und Druck funktioniert, sondern dass dafür eine anregende emotionale Grundstimmung des Einzelnen erforderlich ist. Neben Empathie ist ein in hohem Maße ein flexibler Umgang mit vielfältigen formellen und informellen Machtkonstellationen gefordert, die durch jede Störung infrage gestellt werden.

- *Nahtstellengestaltung:* Es ist relevant, Menschen innerhalb der eigenen Organisation zu vernetzen, indem der Kontakt zu allen relevanten Stakeholdern hergestellt wird und temporäre wie auch langfristige Partnerschaften ins Leben gerufen werden, um etwas Neues entstehen zu lassen. Gemeinsames Denken und Arbeiten ist zwar nicht neu, aber die Intelligenz und Kreativität von Gruppen wird bis heute zu wenig wirkungsvoll genutzt.

- *Freiraumdenken:* Als Führungskraft am eigenen Selbstbild und Selbstverständnis zu arbeiten und das eigene Verhalten zu reflektieren ist Grundvoraussetzung für die neue Art von Führung. Als Katalysator zu fungieren und mit spürbarem Vertrauen gezielt die Selbstorganisation des eigenen Teams und des gesamten Unternehmens zu stärken, ist ebenso wichtig wie das Gestalten von Lernumgebungen, in denen Mitarbeiter Eigeninitiative und Neues entwickeln können.

4. Führung in Komplexität – Wie kann Beratung unterstützen?

4.1 Der Mythos von der omnikompetenten Führungskraft

»Aufrecht zwischen Riesenwellen« betitelte in den 1990er-Jahren eine Zeitung das Bild des Leuchtturmwärters Theodore Malgorn, der trotz eines heftigen Sturms und haushoher Atlantikwellen seelenruhig seiner Arbeit nachging. Dieses Foto spiegelt einen Zustand wider, den viele Führungskräfte ersehnen: Sie wünschen sich Gelassenheit und das nötige Selbstvertrauen, um im Sturm der täglichen Aufgaben Ruhe bewahren zu können. Häufig versuchen sie einfach, noch mehr zu leisten, um dem Mythos von der omnikompetenten Führungskraft gerecht zu werden. Oder sie bemühen sich, Komplexität zu reduzieren, indem sie rasche Lösungen anstreben oder größtenteils auf Inhalte, Prozesse und Kontrollen fokussieren.

Ein Beispiel aus unserer Praxis: Ein Geschäftsbereichsleiter eines Dienstleistungsunternehmens berichtete vom starken Ergebnisdruck in seinem Unternehmen, den immer unmöglicher erscheinenden Vorgaben und dem Hinweis seines Vorgesetzten, dass sein Geschäftsbereich immer öfter das »Schlusslicht« sei. Gleichzeitig beklagte er, dass er sich von seinen Kollegen zu wenig unterstützt fühle. Im Rahmen eines Coachings wurde ihm bewusst, dass er mit seinem starken Kontroll- und Sicherheitsbedürfnis – unter den schwierigen Rahmenbedingungen darf auf keinen Fall etwas falsch laufen – nahezu jegliche Eigeninitiative seiner Kollegen unterdrückte und dass er unter der großen Verantwortung, vermeintlich alles allein hinkriegen zu müssen, und der zunehmenden Einsamkeit sowie der hohen Belastung in seiner Rolle litt. Indem er sich selbst zunehmend besser verstand und auch seine inneren Konflikte akzeptierte, gelang es ihm, sich schrittweise mehr zu öffnen, seine Bedürfnisse zu artikulieren und Verantwortung zu delegieren. Dies führte schließlich zur Initialisierung eines OE-Projekts, in dem unter anderem ein heterogen besetztes Kernteam wertvolle Ideen zur Weiterentwicklung des Geschäfts lieferte. Die Ergebnisse verbesserten sich schrittweise, und heute berichtet der Geschäftsbereichsleiter, dass er bei seiner Arbeit viel zufriedener und ausgeglichener sei als früher – und dass sein Geschäftsbereich nun im vorderen Drittel rangiere.

Das Beispiel zeigt: Führungskräfte bewegen sich heute in vielen Spannungsfeldern. Es scheint schon fast normal zu sein, dass sie strategische Entscheide, die mittlerweile im Jahrestakt geändert werden, mittragen müssen, auch wenn sie persönlich in keiner Weise dahinterstehen oder sich damit bei ihren Mitarbeitenden unbeliebt machen. Gleichzeitig wird von ihnen erwartet, dass sie die Interessen ihrer Mitarbeiter nach oben vertreten, was zu Konflikten mit ihren Vorgesetzten führen kann. Sie sind laufend mit Widersprüchen zwischen ihren eigenen Werten bzw. Bedürfnissen und den Anforderungen der Umwelt konfrontiert. Im Extremfall müssen sie ihre eigenen Wünsche und Vorstellungen »an der Garderobe am Arbeitsplatz abgeben«, um dem zu entsprechen, was das Unternehmen fordert. In Kombination mit der hohen Belastung und der geforderten ständigen Erreichbarkeit führt dies unserer Beobachtung nach immer häufiger zu grundsätzlichen Sinnfragen oder gar zu Sinnkrisen.

All das erzeugt enorm viel Druck und Stress, worauf mit »mehr vom Gleichen« reagiert wird: mehr leisten, mehr fokussieren (häufig auf die Sache), sich selbst noch mehr in den Hintergrund drängen – und nur keine Schwäche zeigen. Das ist ein Teufelskreis. Die Folgen sind zunehmende Unausgeglichenheit und Demotivation. Und leider melden sich allzu oft auch psychosomatische Symptome (z. B. Magenbeschwerden, Schlaf- und Herzrhythmusstörungen etc.), welche die Leistungsfähigkeit immer mehr beeinträchtigen. Zudem entwickeln Führungskräfte unter Druck dysfunktionale Führungsmuster, die ihre Situation letztlich eher verschlimmern als verbessern.

Was brauchen Führungskräfte, um den steigenden Anforderungen gerecht zu werden? Was kann helfen, um überhaupt die notwendige Aufmerksamkeit zu finden, um sich mit sich selbst, seinem Führungsverhalten und der erzielten Wirkung zu beschäftigen?

4.2 Was hilft dem Leader, weise zu werden?

> »Das, was zählt, ist nicht nur das, was Führende tun und wie sie es tun,
> sondern auch ihre innere Verfassung.«
> Otto Scharmer

Im Rahmen von Führungskräftequalifizierungen und bei der Begleitung von Führungskräften beobachten wir eine zunehmende Bereitschaft, sich auf Verlangsamung, Innehalten und Vertiefung einzulassen. Gerade darin liegt unserer Erfahrung nach der Schlüssel zur Fähigkeit, besser durch den anspruchsvollen Alltag zu navigieren. Das erfordert Kompetenzen, die man nicht kognitiv in der Schule, im Studium oder in einem Seminar erlernen kann: Es geht um Selbstvertrauen, Selbststeuerung, innere Festigkeit und damit verbunden um Stressresistenz, um Vertrauen auf Veränderung und um einfühlsame Kommunikations- und Beziehungsfähigkeit.

Die Intensivierung dieser Kompetenzen setzt aufmerksame Selbstreflexion und Arbeit an der inneren Haltung voraus. Nachfolgend einige konkrete Beispiele für die Begleitung von Führungskräften, die unserer Erfahrung nach wertvoll sind, um »dank mehr (innerer) Haltung wieder mehr Halt« zu gewinnen. Führungskräfte sollen dabei unterstützt werden, sich allein – quasi aus eigener Kraft – immer wieder zurück »ins Auge des Tornados zu begeben, auch wenn es um sie herum lichterloh brennt« (so kürzlich von einem Coaching-Klienten formuliert). Auch das traditionelle Führungsseminar hat hier nach wie vor seinen Platz – allerdings relativiert sich seine Bedeutung zusehends.

Das Ende von Führungsseminaren?

Wir glauben, dass Führungskräfte aufgrund der sich verschärfenden Rahmenbedingungen maßgeschneiderte Unterstützung brauchen. Das traditionelle Führungsseminar verliert unserer Wahrnehmung nach allmählich an Bedeutung. Allerdings ist es für angehende oder neue Führungskräfte nach wie vor eine sinnvolle Einrichtung, um den Führungswerkzeugkoffer ausreichend mit Modellen und Theorie zu füllen, diese in einem geschützten Rahmen anzuwenden und Erfahrungen zu reflektieren. Das traditionelle Seminarformat sollte jedoch mit Lernformaten wie Peer Coaching, Shadowing oder Mentoring ergänzt werden.

Auch für erfahrenere Führungskräfte kann ein Seminarkontext durchaus sinnvoll sein, etwa wenn es um Entscheidungsverhalten unter komplexen Rahmenbedingungen, Führen im Change, Gruppendynamik und Konflikte sowie systemische Zusammenhänge in Organisationen etc. geht.

Flexible, maßgeschneiderte Formate sind nötig

Im Fall komplexer Rahmenbedingungen sind flexible Formate geeignet, Führungskräfte bezüglich ihrer individuellen Fragestellungen und Herausforderungen effektiv zu unterstützen. Die Begleitung kann hierbei im Rahmen von Gruppensettings oder auch in Einzelcoachings erfolgen, wobei Letztere unserer Erfahrung nach geeigneter sind, um nachhaltige Wirkung zu erzielen. Gegebenenfalls ist eine Kombination der beiden Formate empfehlenswert. Gerade in komplexen Situationen ist eine achtsame Begleitung mit der Möglichkeit zu einer tiefgreifenden persönlichen Auseinandersetzung essenziell. Das Hauptaugenmerk liegt dabei darauf, Führungskräfte im Rahmen ihrer Selbstreflexion zu unterstützen, etwa mit folgenden gezielten Fragen: Welche Situationen erlebe ich als anspruchsvoll? Was fordert mich? Welche Verhaltensweisen sind typisch für mich? Worin haben sie ihren Ursprung? Wodurch werden sie hervorgerufen? Welche Muster prägen mich? Welche sind hilfreich? Womit/wobei stoße ich immer wieder an Grenzen? Diese Fragen können hilfreich sein, um Veränderungen einzuleiten respektive Führungskräfte darin zu unterstützen, persönliche Spielräume und Handlungsfelder wahrzunehmen und aktiv zu gestalten.

Nachfolgend sind einige mögliche Formate der Begleitung durch Beratung zusammengefasst (s. Abb. 5).

Je schneller sich die Welt verändert, desto mehr sind Menschen gefordert, dabei mithalten zu können. Dies gilt natürlich auch für Berater. Aus eigener Erfahrung erachten wir es als essenziell, auch uns regelmäßig Auszeiten zu gönnen, um das praktizieren zu können, was wir Führungskräften empfehlen. Nur wenn wir mit uns selbst in gutem Kontakt sind, können wir in komplexen Beratungsprozessen unterstützen resp. Führungskräfte kraftvoll begleiten.

Unserer Erfahrung nach führt der Weg hier nicht über »mehr« oder »schneller«, sondern über »bewusster« und »langsamer«. Nehmen wir das Karussell als Metapher für die sich schnell drehende Welt: Hier ist es notwendig, zwischendurch herauszutreten oder sich in die Mitte zu stellen, wo die Zentrifugalkraft sich weniger stark auswirkt, damit man nicht schwindlig wird. Ähnlich verhält es sich im Alltag: Das bewusste Heraustreten funktioniert hier weniger über eine erlernbare Technik oder ein kognitives Konstrukt, der Weg führt vielmehr über das Innen. Resiliente Führungskräfte (und Berater) arbeiten bewusst an ihrer inneren Verfassung. Dies unterstützt sie dabei, angesichts zunehmend anspruchsvoller Rahmenbedingungen Stabilität und Führungskraft zu entfalten und aufrechtzuerhalten. Eine besondere Herausforderung stellt dabei der scheinbar paradoxe Weg dar – analog der chinesischen Weisheit: Wenn Du es eilig hast, gehe langsam. Wir wünschen Führungskräften den Mut und den Willen, sich selbst die dafür hilfreichen Auszeiten zu gönnen, damit sie in der scheinbar geringen verbleibenden Zeitspanne umso wirkungsvoller unterwegs sein können!

Format	Beschreibung
Führungs-werkstatt	Unterstützung von Führungskräften im Rahmen komplexer Veränderungsprozesse *Inhalte und Wirkung:* • Befähigung der Teilnehmer bzgl. »Führen in Veränderungsprozessen« (Förderung des »Könnens«): Theorie, Modelle, Instrumente (»nur soviel wie notwendig«), Learning by doing (»so viel wie möglich«) an aktuellen Themenstellungen • Raum für die Bearbeitung persönlicher Themen schaffen • Aktive Einbindung der Führungskräfte in den Veränderungsprozess • Führungskräfte von Betroffenen zu Beteiligten machen (Förderung des »Wollens«) • Vernetzung mit Projektaktivitäten, Dialog mit der Projektleitung • Führungskräfte als Resonanzforum für Zwischenergebnisse des Projekts nutzen (»Sounding board«) • Dialog mit den Entscheidern (»Kamingespräche«)
Führungs-werk-statt	*Durchführung:* • Früh im Veränderungsprozess – idealerweise dann, wenn die persönliche Betroffenheit der teilnehmenden Führungskräfte am größten ist, also zum Beispiel direkt nach dem die neue Aufbauorganisation kommuniziert wurde. • Ca. 2 Module von je 1,5 bis 2 Tagen; zwischen den Modulen ca. 6 Wochen Abstand
Gruppen-dynamik	Gruppendynamische Settings eignen sich vorzüglich dazu, mehr über einen selbst zu erfahren und dank mehr Selbstkenntnis sein Selbstbewusstsein zu stärken. Dies unterstützt Führungs-kräfte maßgeblich dabei, auch in sehr anspruchsvollen Situationen Führung wirkungsvoll zu gestalten. *Inhalte und Wirkung:* • Thema ist das »Hier und Jetzt« resp. die sich in der Trainingsgruppe entwickelnde Dynamik. • Konstruktives Feedback ist ein Herzstück der Gruppendynamik und verschafft den Teilneh-mern Informationen zu sich selbst und zur Dynamik im Raum, über die normalerweise nicht gesprochen wird. Dies ermöglicht soziales Lernen und bietet gerade Führungskräften eine wertvolle Gelegenheit, in einem »sicheren« Setting eigene Muster, Stärken und Schwächen zu erkennen. • Lernen findet auf drei Ebenen statt: auf der persönlichen Ebene, der Gruppenebene und schließlich der Ebene der Reflexion oder Meta-Kommunikation. Erleben und Erkennen gehen Hand in Hand und auch »unter die Haut« – was als wertvolle Basis für nachhaltiges Lernen und Entwicklung gilt. *Durchführung:* • 8 bis 12 Teilnehmer, die einander nicht oder kaum kennen, treffen sich eine Woche hin-durch unter der Leitung eines Trainers. • Nur wenige Strukturelemente sind vorgegeben: die Trainingszeiten, die Zusammensetzung der Gruppe, die Trainer, das »Selbstbeobachtungsziel« und die Abfolge der Arbeitsformen (z. B. T-Gruppe, Kleingruppen).
Aus-zeiten	Gerade Führungskräfte in der Mitte ihrer Karriere oder in Umbruchphasen beschäftigen sich intensiv mit grundsätzlichen Fragen des Lebens resp. sehen sich mit Widersprüchen konfron-tiert. Hier sind zeitlich begrenzte Phasen des Rückzugs und der Selbstreflexion wertvoll, um diese Fragen nicht nur über den Kopf, sondern möglichst ganzheitlich zu bearbeiten. *Inhalte und Wirkung:* • Viel Raum und Zeit, um sich ohne Leistungszwang mit einigen grundsätzlichen Fragen zu beschäftigen: Wie viel Energie investiere ich in meinen Job und wie viel erhalte ich zurück? Was kostet mich zu viel Energie, ohne dass ich es ändern kann? Wie könnte ein anderes Denken oder eine andere Haltung eine bessere Situation schaffen, ohne dass sich die äußeren Umstände verändern müssten? In welchen Mustern und Gewohnheiten bin ich gefangen? Wohin führt mein weiterer Lebensweg?

Format	Beschreibung
Aus-zeiten	• Innehalten und gleichzeitig unterwegs sein, um energievoller, inspiriert und selbstbestimmter wieder ins Berufsleben einzutauchen – nicht zuletzt auch, um die eigene Führungskraft und -wirkung immer wieder zu erneuern. *Durchführung*: • Mehrtägiger von Coaches begleiteter Rückzug im Rahmen einer kleinen Gruppe. • Ein wichtiges Element ist dabei das Unterwegssein in der Natur – z. B. eine mehrtägige geführte und begleitete Wanderung in einer inspirierenden Umgebung – im Rucksack ein Notizbuch, etwas Proviant und nur das Nötigste.
Werte-reflexion	In starken Belastungssituationen drohen eigene Werte »unter die Räder« zu kommen. Führungskräfte geraten immer mehr in einen »Funktionier-Modus«, was sich in zunehmender Unzufriedenheit äußert. Hier kann Wertearbeit helfen, eine individuelle Standortbestimmung vorzunehmen. *Inhalte und Wirkung:* • Eine vertiefte Wertearbeit mithilfe von Wertekarten unterstützt Führungskräfte dabei zu überprüfen, welche Werte an Bedeutung verloren haben, welche aktuell wichtig sind (etwa aufgrund der Geburt von Kindern) und welche in Zukunft noch mehr Raum erhalten sollten (z. B. aufgrund des Ausblicks auf die zweite Lebenshälfte oder generell auf einen neuen Lebensabschnitt). Reflexion von Fragen wie: Wer bin ich? Was ist mir wichtig? Wozu ist das, was ich tue, gut? Was verbindet mich mit anderen oder Organisationen resp. trennt mich davon? • Wertearbeit hilft, eine individuelle Standortbestimmung vorzunehmen, um mit sich selbst wieder mehr ins Reine zu kommen resp. seine drei Lebenswelten (Berufs-, Beziehungs- und Eigenwelt) wieder mehr in Balance zu bringen. *Durchführung:* • Physische Arbeit mit Wertekarten im Rahmen eines Coachings • Unterstützung im Rahmen der Umsetzung von ausgewählten Werten in Verhalten oder Handlungen
Media-tion	Automatismen beeinflussen unser Verhalten stark. Die Verknüpfung zwischen Wahrnehmen, Denken, Fühlen und Handeln geschieht zumeist unreflektiert und aufgrund erworbener Gewohnheitsmuster. Unter Druck verengen sich unsere Wahrnehmungsprozesse. Die Wahrnehmung wird selektiv (Röhrenblick), das Denken neigt zur Polarisierung, und das Fühlen verliert die Dimension der Empathie. Das Verhalten kann sich nicht mehr flexibel auf Situationen einstellen und wird eingeschränkt resp. geprägt durch erprobte Verhaltens- oder gar Überlebensmuster. Hier unterstützt regelmäßige Meditation – dank einer verstärkten Bewusstheit – dabei, aus diesen Reiz-Reaktions-Mustern auszusteigen. *Inhalte und Wirkung:* • Wir beobachten in Coaching-Prozessen, dass es in Belastungssituationen hilfreich sein kann, die oben beschriebenen individuellen Reiz-Reaktions-Muster zu erkennen und Wege zu finden, daraus auszusteigen. Eine Intensivierung der Bewusstheit bzw. der Achtsamkeit macht das möglich. Wenn die inneren Erlebnisse bewusst wahrgenommen und bedacht werden, verlieren die automatischen Prozesse ihre Macht. • Die Übungspraxis der Meditation setzt genau an dieser Stelle an. Mithilfe regelmäßiger Meditation werden die »Bewusstseinsmuskeln« der Präsenz systematisch gestärkt. Das Ziel des Übens besteht darin, im Wahrnehmen dessen, was in uns vorgeht, präsent und bewusst zu bleiben und sich nicht von automatisch ablaufenden Gedankenketten oder Gefühlen wegziehen zu lassen. • Dank regelmäßiger Präsenz- und Bewusstheitsübungen halten Führungskräfte auch in alltäglichen Arbeitssituationen – z. B. bei Entscheidungen – öfter inne, um sich die Vorgänge in ihrem Inneren bewusst zu machen. Diese gewonnene Ruhe wird als große Ressource beschrieben, um neue Sichtweisen und Gedanken zu erfassen und im Handeln zu berücksichtigen. Eine regelmäßige meditative Praxis hilft zudem, das Einfühlungsvermögen bezüglich Menschen und Situationen zu intensivieren und die Reflexionsfähigkeit hinsichtlich des eigenen Fühlens und Wollens zu erhöhen.

Format	Beschreibung
Meditation	*Durchführung:* • Ein einfacher Einstieg dazu, der sich z. B. gut in Coachings integrieren lässt, ist die sogenannte Jetzt-Übung: »Wie fühle ich meinen Atem jetzt im Moment? Wie fühle ich meinen Körper jetzt im Moment? Was höre ich jetzt im Moment? Welche Gedanken beschäftigen mich jetzt im Moment?« • Klienten nehmen diese Übung gern in den Alltag mit und gönnen sich kurze Auszeiten – gerade in hektischen und druckvollen Situationen hilft ihnen das, aus dem automatisch ablaufenden bewertenden Denken und Fühlen auszusteigen und sich dank der erhöhten Präsenz kraftvoller zu fühlen.

Abb. 5: Formate für die Begleitung von Führungskräften in komplexen Situationen

Literatur

Backhausen, W. J./Thommen, J.-P. (2007). Irrgarten des Managements – Ein systemischer Reisebegleiter zu einem Management 2. Ordnung. Zürich.

Ballreich, R. (2012). Meditation als Erkenntnisweg für Führungskräfte. In: TrigonThemen 03/12 (Contemplative Leadership).

Bucksteeg, M. (2008). Der Führungsnachwuchs fordert eine neue Managementkultur. Warum Top-down implementierte Werte nicht ausreichen. In: Zeitschrift für Organisationsentwicklung, Heft 4/2008, S. 38–43.

Cichy, U./Matul, Ch./Rochow, M. (2011). Vertrauen gewinnt: Die bessere Art, in Unternehmen zu führen. Stuttgart.

ComTeam Academy + Consulting (2012). FührungsRaum. Im Spannungsfeld von Regulierung, Virtualisierung und dem Kampf um Talente. Comteam Studie 2012.

Doppler, K. (2009). Über Helden und Weise. Von heldenhafter Führung im System zu weiser Führung am System. In: Zeitschrift für Organisationsentwicklung, Heft 2/2009, S. 4–13.

Eidenschink, K. (2004 a). Der Mythos vom »richtigen« Führen. In: wirtschaft & weiterbildung, Heft 02/2004, S. 28–31.

Eidenschink, K. (2004 b). Mit Widersprüchen leben. Oder: Führen ist immer Stress. In: wirtschaft & weiterbildung, Heft 01/2004, S. 24–37.

Gabor, A. (2010). »Seeing Your Company as a System«. In: Strategy + Business, Booz & Company. Heft 59/2010.

Hamel, G. (2008). Das Ende des Managements: Unternehmensführung im 21. Jahrhundert. Berlin.

Hill, L. (2008). Where Will We find Tomorrow's Leaders? A Conversation with Linda A. Hill. In: Harvard Business Review, Heft 1/2008.

IBM CEO C-Level Studie 2012 »Führen durch Vernetzung«, 2012, IBM Institute for Business Value.

IBM Global CEO Study »Unternehmensführung in einer komplexen Welt«, 2010, IBM Institute for Business Value.

Jäger, W. (2006). Spiritualität als Basis für Führung. In: Hernsteiner 1/2006 (Sonderausgabe Macht-Leadership-Sinn).

Längle, A. (2006). Die »Sinn-Macht« – Leadership und Führungs-Sinn. In: Hernsteiner 1/2006 (Sonderausgabe Macht-Leadership-Sinn).

Lehky, M. (2011). Leadership 2.0: Wie Führungskräfte die neuen Herausforderungen im Zeitalter von Smartphone, Burn-out & Co. managen. Frankfurt a. M.

Löhner, M. (2005). Führung neu denken: Das Drei-Stufen-Konzept für erfolgreiche Manager und Unternehmen. Frankfurt a. M.

Management Center Voralberg (2009). Führungs.Kraft.entwicklen. Dokumentation zum Referat von Dr. Marianne Grobner im Rahmen der MCV – Bodenseetage 2009.

Meiffert, T. (2005). Lost in Translation? Der Manager als Übersetzer. In: Zeitschrift für Organisationsentwicklung, Heft 4/2005, S. 46–53

Miles, S. A./Watkins, M. D. (2008). The Leadership Team, Complementary Strenghts or Conflicting Agendas. In: Harvard Business Review, Heft 4/2008.

Königswieser, R./Exner, A. (1999). Systemische Intervention, Architekturen und Designs für Berater und Veränderungsmanager. 4. Aufl., Stuttgart.

Königswieser, R./Sonuç, E./Gebhardt, J./Hillebrand, M. (Hrsg.) (2006). Komplementärberatung, Das Zusammenspiel von Fach- und Prozess-Know-how. Stuttgart.

Königswieser, R./Wimmer, R./Simon, F. (Hrsg.) (2013). Back to the roots. Die neue Aktualität der systemischen Gruppendynamik. In: Organisationsentwicklung Nr. 1/2013, S. 65–73.

Kruse, P. (2004). next practice. Erfolgreiches Management von Instabilität. Veränderung durch Vernetzung. Offenbach.

Pfläging, N. (2011). Führen mit flexiblen Zielen: Praxisbuch für mehr Erfolg im Wettbewerb. Frankfurt a. M.

Pfläging, N. (2009). Die 12 neuen Gesetze der Führung, Der Kodex: Warum Management verzichtbar ist. Frankfurt a. M.

Scharmer, O. (2011). Theorie U – von der Zukunft her führen. 2. Aufl., Heidelberg.

Sprenger, R. (2012). Radikal führen. Frankfurt a. M.

Tan, Ch.-M. (2012). Search Inside yourself – Das etwas andere Glücks-Coaching. München.

Trendstudie von Signium International/:zukunftsinstitut: Unternehmensführung 2030, Innovatives Management für morgen, 2011.

Wimmer, R.: Die Zukunft von Führung – Brauchen wir noch Vorgesetzte im herkömmlichen Sinne? In: Zeitschrift für Organisationsentwicklung, Heft 4/96, S. 46–57.

Winkler, B.: Shared Leadership Ansätze nutzen: Wie hierarchische und geteilte Führung zusammenspielen. In: Zeitschrift für Organisationsentwicklung, Heft 3/2012, S. 4–8.

Wüthrich, H. A./Osmetz, D./Kaduk, S. (2007). Leadership schafft Wettbewerbsvorteile 2. Ordnung, in: Zeitschrift für Organisationsentwicklung, Heft 6/2007.

Wüthrich, H. A./Osmetz, D./Kaduk, S. (2006). Musterbrecher: Führung neu leben. Wiesbaden.

Zeuch, A. (2010). Feel it! So viel Intuition verträgt Ihr Unternehmen. Weinheim.

Unternehmenskultur als tragende Welle

Adrienne Schmidtborn/Ulrich Königswieser

Was ich zum Thema Kultur schon immer wissen wollte...

Was ich mich nie zu fragen traute:
* Warum sollte ich mich mit Unternehmenskultur auseinandersetzen? (Ich kann sie ja doch nicht messen, geschweige denn verändern!)
* Was soll dieses Soft-factor-Gefasel? Wichtig ist, dass ich meinem Kunden helfe, die von seinen Shareholdern erwarteten Zahlen zu erreichen!
* Ist Kultur nicht nur etwas für Weicheier und Gesundheitslatschenträger?

Bereits seit mehr als drei Jahrzehnten werden die Auswirkungen von Unternehmenskultur auf Performance-Faktoren von Unternehmen untersucht. Auch wenn die unterschiedlichen Formen der Operationalisierung von Unternehmenskultur bzw. der Performance-Faktoren von Unternehmen keine direkte Vergleichbarkeit der Studien zulässt, wird eines deutlich: *Unternehmenskultur ist subtil, aber sehr wirksam!*

So zeigen z. B. vier von Wilms (2003) vorgestellte Studien, dass kulturelle Aspekte wie Vertrauen zwischen Führung und Mitarbeitern, Wertschätzung,

Selbstbestimmung, Integrität, Mitarbeiterzufriedenheit, Respekt und Fairness zu einer (langfristig) besseren finanziellen Performance von Unternehmen führen. Und Baum (2009) trug sogar mehr als 50 Studien zusammen, die diverse Hinweise darauf liefern, dass bestimmte Elemente und Ausprägungen von Unternehmenskultur Einfluss auf die »harten Unternehmenskennzahlen« wie Rentabilität, Umsatzrendite, Gesamtkapitalrendite, Eigenkapitalrendite, aber auch auf die Performance des einzelnen Mitarbeiters haben.

Doch warum ist die Kultur von Unternehmen bei vielen Beratern und Managern immer noch ein so selten beachtetes, zum Teil auch wenig geliebtes Thema? Klar, die Kultur an sich – wie auch ihre Auswirkungen auf den Unternehmenserfolg – ist mit den gängigen Management-Tools schwer erfassbar. Sie zielgerichtet zu beeinflussen, das gilt als schwieriges oder sogar unmögliches Unterfangen. Aber der Hauptgrund dafür, dass sie gern übersehen wird, ist wohl eher der, dass die Kultur eines Unternehmens in der Regel funktional ist. Sie leistet jede Menge und das vorwiegend im Verborgenen: Sie steuert und koordiniert das Unternehmen, reduziert Komplexität, ist ein Entscheidungskatalysator, motiviert die Mitarbeiter und hält die Organisation zusammen. Dabei ist sie so angelegt, dass sie selbst für sich sorgt, sich selbst und damit das Unternehmen erhält. Sie tritt erst dann negativ in Erscheinung, wenn sie nicht zu geplanten oder notwendigen Veränderungen passt, wenn einzelne Aspekte aus irgendeinem Grund dysfunktional werden. Schenkt man ihr dann keine Beachtung, können die bis dahin subtilen Erfolgsfaktoren auf einmal zu harten Misserfolgsfaktoren werden. Dies lässt sich schön an den vielen Beispielen gescheiterter »Merger & Acquisition-Vorhaben« illustrieren.

Aber auch schon eine vergleichsweise »kleine« Veränderung, wie z. B. die Einführung eines verbindlichen Mitarbeitergesprächs, kann an der Kultur scheitern, indem das Gespräch zwar formal geführt wird, aber alle Seiten sich einig sind, dass ohnedies alles in Ordnung sei und nichts wirklich zur Diskussion anstünde. Unternehmenskultur kann in Veränderungen aber auch positive Auswirkung zeigen, nämlich dann, wenn z. B. der Offenheitsgrad zunimmt und der Umgang mit einander widersprechenden Meinungen in einem Meeting bessere Entscheidungen produziert. Und dann gibt es noch jene Fälle, bei denen zwar ein Tool (z. B. BSC) grundsätzlich mit der Kultur gut kompatibel wäre (Transparenz, Erfolge gemeinsam erkennen, mehrdimensionale Erfolgsmessung), die Art und Weise der Einführung (z. B. ohne Transparenz, ohne die Betroffenen einzubeziehen, die Implementierung wird als alleiniger Erfolg des Managers verkauft) jedoch auf heftige Widerstände stößt.

Wenn wir uns als Berater mit Unternehmenskultur beschäftigen, vergleichen wir uns gern mit einem Wellenreiter, der in einer Mischung aus Respekt und Lust die Wellen der Kultur absurft. Bevor sich der Surfer ins Abenteuer stürzt, tut er gut daran, den Rhythmus der Wellenbewegungen und die Muster, in denen sich die Wellen aufbauen und wieder brechen, zu erkennen. Darüber hinaus ist es wichtig, die Strömung zu studieren, die man nützen muss, um möglichst kräfteschonend hinter die Linie, an der die Wellen brechen, hinauspaddeln zu können. Danach gilt es, den richtigen Abstand und Moment abzuwarten. Nicht selten fallen wir bei einem Stehversuch ins Wasser, die Welle reißt plötzlich ab oder ist so hoch, dass es uns gleich bis zum Strand spült. Doch die Mühe lohnt sich. Erwischt man die ideale Welle, so kommt man schnell ins Gleiten, man kann die Welle von Anfang an erfolgreich abreiten und das ein oder andere Kunststück vollbringen.

Wenn Sie jetzt keine Sorge mehr haben, als Weichei zu gelten, wenn Sie sich mit dem Thema Unternehmenskultur auseinandersetzen, dann möchten wir Sie auf die weitere Reise durch dieses Kapitel einladen. Dabei wird es zunächst darum gehen, was Unternehmenskultur eigentlich ist und wie sie sich in der Praxis von Veränderungsprozessen auswirkt, bevor wir Werkzeuge vorstellen, mit deren Hilfe sie verändert werden kann Wir wollen zum Abschluss noch einen Ausblick darauf geben, in welche Richtung sich Unternehmenskulturen wohl in Zukunft entwickeln werden.

1. Was ist Unternehmenskultur?

Was ich mich nie zu fragen traute:
- Dürfen sich auch Kulturbanausen mit Kultur beschäftigen?
- Hat Unternehmenskultur etwas mit Benimmregeln zu tun?
- Was bedeutet der Spruch: Culture eats strategy for breakfast?

Unternehmenskultur ist also ein wichtiger Erfolgsfaktor für Organisationen. Doch was beinhaltet Unternehmenskultur eigentlich? Wie setzt sie sich zusammen? Wie entsteht sie? Wie wirkt sie in das Unternehmen hinein und auf dessen Umwelt? Und was hat sie mit Eisbergen, Mobiles und Gewächshäusern gemeinsam?

1.1 Was verstehen wir unter Unternehmenskultur und wie begegnet sie uns?

Im Gabler Wirtschaftslexikon finden wir folgende Definition von Unternehmenskultur (*Corporate Culture*): Der Begriff versteht die Grundgesamtheit gemeinsamer Werte, Normen und Einstellungen, welche die Entscheidungen, die Handlungen und das Verhalten der Organisationsmitglieder prägen. Unternehmenskultur wird u. a. daran deutlich, wie in einer Organisation miteinander kommuniziert, Entscheidungen getroffen, Kunden behandelt, Innovationen entwickelt oder Konflikte bearbeitet werden.

Möchte man Unternehmenskultur noch genauer definieren, kann man sie in Anlehnung an Schein (1995) in drei Ebenen unterteilen, die zum Teil manifest und zum Teil latent vorliegen. Ein gern zur Verdeutlichung dieser drei Ebenen herangezogenes Bild ist der Eisberg, von dessen Volumen nur etwa zehn Prozent über der Wasseroberfläche sichtbar sind. Ähnlich verhält es sich mit der Unternehmenskultur: Nur ein kleiner Teil ist manifest und in Form von kulturellen Artefakten beobachtbar, zeigt sich z. B. auf der Inhalts- und Sachebene, in geschaffenen Objekten und dem Verhalten der Organisationsmitglieder. Sie äußert sich in vielen Fakten und Dingen, die wir beobachten können, und umfasst u. a. Produkte, Leistungen, Betriebsgebäude, Möbel, Ausstattung, Bilder, Abteilungen, Erscheinungsbild der Menschen, Sprache, Rituale, Mythen, Geschichten, Verhaltensweisen, Gesten, offizielle Organigramme, Prozessbeschreibungen, verschriftete Leitbilder etc. Auch wenn diese Ebene sichtbar ist, so ist sie dennoch für »Uneingeweihte« schwer zu entschlüsseln und kann für Personen eines fremden Unternehmens eine ganz andere Bedeutung haben.

Die nächste Ebene – die bekundeten Einstellungen, Normen und Werte – kann man mithilfe eines Blicks durch die Taucherbrille zumindest teilweise noch erfassen. Dazu zählen u. a. die Strategien, Unternehmensgrundsätze, implizite Regeln, Muster, Logiken, Tabus, Beziehungen (Kooperation, Konkurrenz, Ängste, Konflikte etc.) zwischen den Mitgliedern der Organisation und deren Umwelten sowie Emotionen, die das Verhalten der Unternehmensmitglieder bestimmen.

Möchte man die Basis des Unternehmenskultureisbergs in Augenschein nehmen, so muss man schon einen Tauchgang (vorzugsweise mit Sauerstoffgerät) in die unbewusste Ebene der Grundannahmen bzw. Grundprämissen riskieren. Was hier verankert ist, wird von den Mitarbeitern einer Organisation als selbstverständlich angenommen und bestimmt u. a. die eigene Identität und Grundüberzeugung, Werte und Haltungen, das eigene Wesen und Sein in der Welt. Jede Unternehmenskultur entfaltet ihre Wirkung also sowohl auf der bewussten als v. a. auch auf der unbewussten Ebene der Organisation.

Wir verwenden in unserer Arbeit häufig auch ein etwas vereinfachtes Modell des Eisbergs, um das Einwirken der latenten auf die manifesten Ebenen der Organisation sowie den Einfluss von Reflexion zu verdeutlichen.

Aufgrund dieser Definitionen könnte der Eindruck entstehen, die Unternehmenskultur sei ein homogenes Gebilde. Tatsächlich setzt sie sich – je nach Größe, Bandbreite der Tätigkeiten und Struktur des Unternehmens – häufig aus unterschiedlichen Subkulturen zusammen. Oder bildlich gesprochen: Je nachdem aus welcher Richtung man den Eisberg betrachtet, sieht er anders aus und hat unterschiedliche Ausprägungen. So wird es z. B. nicht verwundern, dass in der Abteilung »Forschung und Entwicklung« eine gewisse Risikofreude durchaus zielführend ist und geschätzt wird, während sie in der Buchhaltungsabteilung fehl am Platz wäre. Beruhen diese unterschiedlichen Subkulturen nicht auf einer »starken« Unternehmenskultur mit gemeinsamen Grundannahmen (z. B. »Unter-

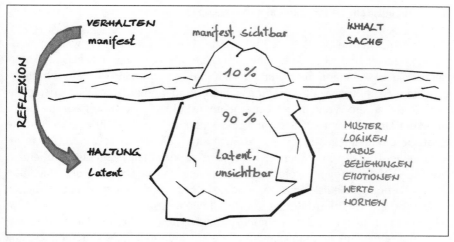

Abb. 1: Das Eisbergmodell

schiede sind bereichernd!«) oder Prämissen (z. B. »Es wird wertschätzend miteinander umgegangen!«), so kann das in der täglichen Arbeit leicht zu Schnittstellen-Problematiken führen.

Es wird häufig zwischen starken und schwachen Unternehmenskulturen unterschieden. Dabei zeichnet sich eine starke Unternehmenskultur durch die Übereinstimmung des unternehmerischen und mitarbeiterbezogenen, Wertesystems aus. Sie ist über die Subsysteme einer Organisation hinweg homogen, und ihre Werte sind mit der formalen Personal- und Unternehmensführung vereinbar (Heinen, 1987). Eine starke Unternehmenskultur – mit gemeinsamen Grundannahmen über alle Subsysteme hinweg – kann auch eine sehr heterogene Organisation zusammenhalten und ein wichtiger Erfolgsfaktor sein, sie ist aber gerade aufgrund ihrer Stärke schwerer zu verändern. Eine Anpassung an schnelle Veränderungen im Organisationsumfeld wird durch sie also behindert. Schwache Unternehmenskulturen sind häufig in großen Unternehmen zu finden, die in Subsysteme wie Profitcenter unterteilt wurden. Je selbstständiger diese Einheiten agieren (sollen), desto eher bilden sich Subkulturen. Diese können das Gesamtsystem zwar flexibler machen, bergen aber auch die Gefahr des Auseinanderdriftens der Organisation (Dill/Hügler, 1987), bildlich gesprochen also des Auseinanderbrechens des Eisbergs.

1.2   Wie entsteht Unternehmenskultur?

Doch wie entsteht eigentlich die Kultur eines Unternehmens? Wie werden Wertgefüge, Muster und Normen zu handlungsleitenden Grundannahmen für Mitarbeiter? Nach Sackmann (1990) lassen sich in diesem Prozess vier Phasen unterscheiden: Gründungs-, Entwicklungs-, Reife- und (möglicherweise) Krisenphasen. So gehen die Wurzeln der Unternehmenskultur in der Regel auf die Gründung der Organisation zurück. Die Unternehmensgründer etablieren bestimmte Strategien, Managementsysteme und Strukturen, die auf ihrer Vision, ihrem individuellen Hintergrund, aber auch auf dem auf der Zeitgeschichte beruhenden Wert- und Normgefüge basieren. Zudem spielen externe soziale, politische, ökonomische und legale Faktoren während des Entstehungsprozesses eine Rolle.

Die weitere Traditionsbildung in der Entwicklungsphase erfolgt durch die Interaktion zwischen den Unternehmensmitgliedern und zwischen dem Unternehmen und seiner Umwelt. Entscheidungen und Handlungen, die durch die Lösung von Problemen und während der Anpassung des Unternehmens an dessen Umwelt erlernt wurden und erfolgreich waren, werden vertieft und in das Verhaltensrepertoire der Organisation aufgenommen. Sie sind in der Entwicklungsphase aber noch nicht fest als verbindliche Muster, Werte und Normen etabliert. Die Verhaltensweisen, die in der Lösung von (externen Anpassungs-/internen Integrations-) Problemen gut genug funktionieren, um von den Unternehmensmitgliedern als gültig angesehen zu werden, werden als Grundannahmen in der Unternehmenskultur verwurzelt (Schein, 1995). Wenig erfolgreiche Verhaltensweisen werden nicht wiederholt.

Über die Zeit hinweg entwickelt sich so evolutionär ein Muster von Grundprämissen, Normen, Werten, Riten, Regeln und Symbolen, das – in der Reifephase – als selbstverständlich und bindend gilt. Es ist handlungsleitend für die Organisationsmitglieder und wird durch Sozialisation auch an neue Mitarbeiter weitergegeben. Anhand der wiederholten Anwendung erfolgreicher Muster und Normen bestätigt sich die Unternehmenskultur immer wieder selbst, kann sich aber auch weiterentwickeln, wenn sich die Organisation an neue Umwelt- und Rahmenbedingungen anpassen muss und für Lernprozesse und Veränderungen ausreichend bereit ist. Die Unternehmenskultur existiert in dieser Phase in der Regel unhinterfragt. Ihre Bedeutung wird häufig erst dann bewusst, wenn Unternehmensmitglieder ihren Regeln und Entscheidungsprämissen nicht folgen, wenn durch überraschendes Verhalten oder unerwartete Entscheidungen gegen sie verstoßen wird oder wenn sie in Kontrast zu anderen kulturellen Mustern (z. B. anderer Unternehmen, Branchen oder Ländern) steht (Simon, 2007).

Eine Krisenphase der Unternehmenskultur kann dann entstehen, wenn bis dato funktionale handlungsleitende Haltungen, Muster und Normen ihre Gültigkeit verlieren, sie auf einmal dysfunktional oder sogar zu einem Hindernis werden. Das kann aufgrund interner Faktoren passieren – wenn z. B. der Eigentümer wechselt, es Änderungen in der Unternehmensführung gibt, eine neue Technologie eingeführt oder die Organisation umstrukturiert wird – oder aufgrund externen Faktoren, wie z. B. Änderungen des Marktumfelds, der Rechtslage oder des politischen Umfelds. Um als Unternehmen weiter erfolgreich agieren zu können, müssen in diesem Fall Aspekte der Unternehmenskultur an die neuen Anforderungen angepasst werden. Oder besser gesagt: Die Kultur muss sich selbst anpassen.

1.3 Welche Funktion hat Unternehmenskultur?

Die Kultur eines Unternehmens erfüllt eine Reihe von Funktionen. Dill und Hügler (1987) unterscheiden zwischen drei Grundfunktionen (»originäre Funktionen«): Koordination, Motivation und Integration. Als gemeinsames (implizites) Bezugssystem lenkt sie die Wahrnehmung der Mitarbeiter und hilft bei der Komplexitätsreduktion. Sie erzeugt Erwartungen, lenkt Verhalten und koordiniert Handlungen. Aufgrund ihrer wiederholbaren Handlungs-, Verhaltens- und Denkmuster bietet sie zudem einen Orientierungsrahmen für erwünschtes Vorgehen und Entscheidungen (Königswieser/Hillebrand, 2013). Es muss nicht in jeder Situation neu geklärt werden, was wichtig/unwichtig, relevant/irrelevant, richtig/falsch oder wünschenswert/unerwünscht ist – aufgrund der vorherrschenden Unternehmenskultur ist klar: »So machen wir das hier.« Somit werden auch komplexe Situationen für Unternehmensmitglieder zeit- und ressourcenschonend handhabbar. Eine gemeinsame Unternehmenskultur schafft weiters ein Zugehörigkeits- und Wir-Gefühl und verstärkt die Identifikation mit dem Unternehmen. Sie stiftet Sinn und kann auf diese Weise Mitarbeiter motivieren.

Wie bereits angesprochen, finden sich vor allem in großen Unternehmen Subsysteme mit unterschiedlichen Teilkulturen. Gerade hier leistet eine von allen Subsystemen geteilte »starke« Unternehmenskultur Integrationsfunktion und unterstützt die Aufrechterhaltung des Gesamtsystems und die soziale Grenzziehung, wer als »zugehörig« oder »nicht zugehörig« gilt (Simon, 2007).

Aus unserer Sicht steuert vor allem die Kultur eines Unternehmens einen Großteil des Verhaltens seiner Mitglieder, und es sind nicht – wie oft angenommen – nur wenige Mitglieder (z. B. Führungskräfte), die die Organisation steuern. So ist z. B. die Order des Managements, nicht zu spät von der Arbeit nach Hause zu gehen, nichtig, wenn die Kollegen einem das Gefühl vermitteln, dass das Verlassen des Arbeitsplatzes vor 20 Uhr einem Verrat gegenüber der Kollegenschaft gleichkomme.

1.4 Welche Rolle spielt Kultur in Bezug zu Strategie und Struktur?

Betrachten wir Unternehmenskultur im Zuge von Veränderungsprojekten, legen wir besonderes Augenmerk auf ihr Wechselspiel mit den Dimensionen Strategie und Struktur. »Eine Strategie ist nur so gut, wie sie auch (kulturell) umgesetzt wird, neue Strukturen nur so gut, wie sie mental gelebt werden, und Unternehmenskultur wiederum nur so funktional, wie sehr sie strategisch und strukturell passt.« (Königswieser/Cichy/Doujak, 2001, S. 48). Diese Wechselbeziehung kann man mit einem Mobile vergleichen. Kommt eines der Mobile-Elemente infolge von Veränderung oder Entwicklung in Bewegung, schwingen die anderen mit (Königswieser/Sonuç/Gebhardt, 2006). Erst wenn alle drei Dimensionen im Einklang sind, können sie ihre volle Wirkung entfalten. So kann z. B. das Aufkaufen eines Mitbewerbers eine sinnvolle Strategie sein. Eine passende Struktur, um dessen Ressourcen in das Kernunternehmen zu integrieren, ist auch noch machbar, doch scheitert die Umsetzung einer echten Integration des aufgekauften Unternehmens am Widerstand der Mitarbeiter, wenn die Unternehmenskulturen beider Unternehmen nicht kompatibel sind. Dann machen sich die Bereiche untereinander Konkurrenz, statt miteinander an einem Strang zu ziehen, und die erwarteten Synergien können nicht gehoben werden.

Diese drei Dimensionen in Einklang zu bringen, ist ein kontinuierlicher Prozess, der auch noch durch ihre unterschiedliche Veränderbarkeit beeinflusst wird. Als Faustregel lässt sich sagen, dass – ausgehend von der Vision als Leitstern der Veränderung – die Unternehmens*strategie* innerhalb weniger Wochen angepasst werden kann, die Unternehmens*struktur* innerhalb von Monaten umgestellt werden kann, »gelebt« wird die Veränderung aber erst dann, wenn auch die Unternehmens*kultur* entsprechend verändert wurde oder, anders gesagt, mitzieht. Und das kann gut und gern auch mal zwei bis drei Jahre in Anspruch nehmen.

Ist die Unternehmenskultur zu Beginn einer Veränderung bereits weitgehend kompatibel mit den angestrebten Zielen, kann sie ein starker Treiber der Veränderung sein. Ist jedoch eine grundlegende Veränderung der Unternehmenskultur – und damit der Verhaltensweisen von Mitarbeitern – notwendig, um die Veränderungsziele zu erreichen, bedarf es eines langfristigen und teilweise auch mühseligen Einsatzes von Interventionen und Tools. Doch beruhigenderweise ist es aus betriebswirtschaftlicher Sicht zumeist weder notwendig noch ratsam die Kultur komplett umzukrempeln. Oft genügt es, ausgewählte relevante Aspekte (z. B. Kommunikations-, Entscheidungs-, Problemlösungs- oder Konfliktbearbeitungsprozesse) anzupassen und bestehende Aspekte zu verstärken. Mehr wäre in der meist nur kurzen Zeitspanne, die Unternehmen hierfür zur Verfügung haben, auch kaum machbar.

1.5 Wann ist Kultur ein treibender bzw. einschränkender Faktor?

Die Unternehmenskultur kann in jedem Veränderungsprojekt zu einem zentralen Erfolgs-, aber auch zu einem zentralen Kostenfaktor werden. Ob sie eine treibende oder einschränkende Kraft für die Umsetzung von Konzepten sein wird, kann man erst unter Berücksichtigung des im Klientensystem bestehenden Wirkungsgefüges »Strategie – Struktur – Kultur« und der eben beschriebenen Faustregel zu deren Veränderbarkeit entscheiden. In diesem Sinne streben wir als Komplementärberater weder die bestmögliche inhaltliche Lösung (reine Fachprojekte) noch die bestmögliche Umsetzung (rein systemische Projekte) an, sondern die unter Berücksichtigung der Unternehmenssituation des Kunden bestmöglich umsetzbare Lösung (Lang, 2012).

Dazu eine Metapher: In einem gemäßigt-kontinentalen Klima kann man zwar alle Arten von Pflanzen setzen, aber nur bestimmte überleben den ersten Winter. Auch wenn viele Pflanzen überleben, so werden einige Arten besonders gut, ja fast von allein gedeihen, andere benötigen viel Aufwand und Pflege, um nicht zu verkommen. Daher muss man sich bereits in der Konzeptionsphase bewusst sein, welche Anbaupläne Chancen auf erfolgreiche Umsetzung haben, damit man nicht unnötigerweise Energie in den Bau großflächiger Glashäuser und Heizsysteme investiert, und die Pflanzen überleben im schlechtesten Fall dann doch nicht.

Übersetzt bedeutet das, dass in jedem Veränderungsprojekt immer wieder abgewogen werden muss, welche Umsetzungswahrscheinlichkeit das angestrebte strategische oder strukturelle Konzept (Pflanze) aufgrund der bestehenden Unternehmenskultur (Klima, Boden) hat. Passen Konzept und Kultur zusammen, so wirkt die Unternehmenskultur als treibender Faktor der Veränderung. Bei unzureichender Passung von Konzept und Kultur ist Letztere ein die Umsetzungswahrscheinlichkeit einschränkender Faktor. Dann muss entschieden werden, ob es sinnvoller ist, das Konzept an die bestehende Unternehmenskultur anzupassen (andere Pflanzen zusetzen) oder in die Veränderung von Aspekten der Unternehmenskultur zu investieren (Aufbereitung des Bodens, Bau eines Gewächshauses). Diese Entscheidung hängt sowohl von den zeitlichen und finanziellen Ressourcen der Organisation, ihrer Veränderungsbereitschaft, von den Bedingungen in Ihrer Umwelt als auch von zu erwartenden Opportunitätskosten infolge der einen oder anderen Lösung ab.

Hierzu ein weiteres Beispiel aus der Praxis: Eine Prozessorganisation, die flexibler auf Marktänderungen reagieren soll, wird eingeführt, ohne aber auf die veränderten Arbeitsbedingungen und Anforderungen an die Mitarbeiter einzugehen bzw. diese parallel zur Einführung zu entwickeln. So wird das Potenzial einer Prozessorganisation nie genutzt. Letztendlich kann dadurch die gesamte Organisation im Vergleich zu vorher nach der Einführung sogar geschwächt werden. Man könnte es mit dem Kauf eines teuren, atmungsaktiven, wasserfesten

Abb. 2: Wenn ein großes, fertiges Elefanten-Konzept durch ein kleines, kulturelles Mauseloch gedrückt werden soll

Trainingsanzugs vergleichen, der zu seinem eigentlich Zweck, nämlich zum Joggen, nie eingesetzt wird, sondern lediglich zum Spazierengehen verwendet wird. Wir empfehlen daher, vor dem Konzeptvorschlag zu prüfen, ob die Bereitschaft des Auftraggebers und der Organisation besteht, die Kultur weiterzuentwickeln.

Praktisch bedeutet das, dass wir mit Blick auf die Unternehmenskultur ein anderes Konzept empfehlen als Fachberatung, da es mit weniger Kulturveränderung in einer kürzeren Zeit machbar ist, das heißt weniger Widerstand erzeugt (Kultur als begrenzender Faktor) oder im besten Fall eine im Unternehmen bestehende Kultur eine Umsetzung begünstigt (Kultur als treibender Faktor).

2. Bedeutung für die Beratung – und Herausforderung für die Praxis

Was ich mich nie zu fragen traute:
* Werde ich als Berater noch ernst genommen, wenn ich das Kulturthema anspreche?
* Mein Kunde ist kein Kulturfan – was soll ich tun?
* Möchte ich dieses Unternehmen beraten? Würde ich selbst gern in diesem Unternehmen arbeiten?

Unternehmenskultur begegnet uns sowohl auf der formellen Ebene (in der Art des Auftrags) wie auch auf der informellen Ebene (in der Art, wie wir arbeiten) sowie als Resonanzphänomen (einer Dynamik der zu beratenden Organisation, die sich auf den Beraterstaff überträgt). Eine weitere Unterscheidung der Formen, wie uns das Phänomen Unternehmenskultur begegnet, können wir aufgrund der verschiedenen Unternehmenstypen und Branchen treffen, in denen wir diese Aufträge erhalten.

2.1 In welcher Form wird die Arbeit an der Unternehmenskultur beauftragt?

Prinzipiell können wir unsere Aufträge hinsichtlich der Unternehmenskultur in zwei Kategorien unterteilen:
1. Aufträge, in denen es explizit um die Veränderung der Unternehmenskultur geht (z. B. Aufträge zur Verbesserung der Zusammenarbeit, der Konfliktfähigkeit, der Kundenorientierung oder der Mitarbeitermotivation);
2. Aufträge, in denen es um strategische oder strukturelle Veränderungen geht und die Unternehmenskultur (implizit) als treibender oder einschränkender Faktor berücksichtigt wird (z. B. Restrukturierungen, strategische Neuausrichtung, Implementierung von neuen Technologien oder Betriebssystemen).

Schon im Zuge der Gespräche zur Auftragsklärung zeigen sich erste Unterschiede zwischen diesen Auftragsarten. Bei der ersten Art ist der Faktor Unternehmenskultur normalerweise auch beim Auftraggeber bereits im Blick. Es geht also eher um das Ausloten, wie, in welche Richtung und in welchem Ausmaß Veränderungen in der Kultur – somit im Verhalten der Führungskräfte und Mitarbeiter – erreicht werden sollen. Bei diesen Anfragen prüfen wir zuallererst, in welcher Weise die Veränderung der Kultur auf Unternehmensziele und -erfolg einwirkt. Dementsprechend richten wir gegebenenfalls den Auftrag auf die Unternehmensziele aus.

Bei der zweiten Art von Aufträgen ist bei Auftraggebern und Projektverantwortlichen hingegen häufig wenig Interesse am Wirkungsfaktor Unternehmenskultur vorhanden. Hierzu eine typische Szene: »Wir sind mit Ihnen als Berater und den Ergebnissen unseres Projektteams sehr zufrieden. Das Konzept ist gut durchdacht, und für die Phase danach sehen wir keine Schwierigkeiten! Die Umsetzung bekommen wir auch gut allein hin.« Die Grundannahme des Kunden besteht hier darin, dass sich das perfekte Konzept – rational begründet – leicht mit einigen Präsentationen und ein paar weiteren Kommunikationsmaßnahmen umsetzen lassen werde. Doch wie wir inzwischen wissen, wenn »Klima und Boden« nicht berücksichtigt wurden, dann wird »die Pflanze« spätestens im Winter eingehen. Das heißt im besten Fall wird das Konzept nach einigen Umsetzungsversuchen in der Schublade verschwinden, und der nächste Berater wird geholt. Und im für das Unternehmen schlechtesten Fall werden die Umsetzungsversuche bei den Mitarbeitern zu Demotivation, zu Widerstand und Verärgerung führen, das Betriebsklima verschlechtert sich, und wichtige Personen verlassen das Unternehmen. Bei der zweiten Art von Aufträgen sieht man sich als kunden-orientierter Berater also der Herausforderung gegenüber, kontinuierlich – von der Auftragsklärung bis zum Projektabschluss – das Thema »Unternehmenskultur als möglicher Treiber, aber auch als einschränkender Faktor für die Umsetzungs-möglichkeiten von Konzepten« mitzudenken und immer wieder einzubringen. Bei diesem Balanceakt geht es darum, das Klientensystem zu sensibilisieren und ausreichend zu irritieren, damit Veränderung geschehen kann, ohne dabei je-doch die Anschlussfähigkeit an das Kundensystem zu verlieren.

Egal welchen Auftrag wir als Berater erhalten: Um Unternehmenskultur kommt man nicht herum, aber die Veränderung der Unternehmenskultur darf auch nicht als Selbstzweck gesehen werden. Jeder Auftrag sollte gemeinsam mit dem Kunden zunächst inhalts- und zielorientiert angegangen werden. Welche kulturellen Aspekte und erfolgskritischen Muster in welchem Ausmaß verändert werden müssen, um den angestrebten ökonomischen Nutzen der Veränderung zu erreichen, ist eine Frage, die von uns Beratern konstant ausgelotet und im fortlaufenden Dialog mit Auftraggebern und Projektverantwortlichen zu klären ist. Andernfalls wird für den Kunden der Bau eines »Glashauses« für die nicht winterharte »Konzept-Pflanze« zum Fass ohne Boden.

2.2 Wie spüren Berater die Dynamiken einer Kultur am eigenen Leib – und was ist ein Resonanzphänomen?

Unabhängig vom Auftrag prägt das Phänomen Unternehmenskultur unsere Ar-beit auch noch auf einer anderen, schwer zugänglichen Ebene. Auch hierzu eine typische Szene: »Wir sehen ein, dass es einer Veränderung in der Auftragsab-wicklung bedarf, aber zuerst müssen wir zusehen, dass wir die Bereichsziele erreichen, das macht niemand für mich!« Stößt diese Aussage bei Ihnen eher auf Verständnis oder auf Ablehnung?

Es gibt wohl keinen Berater, der sich nicht im Laufe eines Projekts die Frage stellt: »Würde ich in dieser Firma gern arbeiten?« Das Thema Unternehmenskultur berührt auf der persönlichen Ebene der eigenen Haltung, Wert- und Normvorstel-lungen und kann folglich zu einer intuitiven Reaktion auf das Unternehmen oder bestimmte Gruppen des Unternehmens, in dem man berät, führen. Stimmen die eigenen Werte mit denen der Unternehmens(sub)kultur überein, so fühlt man sich eher angezogen, sympathisiert stark mit bestimmten Personen und Entscheidun-gen, was im Extremfall zu einer zu starken Vereinnahmung führen kann. Fremde Kulturen machen hingegen neugierig, aber auch unsicher. Fühlt man sich in den eigenen Vorstellungen durch die Kultur des Klientensystems bedroht, ist man eher abgestoßen, fragt sich z. B. »Wie können die so mit ihren Mitarbeitern umgehen?«, was zu einem gewissen Widerwillen führt. Bleiben diese Reaktionen unreflektiert, können sie sich negativ auf unsere »objektive« Perspektive und unsere Beratungsarbeit auswirken. Daher ist neben einer guten Kenntnis der eigenen Wert- und Normvorstellungen, aufgrund deren man operiert, die Reflexion der eigenen Gefühle und Reaktionen eine wichtige Voraussetzung für professionelle Beratung.

Genauso, wie wir als einzelne Berater in Bezug auf die Kultur des Klientensystems mitschwingen, kann sich dieses Resonanzphänomen auch im Beraterstaff zeigen – und sogar noch intensiver in einem komplementären Beraterstaff (Preier/ Schmidtborn, 2012). Per definitionem setzt sich dieser ja bereits heterogen aus Beratern zusammen, von denen einige eine stark fachliche Prägung (z. B. Finanz- oder IT-Experte) haben, während die anderen eher in der Prozessberatung zu Hause sind (z. B. Psychologe oder Coach). Entsprechend unterschiedlich sind die individuellen Grundhaltungen und Resonanzen auf das Klientensystem: Während der Finanzexperte der Ansicht ist, dass die Veränderungen, die ein Vorstand beschlossen hat, noch nicht annähernd weit genug gehen, um das Überleben des Unternehmens zu sichern, hält der Prozessexperte dagegen, dass wichtige Schlüsselkräfte verloren gehen werden, wenn mit dem Holzhammer derart drastische Änderungen eingeführt werden.

In einem anderen Fall verfällt der gesamte Staff in betriebsame Hektik, da sich die extreme Leistungskultur des Kunden auf die Berater überträgt. Oder es macht sich eine gewisse Ratlosigkeit im Staff breit, das Gefühl im Nebel zu tappen. Sucht man nach der Ursache, wird deutlich, dass es die aufgrund der im Unternehmen herrschenden Angstkultur erlernte Vernebelungstaktik ist – keiner möchte sich aus Angst vor ungeahnten Konsequenzen zu weit aus dem Fenster lehnen. In allen drei Beispielen spiegeln sich die Strömungen und Konflikte des Kundensystems im Beraterstaff wider, werden von unterschiedlichen Staffmitgliedern aufgenommen und vertreten. Man kann wichtige Machtkämpfe oder Konflikte sogar willentlich in den Staff holen, indem man jeweils unterschiedliche Berater den Konfliktparteien zuordnet: z. B. Betriebsrat versus Vorstand, HQ versus Produktionsstandort oder Veränderer versus Bewahrer (Königswieser/ Hillebrand, 2013, S. 106 ff.). In einem vertrauensvoll zusammenarbeitenden Staff, in dem sich alle einer systemischen Grundhaltung verpflichtet fühlen, kann ein solches Resonanzphänomen mithilfe gemeinsamer Reflexion auf der Metaebene gewinnbringend aufgearbeitet werden. Ein besseres Verständnis bezüglich der Anforderungen an die Subgruppen im Unternehmen und hinsichtlich ihrer Bedürfnisse führt zu gezielten maßgeschneiderten Interventionen. Die Art und Weise, wie der Konflikt im Staff gelöst wird, zeigt einen Weg auf, wie der Konflikt im Unternehmen wertschätzend und betriebswirtschaftlich sinnvoll angegangen werden kann. Zu hohem Leistungsdruck im Unternehmen kann mithilfe gezielter Entschleunigung entgegengewirkt werden. Um den Nebel im »Angst-Unternehmen« zu lüften, werden wichtige Schlüsselpersonen darauf vorbereitet, den Wandel mutig vorzuleben.

2.3 Gibt es Kulturunterschiede je nach Branche, Größe und der Phase, in der sich ein Unternehmen befindet?

Diese spezifischen Unterschiede gibt es auf jeden Fall, doch sollte man sich immer vor Augen halten, dass jedes Unternehmen seine eigene Handschrift hat, jede Unternehmenskultur so einzigartig wie ein Fingerabdruck ist. Alle Aspekte einer Unternehmenskultur hinsichtlich bestimmter Ordnungsmerkmale über einen Kamm zu scheren, kann zwar durchaus Komplexität reduzieren, diese Vorgehensweise muss aber immer im Hinblick auf ihre Richtigkeit überprüft werden.

Doch zuerst einmal zu möglichen Gemeinsamkeiten: Im Vordergrund unserer Betrachtungen stehen Faktoren, die maßgeblichen Einfluss auf die Unternehmenskultur haben. Das kann z. B. die Produktlebenszeit sein, die eine mehr oder weniger hohe Time-to-market-Kultur verlangt (Elektronikbranche vs. Energiebranche) oder die Nähe zur Politik, die das Effizienzbewusstsein beeinflusst (Profit- vs. Non-Profit-Organisation), oder der Grad der Innovationsleistung, der in kreativen Branchen höher ist als in Verwaltungsapparaten, oder Sicherheitsaspekte, denen u. a. in der Pharmabranche höheres Augenmerk geschenkt werden muss als in der Unterhaltungsbranche. Auch beeinflussen die Größe einer Organisation (Formalismen, längere Entscheidungswege, Ausdauer, hohe Marktmacht) oder die Lebensphase (Garagenfirma vs. Wachstumsphase, Reifephase oder Krisen) die Ausprägung einer Unternehmenskultur. Große Unterschiede sind naturgemäß zwischen inhabergeführten und börsennotierten Unternehmenskulturen zu sehen. Die Liste relevanter Einflussfaktoren könnte beliebig verlängert werden, was uns auf eine wissenschaftliche Reise durch Kategorien und Modelle führen könnte, was zwar interessant, aber für die betrachtete Organisation nur teilweise relevant ist. Wir wollen verstehen, wie die eine Organisation konkret tickt, also welche Muster ständig wiederholt werden, und welche Merkmale der Kultur im jeweiligen Kontext funktional oder dysfunktional sein könnten. Erst wenn wir diese Aspekt verstehen und wissen, wo wir ansetzen wollen, ist das Setzen ausgewählter Interventionen sinnvoll.

3. Werkzeuge zur Veränderung von Unternehmenskultur

Was ich mich nie zu fragen traute:
* Kann ich als Berater Unternehmenskultur überhaupt zielgerichtet verändern?
* Kommt das nicht vielmehr einem Griff ins Wespennest gleich?
* Die Kultur ist kaputt, was soll ich tun?
* Wo war nochmal die Checkliste zur Veränderung von Unternehmenskultur?

3.1 Welche Voraussetzungen braucht es, damit Unternehmenskultur verändert werden kann?

Um Aspekte der Unternehmenskultur zielgerichtet verändern zu können, müssen Voraussetzungen gegeben sein: ein klares inhaltliches Ziel, ein emotionales Commitment zur Veränderung (Veränderungsbereitschaft) und Führungskräfte bzw. Schlüsselpersonen, die in ihrer Vorbildfunktion die Veränderung mittragen.

Erinnern wir uns noch einmal an das Bild vom Eisberg. Die Veränderung von Aspekten der Unternehmenskultur setzt am sichtbaren Teil an. Zunächst einmal muss es bei den Entscheidern auf der manifesten und direkt zugänglichen Ebene der Zahlen, Daten und Fakten ein gemeinsames Bild davon, was das Ziel der Veränderung sein sollte, geben. Erst wenn klar ist, was (auf der strategischen oder strukturellen Ebene) geändert werden sollte, kann das Augenmerk im Prozess darauf gerichtet werden, wie es geändert werden könnte – welche Handlungsmuster und Aspekte der Unternehmenskultur diese Veränderung unterstützen, also bewahrt werden sollten, und welche dysfunktional sind und daher geändert werden müssten.

Doch die Festlegung eines Ziels auf kognitiver Ebene reicht noch nicht aus, um mit bisher bewährten und gewohnten Mustern zu brechen. Um nachhaltige Veränderungen zu bewirken, bedarf es auch der emotionalen Komponente, der Veränderungsbereitschaft. Es muss spürbar werden, welchen Sinn die Veränderungen haben, was sie bedeuten, welche Chancen sie bergen und warum bestimmte Werte, Normen und Verhaltensmuster für einen Weg in die Zukunft dysfunktional sind. Das ist leichter gesagt als getan. Der Mensch ist aus evolutionären Gründen ein Gewohnheitstier. Erlernte Muster, um Gefahren zu umgehen, geben das Gefühl von Sicherheit. Die Ankündigung von Veränderungen führt daher häufig zunächst zu Sorge, zu Widerstand und Ängsten, manchmal auch einfach zu Unverständnis, wenn die Mitarbeiter keinen Veränderungsdruck vom Unternehmensumfeld spüren. Auf der anderen Seite kann das Entwickeln neuer Ideen aber auch zu Begeisterungszuständen und folglich zu Lernprozessen bei Individuen und im gesamten Unternehmen führen (Hüther, 2010). Auf diese Weise eingeleitete Lernprozesse sind nachhaltiger als solche, die mittels Belohnung bzw. Bestrafung bestimmter Verhaltensweisen hervorgerufen werden.

Wenn es um die Veränderung von Aspekten der Unternehmenskultur geht, ist es also wichtig, auch diese emotionale Komponente ernst zu nehmen und Räume zu schaffen, in denen Unsicherheiten bearbeitet und Hoffnungen und Sehnsüchte geäußert werden können und wo schlussendlich das Ausprobieren neuer Verhaltensweisen Erfolgserlebnisse und positive Erfahrungen ermöglicht.

Das dritte Kriterium für eine wirksame Veränderung von Aspekten der Unternehmenskultur ist die Bereitschaft von Führungskräften und Schlüsselpersonen, die Veränderung mitzutragen, auch wenn dies bedeutet, sich selbst verändern zu müssen. Die Führungskräfte, allen voran das Topmanagement, erfüllen als die Mächtigen eine Vorbildfunktion im Unternehmen und somit auch bezüglich der Gestaltung der Kultur. Was sie vorleben – und vor allem wie sie es vorleben –, wer in welche Position eingesetzt wird oder welche Verantwortung für ein Projekt erhält, setzt eindeutige Zeichen, welche Haltungen, Werte, Normen und Verhaltensweisen erwünscht sind. Dabei zählen Taten mehr als Worte – oder wie ein italienisches Sprichwort besagt: »Zwischen Reden und Tun liegt das Meer.« So kann ein Vorstand hundertmal beteuern, die Innovationskraft im Unternehmen stärken zu wollen, wird aber nichts erreichen, wenn die Mitarbeiter sich noch daran erinnern, dass der letzte Bereichsleiter, der ein innovatives Projekt unterstützte, danach auf dem Abstellgleis landete. Folglich ist die Arbeit mit dem Topmanagement und den Führungskräften auch einer der zentralen Hebelpunkte jedes Veränderungsprojekts. Veränderungen werden an Köpfen festgemacht. Nur wenn auch die oberste Ebene des Unternehmens persönlich und emotional in den Prozess involviert ist, wird das Projekt glaubwürdig, und auch die unteren Ebenen können sich zu dem Projekt bekennen (Königswieser/Hillebrand, 2013).

Oft bringt das Topmanagement nicht das nötige Commitment auf und zwar dann, wenn es Ängste hegt, nicht mehr Herr des Prozesses zu sein. Diese unausgesprochenen Bedenken, die in hierarchischen Organisationen häufiger anzutreffen und stärker ausgeprägt sind, sind aus zweierlei Hinsicht zu relativieren: Erstens ist die tatsächliche Einflussnahme und Kontrolle des Topmanagements generell viel geringer als angenommen, und zweitens kann mithilfe einer guten Kontextsteuerung wieder mehr Macht aus der informellen in die formelle Organisationsstruktur einfließen. Trotzdem müssen die Bedenken ernst genommen werden. Klare Absprachen, eine kontinuierliche Reflexion zum Stand der Dinge und die Aufgabe, mit dem Topmanagement intensiv an seiner neuen Rolle zu erarbeiten, sind ein Muss.

Nun können wir als Berater nicht davon ausgehen, dass wir diese drei Voraussetzungen im Unternehmen bereits vorfinden. Vielmehr müssen wir im Begleitungsprozess, beginnend mit der Auftragsklärung, immer wieder den Boden dafür bereiten, dass Veränderungen auch auf kultureller Ebene möglich werden. Das gelingt uns – ebenso wie die spätere zielgerichtete Veränderung bestimmter Aspekte der Unternehmenskultur – dadurch, wie wir den Beratungsprozess gestalten und wie wir gemeinsam mit dem Kunden zu Ergebnissen gelangen. So wird das inhaltliche Ziel häufig erst im Rahmen der Auftragsklärung oder eines Visions- oder Strategieworkshops klar herausgeschält. Die Mitarbeiter erkennen die Veränderungsnotwendigkeit manchmal erst anhand der Interviews einer Systemdiagnose, und nach der Rückspiegelung der Ergebnisse werden dann meist eine erste Begeisterung für einen neuen Weg und Veränderungsenergie spürbar.

Auch die Unterstützung der Veränderung seitens des Topmanagements, der Führung und der Schlüsselkräfte muss in der Regel erst erarbeitet werden. Häufig herrscht die Einstellung:»Wasch mir den Pelz, aber mach mich nicht nass!« Doch die notwendigen Veränderungen an der Unternehmenskultur können nicht von Beratern für das Unternehmen durchgeführt werden. Die zentrale Frage lautet also: Inwieweit ist das Topmanagement bereit, sich selbst zu verändern? Eine der ersten und wichtigsten Interventionen ins Kundensystem ist daher für uns die Begleitung des Topmanagements in Form von Strategieworkshops, Coachings oder einer Teamentwicklung (Königswieser/Hillebrand, 2013, S. 105). Im Zuge dieser Arbeit können dann, beginnend mit der Auftragsklärung, Rollen und Erwartungen besprochen und Probleme auf allen Ebenen bearbeitet werden. Werden die Weichen für eine vertrauensvolle Zusammenarbeit, in der auch das Topmanagement bereit ist, seinen Anteil zu leisten, nicht von Anfang an gestellt, so ist Nachjustierung schwierig (Königswieser/Hillebrand, 2013).

3.2 Wie Verändern wir Unternehmenskultur? Welche Rolle spielt dabei die systemisch-komplementäre Reflexions-, Feedback- bzw. Lernschleife?

Im Grunde lassen sich alle unsere Interventionen, sei es auf der Architektur-, auf der Design- oder auf der Werkzeugebene, auf ein grundlegendes Vorgehensmodell zurückführen: die systemisch-komplementäre Schleife.

Dieses Basismodell mit seinen vier Schritten – Informationen sammeln, Hypothesen bilden, Interventionen planen und durchführen – ist Grundlage für Reflexion, Feedback und Lernen in der Organisation und im Beraterstaff. Anhand der Verknüpfung der inhaltlichen mit der Prozessperspektive in jedem der vier Schritte wird ein ganzheitlicher Blick auf Strategie, Struktur und Kultur des Unternehmens ermöglicht. Die systemisch-komplementäre Schleife stellt das *Wie* dar, mit dem wir Aspekte der Unternehmenskultur entlang des *Was* der inhaltlichen Zielsetzung verändern.

Doch warum stellt dieses Modell eine wirksame Vorgehensweise zur Veränderung (nicht nur) der Unternehmenskultur dar? In der Regel tendieren wir dazu, vom Problem direkt in die Lösung zu springen. Dieses schnelle Vorgehen ist durchaus sinnvoll, solange unsere gewohnten Vorgehensweisen erfolgreich sind, die uns leitende Unternehmenskultur funktional ist, bisheriges Verhalten wiederholt werden kann, keine neuen Lösungswege gefordert sind oder solange nicht »out of the box« gedacht werden muss. Besteht jedoch die Anforderung, etwas

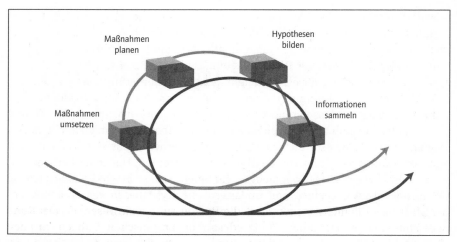

Abb. 3: Systemisch-komplementäre Schleife (Quelle: Königswieser/Hillebrand, 2013 bzw. Königswieser/Burmeister/Keil, 2012, S. 138)

anders zu machen als bisher, unterstützen die Zwischenschritte der systemisch-komplementären Schleife die Bemühungen, nicht in alte dysfunktionale Muster zurückzufallen und stattdessen neue funktionale Muster auszubilden bzw. zu erlernen.

3.3 Welche Interventionen leiten wir anhand des Basismodells der systemisch-komplementären Schleife ab?

Das Modell der systemisch-komplementären Schleife setzen wir in Veränderungsprozessen auf den drei Interventionsebenen Architektur, Design und Tools um (Königswieser/Hillebrand, 2013). Die saubere Planung der Interventionen auf den drei Ebenen kann wiederum nur mithilfe des Durchlaufens einer Reflexionsschleife gewährleistet werden.

Die direkteste Form der Intervention findet auf der *Tool-* bzw. *Werkzeugebene* statt. Das ist die Ebene, auf der eine direkte Interaktion (Gespräch, Dialog, Gedankenaustausch, Feedback, Deutungen etc.) zwischen Berater und Klient stattfindet.

- Auf der Werkzeugebene beeinflussen wir Kultur unter anderem gern mit einer »positiven Konnotation« (Königswieser/Hillebrand, 2013, S. 89). Muster, die dem Kunden dysfunktional erscheinen, werden vom Berater als funktional betrachtet. So könnte eine lange Entscheidungsdauer als positiv gesehen werden, weil somit alles gründlich abgewogen werden kann und alle ins Boot geholt werden könnten. Die positive Konnotation mobilisiert beim Kunden die Bereitschaft, die eigenen Ressourcen für die Veränderung zu nutzen, anstatt alles in Bausch und Bogen zu verdammen.

- Reframing (Königswieser/Hillebrand, 2013, S. 90) ist der Bruder der positiven Konnotation, wobei hier nicht die Suche nach dem »Guten im Schlechten« im Vordergrund steht, sondern der Kontext einer Handlung oder eines Kulturaspekts neu definiert wird. So könnte man die Gruppe der »Verweigerer«, die nicht mitmachen wollen, auch als Gruppe »der Hüter der tradierten Schätze« sehen, die nicht gegen die Veränderung sind, sondern nur sicherstellen wollen, dass die Stärken der Vergangenheit auch in Zukunft genutzt werden.
- Das Reflecting-Team (Königswieser/Hillebrand, 2013, S. 89) ist eine flexible Form der Rückspiegelung von Gedanken und Hypothesen aus dem Beraterstaff in das Klientensystem, wobei die Berater sich in Anwesenheit des Kunden über die Beobachtungen im Kundensystem austauschen. Danach wird der Kunde eingeladen, auf das Gehörte zu reagieren und seine eigenen Gedanken dazu zu äußern.
- Das Ansprechen von Mustern an Ort und Stelle macht sich durchaus Aspekte der oben angeführten Werkzeuge zunutze. Hier geht es uns aber vor allem um das inhaltliche Sichtbarmachen der Muster, sodass der Kunde verstehen kann, was er da eigentlich – meist unbewusst – Gutes oder weniger Gutes treibt, spricht, entscheidet, verheimlicht etc. Dieses Werkzeug wollen wir aufgrund seiner besonderen Bedeutung später noch näher beschreiben.
- Analoge Interventionswerkzeuge (Königswieser/Hillebrand, 2013, S. 97) sind Instrumente, mit denen man die tiefere emotionale – die unbewusste – Ebene ansprechen und somit die latente Seite der Unternehmenskultur zugänglich machen kann. Diese Werkzeugkategorie umfasst vielfältige künstlerische Interventionen: das Gestalten eines Bildes oder Videos, wie das Unternehmen in Zukunft sein sollte, das Erzählen von Geschichten über Erfolgserlebnisse, Sketche, die die Ist- und Soll-Kultur des Unternehmens einander gegenüberstellen, und vieles mehr.

Auf der *Ebene des Designs* bewegen wir uns, wenn wir innerhalb eines Gesprächs oder eines Workshops einen bestimmten Agendapunkt bearbeiten oder eine Vorgehensweise, die sich über wenige Minuten oder auch über Stunden erstrecken kann, planen bzw. umsetzen.

- Im Auftragsklärungsgespräch betrachten wir ganz genau, welche Veränderungsnotwendigkeit vom Auftraggeber gesehen wird und welches Veränderungsbewusstsein bzw. welche Veränderungsbereitschaft im System bereits vorhanden ist. Zu diesem Zweck kann z.B. gemeinsam mit dem Auftraggeber eine Change-Landkarte erstellt werden (Heitger/Jarmai, 2008).
- In jedem Workshop – sei es in einer Arbeitsgruppe oder in der Steuergruppe etc. – bauen wir Feedback- und Reflexionsschleifen ein. Das kann mithilfe

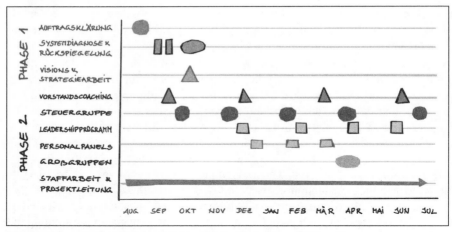

Abb. 4: Auszug aus einer Projektarchitektur (Quelle: Königswieser & Network)

ganz unterschiedlicher Designs geschehen (vgl. u. a. Königswieser/Hillebrand, 2013, S. 73 ff.; Königswieser/Exner, 2008, S. 149 ff.).

- Auch Kulturwandel steht und fällt mit Galionsfiguren und grauen Eminenzen. Daher darf eine Machtanalyse (Königswieser/Hillebrand, 2013, S. 75ff.), die darüber Auskunft gibt, welcher Person welche Macht zugeschrieben wird und welche Koalitionen im Hintergrund des Projekts wirken, nicht fehlen.

Auf der *Ebene der Veränderungsarchitektur* führen wir Feedbackprozesse anhand des Einsatzes ineinandergreifender Architekturelemente ein. Unter Architektur verstehen wir die Summe aller geplanten und im Rahmen des Veränderungsprozesses durchgeführten Aktivitäten in Form von Workshops, Treffen, Gesprächen, Auswahlverfahren, Konferenzen etc. Dabei kann es sich um Maßnahmen handeln, die nur einmal oder aber auch wiederholte Male durchgeführt werden und sich über einen Zeitraum von mehreren Monaten erstrecken können.

Um Unternehmenskultur zu verändern setzen wir u. a. folgende Architekturelemente ein:

- Visionsarbeit schärft das Verständnis der Organisation dafür, wohin die Reise gehen soll, welches die Chancen und Herausforderungen dabei sind und wie die Unternehmenskultur dazu beitragen kann, das Zukunftsbild zu erreichen (vgl. u. a. Königswieser, 2008b). Bei der Erarbeitung der Strategie wird nochmals deutlich, wo die aktuelle Kultur förderliche bzw. hinderliche Aspekte in sich trägt. Umgekehrt wird die Kultur auch die Entscheidung, welche Strategie gewählt wird, maßgeblich mit beeinflussen.
- Die Systemdiagnose ist für uns deshalb von so zentraler Bedeutung, weil wir die Organisation erst dann hilfreich begleiten können, wenn wir die Dynamik und das Verhalten der Mitglieder ausreichend verstehen. Sie liefert uns wich-

tige Informationen, und wir lernen das System (und das System lernt uns) besser kennen. Schließlich ist die Systemdiagnose eine sehr mächtige Intervention, wenn sie gut ins System zurückgespiegelt wird und somit eine erste Selbsterkenntnis auf Seiten des Kunden stattfinden kann. Wir werden daher auf dieses Architekturelement noch näher eingehen.

- Ein wichtiges Element, das Räume für die Reflexion über das eigene Tun und die eigene Rolle im Veränderungsprozess öffnet, ist das Coaching des Topmanagements – sowohl in der Gruppe als auch individuell (Königswieser/Hillebrand, 2013, S. 63).

- Um Führungskräfte und weitere Schlüsselpersonen des Unternehmens einzubeziehen, nutzen wir speziell im Hinblick auf die Veränderungssituation maßgeschneiderte Leadershipprogramme. In diesen werden jene Themen bearbeiten, die für die Veränderung der Kulturaspekte eine besondere Rolle spielen.

- Aufgrund einer gut mit den neuen Kulturanforderungen abgestimmten Entwicklung der Mitarbeiter oder mithilfe von Personalplatzierung und -auswahl stellen wir sicher, dass z. B. bei einer Restrukturierung im Sinne einer neuen Kultur die Stellen nicht aufgrund bilateraler »Freunderlwirtschaft«, sondern von Entscheidungsgremien besetzt werden, die nach festgelegten Kriterien eine bestmögliche Lösung für die zukünftige Organisation herbeiführen (Königswieser, 2008a; Königswieser/Network GmbH, 2013; Mussel/Schmidtborn, 2011). Immer wieder wird behauptet, nur wenn die handelnden Personen ausgetauscht würden, könne sich die Kultur wirklich ändern. Das möchten wir differenzierter betrachten. Selbst wenn die gesamte Mannschaft ausgetauscht wird, leben Geschichten im neuen Team weiter und überleben die Personen. Ein schönes Beispiel dafür finden wir in der Fußballwelt: Ein Angstgegner bleibt über Generationen als solcher bestehen, auch wenn keiner der Spieler jemals mit ihm direkt in Kontakt gekommen ist. Wir lernten auch Unternehmen kennen, in denen nach einer Übernahme das gesamte Managementteam innerhalb eines Jahres neu besetzt wurde, was natürlich eine starke Auswirkung auf die Gesamtkultur hatte, dass nämlich der Rest der Organisationsmitglieder komplett abgehängt wurde und ein grandioses Feindbild in den oberen Reihen entstehen konnte. Daher empfehlen wir, die Menschen so weit wie möglich mitzunehmen. Auch wenn eine Persönlichkeitsänderung nicht machbar ist, so hat doch jeder von uns ein Repertoire an Verhaltensweisen, die je nach Kontext – z. B. in der Arbeit, unter Freunden, im Verein – zum Einsatz kommen. Entwicklung bedeutet für uns, potenzielle Verhaltensweisen zu fordern und zu fördern. Einen Austausch von Personen sehen wir punktuell als sinnvoll an, wenn wiederholt ein Verhalten an den Tag gelegt wird, das den Werten der Organisation widerspricht und negative Auswirkungen auf die Kollegen hat. Auch darin manifestiert sich Kultur: eine Personalmaßnahme zu setzen, die schon längst fällig war, an der sich aber bis dahin niemand die Finger verbrennen wollte.

- Großgruppenveranstaltungen sind größere Events, bei denen mit Mitarbeitern und Führungskräften kulturrelevante Themen parallel, zeitnah und mit der Kraft des Kollektivs bearbeitet werden (Königswieser/Keil, 2000). Wenn der Vorstandsvorsitzende zum ersten Mal vor der Mitarbeiterschaft offen über die Herausforderungen der Zukunft spricht, ohne Schönfärberei zu betreiben, ist dies ein wichtiges Signal in die Organisation.

Zwei unserer bewährtesten Tools zur Veränderung von Unternehmenskultur, die ebenfalls auf dem Basismodell der systemisch-komplementären Schleife beruhen, wollen wir, wie schon angekündigt, im Folgenden näher ausführen: das Architekturelement »*Systemdiagnose*« und das Werkzeug »*Ansprechen von Mustern an Ort und Stelle*«.

3.4 Was kann die (kulturelle) Systemdiagnose leisten? – Was passiert, wenn man die Rechnung ohne den Wirt macht?

Da Kulturveränderung nicht als Selbstzweck geschehen sollte, sondern entlang der inhaltlichen Ziele des Veränderungsprojekts, ist die komplementäre Systemdiagnose auch mehr als lediglich eine Analyse der Unternehmenskultur. Sie liefert ein Charakterbild der Organisation und des für sie charakteristischen Zusammenspiels zwischen Vision, Strategie, Struktur, Kultur und Ökonomie. Sie schlägt eine Brücke zwischen Konzept und Umsetzung, indem sie u. a. aufzeigt, welche Aspekte der Unternehmenskultur erfolgskritisch für das Gelingen der Veränderung sind. Darüber hinaus werden im Zuge der für die Diagnose durchgeführten Interviews und der interaktiven Ergebnisrückspiegelung Schlüsselpersonen und Mitarbeiter des Unternehmens über die Veränderung informiert, für die Veränderungsnotwendigkeit sensibilisiert und dazu motiviert, die Umsetzung aktiv mitzugestalten. Einmal erstellt, ist die komplementäre Systemdiagnose der Kompass und der wichtige erste Energieimpuls für die weitere Veränderungsreise (Schmidtborn/Königswieser, 2012).

Die Unternehmenskultur erheben wir vorwiegend in Einzel- und Gruppeninterviews, in denen Führungskräfte und Mitarbeiter, die verschiedene Funktionen und Aufgabengebiete repräsentieren, befragt werden. Idealerweise sollten Mitglieder aller relevanten Gruppen der Organisation sowie ggf. Vertreter relevanter Umwelten (Kunden, Lieferanten etc.) zu den Interviews eingeladen werden. Damit im Zuge der Interviews auch bisher nicht wahrgenommene oder nur latent vorhandene Themenstellungen und Strömungen aufkommen können, strukturieren wir die Gespräche nur durch einige wenige Leitfragen vor. Unser Wunsch ist es, dass auf diese Weise eine intensive gemeinsame Diskussion angeregt wird, in der die Art der Kommunikation in der Gruppe beobachtbar wird. Ihre Interpretation liefert wichtiges »Material« für die Diagnose der internalisierten Muster des Denkens und Handelns. Zudem fragen wir in jedem Interview nach Bildern zur Ist-Situation des Unternehmens, um auch auf einem analogen Weg Zugang zu den latenten Ebenen der Unternehmenskultur zu erhalten. Die Erfassung der Interviews erfolgt entweder über Tonbandaufzeichnungen mit anschließender Transkription oder über das Mitschreiben von wörtlichen (anonymen) Zitaten.

Im Zuge der Auswertung fließen im komplementären Beraterstaff alle erhobenen Informationen (Interviews, Zahlen, Daten und Fakten, aber auch weitere Eindrücke und erste Hypothesen zum Unternehmen, seinen Symbolen und Artefakten) zusammen und werden im Hinblick auf die wesentlichen Fragestellungen zur Erreichung der Projektziele interpretiert. Bei diesem Auswertungstreffen erfolgt auch die gemeinsame Analyse der Interviews. Dabei interpretieren wir sowohl die Gesprächsinhalte – die Themen – als auch die Gesprächsstrukturen und die benutzten Formulierungen. Es wird auch das, was zwischen den Zeilen ausgedrückt wird, was gemeint und nicht gesagt wird, in die Tiefenanalyse aufgenommen.

Eine hilfreiche Methode, um an diese tiefenanalytischen Strukturen, die ja ein Kern der Unternehmenskultur sind, zu gelangen, ist die Feinstrukturanalyse (Froschauer/Lueger, 2003, S.110ff.). Unsere Interpretationen fließen – je nach Auftrag – in Hypothesen zu Themenbereichen wie »Erfolgsfaktoren und Stärken«, »Herausforderungen und Chancen«, »Führung«, »Kommunikation« oder »Markt und Unternehmensumfeld« zusammen. Auch in der Auswertung schlagen wir zusätzlich den analogen Weg ein, indem wir uns Bilder oder eine Metapher für das Unternehmen überlegen – wie es derzeit ist, wie es in Zukunft sein könnte, wie die Veränderung laufen könnte. Nachdem wir so unseren Eindruck bezüglich der vorherrschenden Unternehmenskultur und ihrer Wechselwirkung mit anderen Dimensionen geschärft haben, vertiefen wir diesen durch die Erstellung der π-Tabelle. Das ist eine Tabelle, in der wir Erfolgsfaktoren, Handlungsoptionen und Hebel im Veränderungsprozess aufzeigen. Sie beschreibt, wie sich Strategie, Struktur und Kultur im Verlauf des Projekts verändern müssen, damit die Umsetzung gelingen kann.

Die Rückspiegelung der Ergebnisse dient nicht nur der Validierung unserer Diagnoseergebnisse, indem wir von den Teilnehmern Feedback zu unseren Interpretationen einholen, sie ist aufgrund ihres interaktiven Formats auch der Startschuss für die notwendigen (kulturellen) Veränderungen im Unternehmen. Sie ermöglicht den ersten gemeinsamen Dialog zur aktuellen Situation und den anstehenden Maßnahmen. Anhand des gemeinsamen Erlebens der Ergebnispräsentation und der anschließenden Diskussionen ermöglicht sie die Entwicklung eines gemeinsamen Zielbilds für das Unternehmen, welches die Mitarbeiter aktiviert, an dessen Umsetzung mitzuwirken.

Heute	Umsetzungsphase	Morgen
Topmanagement-Involvement mittel	Topmanagement-Involvement sehr hoch	Topmanagement-Involvement hoch
Angstkultur und Fehlervermeidung auf technischer und sozialer Ebene	Lernen, zwischen technischer und sozialer Ebene zu differenzieren und mit Fehlern umzugehen	Technische Ebene: »100 % Qualität und Misstrauen der Sache gegenüber« Soziale Ebene: Vertrauen gegenüber der Person
Hierarchisches Denken	Funktionales Denken, funktionale Prozesse und Verantwortlichkeiten	Vernetztes Denken, vernetzte Prozesse und Verantwortlichkeiten
Direktive Führung	Partizipative Führung	Delegation/Zielorientierung/ Controlling

Abb. 5: Auszug aus einer π-Tabelle (Quelle: Königswieser & Network)

3.5   Wie können Muster an Ort und Stelle angesprochen werden?

Wenn wir Personen oder Teams während des Projekts in Gesprächen oder Workshops begleiten, arbeiten wir immer abwechselnd auf drei Ebenen: am Inhalt (am Thema selbst, worum es gerade geht), an der zugrunde liegenden Struktur bzw. den Rollen (Welche Implikation hat das Thema auf die jeweilige Rolle bzw. auf die Struktur?) und an der Beziehungsebene (Wie läuft die Zusammenarbeit hier und generell zu diesem Thema? Was ist unterhalb der Wasseroberfläche – bezogen auf das Eisbergmodell – gerade spürbar?). Werden typische Kulturmuster sichtbar, so sprechen wir diese an Ort und Stelle, zeitnah und unmissverständlich an. Droht z. B. eine getroffene Entscheidung durch das Steering Committee revidiert zu werden, was große Irritationen bei der Belegschaft auslösen würde, weil wieder einem Konflikt zwischen zwei Personen aus dem Führungskreis ausgewichen wird, spiegeln wir unsere Beobachtungen und Hypothesen dazu an die betroffene Gruppe zurück. Dysfunktionale Muster können wie in diesem Beispiel Entscheidungsprozesse und Konfliktbearbeitungsprozesse betreffen, sich aber auch auf Informationsverarbeitungsprozesse, Problemlösungsprozesse, Lernprozesse oder Veränderungsprozesse beziehen.

4. Bedeutung von Unternehmenskultur heute und in Zukunft

Was ich mich nie zu fragen traute:
- Wie hoch sind die Chancen, in Zukunft endlich eine kulturfreie Zone in Unternehmen zu haben?
- Haben außerirdische Organisationen auch eine Kultur?
- Auf welche Kultur von morgen muss ich mich schon heute einstellen?

Als Ausblick wollen wir uns noch mit der Frage beschäftigen, in welche Richtung sich Unternehmenskulturen in Zukunft in verstärktem Maß entwickeln werden. Im Zuge der Veränderung der Gesellschaft und der Märkte – dem wichtigsten Kontext von Organisationen – verändern sich auch die Anforderungen an die Unternehmen und somit ihre Kulturen. Sie müssen darauf adäquat reagieren und gute Lösungen liefern, wollen sie weiterhin erfolgreich bleiben.

Die Anforderungen gehen in allen Branchen mehr oder weniger schnell in eine Richtung: verstärktes Eingehen auf Kundenbedürfnisse, Erhöhung der Flexibilität und Respons-Zeiten, Zunahme von wertschöpfendem Wissen bis in die operativen Ebenen, Vernetzung von Wissen und Problemlösungskompetenz in der Organisation und über deren Grenzen hinaus, Wertewandel hinsichtlich Qualität der Leistungen und Produkte, aber auch der Zusammenarbeit, Zunahme eines leistungsorientierten und gemeinschaftlichen Verhaltens. Auch die Reife von Märkten und Mitarbeitern prägt zunehmend die Art der Arbeit. Diese Faktoren haben sowohl auf die Strategie als auch auf die Strukturen (Aufbau und Ablauforganisation) und insbesondere auf die Kultur (wie die jeweiligen Strukturen gelebt werden) Einfluss. In Anlehnung an die fünf von Likert (1976) beschriebenen Organisations- und damit einhergehenden Führungssysteme möchten wir unsere Thesen näher beschreiben.

Es können fünf Stufen von Organisationsformen unterschieden werden, die sich teilweise überschneiden.
- *Stufe 1:* stark ausgeprägte hierarchische Organisationen,
- *Stufe 2:* mittelstark ausgeprägte hierarchische Organisationen mit ersten Ansätzen einer Prozessorganisation,
- *Stufe 3:* funktionale Organisation mit funktionsübergreifenden Arbeitsgruppen und stärker ausgeprägter Prozessorganisation,
- *Stufe 4:* Organisationen mit starken funktionsübergreifenden Arbeitsgruppen und starker Prozessorganisation,
- *Stufe 5:* höchste Form der Selbstorganisation und -verantwortung mit stark ausgeprägtem übergreifendem Denken und Handeln, mit wenig Hierarchie und starker Orientierung am Kunden und am Prozess. Sie bedient sich nur der Grundformen von starren Organisationsformen und kann sehr flexibel zwischen übergreifenden Formen der Zusammenarbeit und Koordination wechseln.

Je mehr sich Organisationen in Richtung Stufe 5 bewegen, nehmen unter anderem Kulturmerkmale wie Vertrauen und Offenheit im gegenseitigen Austausch, aktive Beteiligung, kooperative Teamarbeit, Entscheidungen und die Steuerung von Zielen auf allen Ebenen, Delegation und Übernahme von Verantwortung auf operativer Ebene zu.

Man könnte auch sagen, dass das, was bisher oft für Führungskräfte galt, zunehmend auch für Mitarbeiter zutrifft und die Aufgabe der Führung von morgen eher darin liegen wird, Räume zu schaffen (Kontextsteuerung), in denen sich die Mitarbeiter und Teams voll entfalten können und zu Höchstleistungen fähig werden.

Insgesamt wird die Kultur von Unternehmen also auch in Zukunft eines sein: subtil aber sehr wirksam.

Literatur

Baum, S. (2009). Einfluss von Unternehmenskultur auf Performance: Aktueller Stand der Forschung und Implikationen für die Unternehmenspraxis. Norderstedt

Dill, P./Hügler, G. (1987). Unternehmenskultur und Führung betriebswirtschaftlicher Organisationen – Ansatzpunkte für ein kulturbewusstes Management. In: E. Heinen (Hrsg.), Unternehmenskultur. München, S. 141–209.

Froschauer, U./Lueger M. (2003). Das qualitative Interview: Zur Praxis interpretativer Analyse sozialer Systeme. Stuttgart.

Gabler Verlag (Herausgeber). Gabler Wirtschaftslexikon, Stichwort: Unternehmenskultur, online im Internet: http://wirtschaftslexikon.gabler.de/Archiv/55073/unternehmenskultur-v5.html

Heitger, B./Jarmai, H. (2008). Change-Landkarte. In: R. Königswieser/Exner, A. (Hrsg.), Systemische Interventionen, Architekturen und Designs für Berater und Veränderungsmanager. 9. Aufl., Stuttgart, S. 250–251.

Hüther, G. (2010). Lounge-Gespräch Hirnforschung. Lufthansa Exclusive, 7, S. 40–44.

Königswieser & Network GmbH (2013). Entwicklungskonferenzen als Format zur Talentfindung. e-journal, 1, 4.

Königswieser, R. (2008a). Das Führungskräfteprofil. In: R. Königswieser/Exner, A. (Hrsg.), Systemische Interventionen, Architekturen und Designs für Berater und Veränderungsmanager. 9. Aufl., Stuttgart, S. 194–195.

Königswieser, R. (2008b). Die Visionstreppe. In: R. Königswieser/A. Exner (Hrsg.), Systemische Interventionen, Architekturen und Designs für Berater und Veränderungsmanager. 9. Aufl., Stuttgart, S. 210–211.

Königswieser, R./Cichy, U./Doujak, A. (2001). »Dornröschen«: SIM – Systemischs IntegrationsManagement – ein ganzheitliches Modell der Unternehmensentwicklung. In: R. Königswieser/Cichy, U./Jochum, G. (Hrsg.), SIMsalabim – Veränderung ist keine Zauberei. Systemisches IntegrationsManagement. Stuttgart, S. 47–64.

Königswieser, R./Hillebrand, M. (2013). Einführung in die systemische Organisationsberatung. 7. Aufl., Heidelberg.

Königswieser, R./Keil, M. (2000). Das Feuer großer Gruppen: Konzepte, Designs, Praxisbeispiele für Großveranstaltungen. Stuttgart.

Königswieser, R./Sonuç, E./Gebhardt, J. (2008) (Hrsg.). Komplementärberatung – Das Zusammenspiel von Fach- und Prozeß-Know-how. Stuttgart.

Lang, E. (2012). Interne und externe Projektleitung, In: Königswieser, U./Burmeister, L./

Keil, M. (Hrsg), Komplementärberatung in der Praxis: Schnelle Optimierung bei nachhaltiger Entwicklung. Stuttgart, S. 120–132.

Likert, R./Likert, J.G. (1976). New ways of managing conflict. New York, NY: McGraw-Hill.

Mussel, P./Schmidtborn, A.B. (2011). Personalauswahl in Veränderungsprojekten. In: wirtschaft + weiterbildung, 10, S. 30–33.

Preier, E.M./Schmidtborn, A.B. (2012). Komplementäre Staffarbeit, In: Königswieser, U./Burmeister, L./Keil, M. (Hrsg), Komplementärberatung in der Praxis: Schnelle Optimierung bei nachhaltiger Entwicklung. Stuttgart, S. 110–119.

Sackmann, Sonja A. (1990). Möglichkeiten der Gestaltung von Unternehmenskultur. In: Lattmann, C. (Hrsg.), Die Unternehmenskultur: Ihre Grundlagen und ihre Bedeutung für die Führung der Unternehmung. Heidelberg, S.151–188.

Schein, E.H. (1995). Unternehmenskultur: Ein Handbuch für Führungskräfte. Frankfurt a.M.

Schmidtborn, A.B./Königswieser, U. (2012). Komplementäre Systemdiagnose, In: Königswieser, U./Burmeister, L./Keil, M. (Hrsg), Komplementärberatung in der Praxis: Schnelle Optimierung bei nachhaltiger Entwicklung. Stuttgart, S. 16–29.

Wilms, R.J. (2003). Harte Fakten zu »weichen Faktoren«. In: Jost, H.R. (Hrsg), Unternehmenskultur: Wie weiche Faktoren zu harten Fakten werden. Zürich, S. 149–173.

Kommunikation als konzertierter Dialog-prozess

Sabine Grözinger/Martin Zahner

1. Einführung – Kommunikation in Alltagsszenarien

Morgens um 10.00 Uhr, irgendwo im deutschsprachigen Europa
Szenario 1
Der Mitarbeiter der Stadtwerke staunte nicht schlecht, als der Informationsdienst der Stadt-verwaltung anrief und ihm mitteilte, dass auf einer Hauptverkehrsachse eine tragende Wasser-leitung geborsten sei. Das Überwachungssystem der Stadtwerke funktionierte doch immer gut und zeitnah – wie konnte es also sein, dass die Kommunikationsabteilung vor ihnen, den Fa-chexperten, von diesem außerordentlichen Ereignis erfahren hatte? Der neu eingerichtete Twit-terdienst hatte es ermöglicht. Anwohner und Verkehrsteilnehmer hatten den Vorfall umge-hend gemeldet.

Szenario 2
Der ganze Aufwand hatte sich gelohnt – und dies obwohl das mittelständische Unternehmen zuerst gar nichts von dem Hype auf der Facebook-Seite des von ihm belieferten Großverteilers mitbekommen hatte: Heute werden die letztmals vor 15 Jahren verkauften »Golden Brezels« wieder in den Auslagen geführt. Eine ad hoc gebildete, rasant wachsende Gruppe hatte über

soziale Medien die Wiedereinführung der einstigen Kultmarke gefordert. Ergänzende Marktabklärungen und ein mutiger Entscheid machten das Revival schließlich möglich.

Szenario 3

Dem Bankmanager war es unangenehm: Jetzt hatte ihn das Boulevardblatt in den Fokus genommen, und der Helikopterflug von letzter Woche prangte auf dem Titel. Letzten Monat hatten sie mehr Informationen zu seinem Gehalt gefordert und gar seine familiären Verhältnisse thematisiert. Mit Wehmut dachte er an die Zeiten zurück, als Unternehmen und deren Chefs noch nicht zum Maßstab der Moral der Gesellschaft gemacht worden waren.

Szenario 4

Kostendruck, neue Finanzierungsmodelle, freier Wettbewerb – die Marktwirtschaft war unmissverständlich auch bei den kleinen Landspitälern angekommen. Einschnitte in das bisherige Leistungsangebot standen an. Doch wie das der Belegschaft beibringen? Wie Akzeptanz für anstehende Veränderungen schaffen? Die Verantwortlichen wussten, jetzt brauchte es neue Rezepte im Umgang mit einem äußerst heterogenen Umfeld, geprägt von einer Vielzahl von Dialoggruppen mit unterschiedlichen Interessen und Perspektiven.

1.1 Herausforderung Kommunikation

Globale Mobilität und Vernetzung, atemberaubendes Tempo und Echtzeit-Kommunikation, die Forderung nach immer mehr Transparenz, der gläsernen Organisation sozusagen, begleitet und beschleunigt von der wachsenden Demokratisierung in der Kommunikation – all das bildet den aktuellen Meinungsmarkt. Wachsende Komplexität und Überforderung sind heute unsere primären Assoziationen zum Thema Kommunikation.

Eines der entscheidenden neuen Phänomene ist hierbei der wachsende Partizipationsgedanke. Dieser wird beschleunigt oder vielleicht auch verursacht durch die Globalisierung der Kommunikation über die sozialen Netzwerke und lässt eine Echtzeit-Wissensgesellschaft entstehen, die kooperierend ihr Knowhow rollend vergrößert. Und dies alles geschieht nach eigenen Regeln und Gesetzen, wobei die wichtigste Maxime Authentizität lautet.

Eine Folge davon ist das Gefühl, dass wir die Kontrolle bezüglich der Kommunikation von Abläufen und Inhalten einbüßen. Wir alle sind aufgefordert, möglichst schnell und einfach beurteilen zu können, was für uns heute Relevanz hat. Es kommt also darauf an, Komplexität zu reduzieren und gleichzeitig wachsam zu sein, um nichts zu verpassen. Organisationen, ja sogar Privatpersonen, müssen sich anstrengen, damit sie an diesem Kommunikationsprozess überhaupt noch teilnehmen können und damit nicht nur über sie, sondern auch mit ihnen kommuniziert wird. Die Demokratisierung der Kommunikation – jeder kann eine Meinung zu irgendwelchen Themen haben und diese auch einem großen Publikum kundtun – führt natürlich auch zu einer Erwartungshaltung dieser Dialoggruppen. Es besteht zunehmend der Wunsch, partizipativ in Entscheidungs- und Entwicklungsprozesse eingebunden zu werden. Das bedeutet eine dialogische Grundhaltung, und diese – immer möglichst authentisch – wird auch von Unternehmen und Organisationen erwartet. Diese scheinen mit diesen Ansprüchen aber oft überfordert, da ihr Organisationssystem noch überwiegend auf Hierarchie, Kontrolle und linearen Abläufen basiert. Die Anschlussfähigkeit an das heutige Kommunikationsverhalten herzustellen, ist daher der Kern der Bemühungen vieler Organisationen: Auch wenn der Kontrollverlust nun prinzipiell akzeptiert wird, werden kommunikative Spielregeln definiert, was nach unserer Erfahrung durchaus sinnvoll ist und wieder ein Stück Orientierung im internen System schafft. Es zeigt sich, dass Unternehmen, die Kommunikation im Sinne von Relevanz, Kontinuität und Authentizität betreiben, große Chancen haben und von der Resonanz ihrer Ansprechgruppen nicht nur in Bezug auf Reputation, sondern auch in ökonomischer Hinsicht profitieren können.

In einer Welt, in der »Change« zu einem Mantra geworden ist, wächst die Sehnsucht nach Konstanz und Einfachheit. Traditionelle Werte wie Anstand und Vertrauen erleben nach dem Verlust des Vertrauens in die Wirtschafts- und Politiksysteme ihr Revival und sind Schlüsselwörter, wenn es heute um erfolgreiche Kommunikation geht. Diese muss vor allem, Haltung vermitteln, also nicht nur das, was eine Organisation macht, sondern vor allem, wie sie es macht. Die Kommunikation wird somit zum bestimmenden Faktor der Reputation, die den immateriellen Wert einer Organisation maßgeblich ausmacht.

1.2　Die Bedeutung der Kommunikation im Beratungsprozess

Eines vorneweg: Kommunikation hat im Beratungsprozess vor allem die Aufgabe, Entscheidungen in Bezug auf die Steuerung, die Kultur, die Inhalte und die Träger der Kommunikation aktiv herbeizuführen und sie nicht einfach so geschehen zu lassen bzw. zu delegieren. Kommunikation schafft Orientierung und ist darum Chefsache – sie ist das Momentum, wo sich Leadership (er)leben lässt. Sie ist sozusagen das Blut der Organisation.

Die bisherige lineare, planbare Kommunikation nach innen und außen wird abgelöst durch einen stetigen Dialogprozess, der situativ gemanagt werden muss. Dialog bedeutet eben nicht Information im Sinne von Einwegkommunikation, sondern meint im ursprünglichen Wortsinn die Unterredung zwischen zwei oder mehreren Gesprächsteilnehmern und setzt, um positive Effekte zu erzielen, ein tiefes Verständnis hinsichtlich der unternehmenseigenen Werte wie auch hohe soziale und fachliche Kompetenz voraus. Das methodische Vorgehen in der systemischen Schleife von Reflexion und Intervention ist hier das einzige probate Mittel.

Aus unserer Sicht betrifft Kommunikation in Beratungsprozessen nicht länger nur die taktische Planung von Ereignissen und Instrumenten, die schlussendlich alle dem Ziel untergeordnet sind, das Informationsbedürfnis einer Organisation im betreffenden Prozess oder Projekt zu stillen. Kommunikation ist heute vielmehr ein entscheidender Strategiefaktor, der für Erfolg oder Misserfolg eines Projekts, eines Managementprozesses und schlussendlich für die Reputation des gesamten Unternehmens ganz entscheidend mitverantwortlich ist.

Kommunikation muss heute zuallererst als Phänomen einer bestimmten Haltung – nämlich einer dialogischen Grundeinstellung – verstanden werden. Diese setzt voraus, dass die für die Steuerung verantwortlichen Menschen nicht nur auf das Senden, sondern auch auf das Empfangen von Informationen, also das wechselseitige Übermitteln von Haltungen und Gefühlen, ausgerichtet und zudem entsprechend anschlussfähig sind, um diese auch nachhaltig verarbeiten zu können. »Nachhaltig« bedeutet in diesem Fall, dass Prozesse und Inhalte grundsätzlich nochmals überprüft und situativ adaptiert werden müssen, um ein besseres Resultat zu erzielen.

Kommunikation in unserem Sinne erfordert von allen Beteiligten ein gewisses Grundwissen hinsichtlich der Instrumente und Tools, die nötig sind, den Dialog mit den Ansprechpartnern in Gang zu bringen und in Gang zu halten. Dies können einerseits klassische Instrumente der Unternehmenskommunikation sein, die vor allem Informationen transportieren. Dies müssen aber auch dialogische Instrumente und Plattformen sein, die eine Metakommunikation ermöglichen, die das »Wie« im Unternehmen – dessen DNA sozusagen – erlebbar machen. Ob dies Designs und Werkzeuge aus der modernen Organisationsberatung sind oder digitale Tools – der Zweck heiligt die Mittel.

1.3 Ausgewählte Basismodelle für die Beratungsarbeit

In der Systemik bauen wir auf dem theoretischen Modell des Konstruktivismus auf, der davon ausgeht, dass sich jedes Individuum seine eigene Realität konstruiert und somit keine Objektivität besteht. Die Kommunikation dient dazu, diese Realitäten miteinander in Verbindung zu bringen, um gemeinsam etwas bewirken zu können. Die Herausforderung in der Beratung besteht deshalb darin, unterschiedliche Perspektiven – wir nennen das das Mehrbrillen-Prinzip – zwingend im methodischen und konzeptionellen Aufbau der Kommunikationsarchitektur, sei dies in der Gestaltung von Workshops oder im Einrichten von Dialogplattformen und anderen Feedback-Strukturen, anzuwenden. Die *fünf Dimensionen* der systemischen Intervention (sachlich, sozial, zeitlich, räumlich und symbolisch), die auf den drei Interventionsebenen *Architektur*, *Design* und *Werkzeug* immer präsent sein sollten, sind auch Leitpunkte für die Gestaltung der Kommunikation.

Königswieser und Exner (2008, S. 17) definieren systemische Intervention im Rahmen des Beratungsprozesses mit Bezug auf Wilke als »zielgerichtete Kommunikation (d. h. eine bestimmte Wirkung beim Kommunikationspartner wird in das Kalkül der Kommunikation einbezogen) zwischen psychischen und/oder sozialen Systemen, in der die Autonomie des intervenierten Systems respektiert wird. Systemische Intervention könnte eine zielgerichtete Kommunikation genannt werden, in der man sich der prekären Ausgangslage des Versuchs der wirkungsvollen Beeinflussung eines autonomen sozialen Systems bewusst ist« (Königswieser/Exner 2008, S. 17, vgl. auch Wilke 1987, S. 33).

Darüber hinaus, gehen wir davon aus, dass jede Art der Kommunikation immer einen Sach-, einen Beziehungs- und auch einen Strukturaspekt umfasst. Über Kommunikation wird immer auch die Beziehung zum jeweiligen Gegenüber definiert, das heißt, Inhalts- und Beziehungsebene beeinflussen einander wechselweise. Während die Sachebene Betreffendes eher leicht zu steuern und an der Oberfläche zu sehen ist (Eisbergmodell), befindet sich auf der Beziehungsebene Angesiedeltes unter der Oberfläche und kann nur schwer beeinflusst werden. Die Strukturebene schließlich bildet den Raum, in dem die Kommunikation stattfindet.

Auch das Modell der »vier Seiten einer Nachricht« von Friedemann Schulz von Thun ziehen wir gern heran, um Missverständnisse und Konflikte aufzudecken. Dieses Modell geht davon aus, dass eine Nachricht immer mit vier Ohren gehört wird. Der Empfänger versucht dabei bewusst oder unbewusst, die Botschaften zu entschlüsseln, hört und interpretiert eine Nachricht also mit vier Ohren.

1. Selbstoffenbarungsohr: Was ist das für einer? Was ist mit ihm?
2. Beziehungsohr: Wie redet der eigentlich mit mir? Wen glaubt er, vor sich zu haben?
3. Sachverhaltsohr: Wie ist der Sachverhalt zu verstehen?
4. Appellohr: Was soll ich aufgrund seiner Mitteilung tun, denken, fühlen?

Mit »welchem Ohr« wir etwas hören, danach beurteilen, entscheiden o. ä., hängt von der Situation ab, von unseren Vorerfahrungen, von möglichen Vorurteilen, von unserem Selbstbild und dem Bild, das wir uns vom Übermittler eines Sachverhalts machen, sowie von korrelierten – also normalerweise mitschwingenden – Botschaften. Zum Beispiel vermittelt uns ein Befehl bzw. Appell, dass sich unser Gesprächspartner in einer höheren Position sieht.

Unserem systemischen Grundverständnis zufolge basiert unsere Arbeit auf der Theorie, dass soziale Systeme ausschließlich aus Kommunikation bestehen. »Alles ist Kommunikation«, lautet die berühmte These des Soziologen Niklas Luhmann. Die Kommunikation innerhalb eines Systems bezieht sich immer auf den Systemzweck und ist somit selbstreferentiell. Eine direkte Kommunikation mit der Systemumwelt kann nach Luhmann nicht stattfinden. Stattdessen kann das System nur anschlussfähige Wahrnehmungen aus der Umwelt verarbeiten. Daraus resultiert, dass man ein System nicht gezielt beeinflussen, sondern lediglich stören kann.

2. Bedeutungswandel in der Kommunikation

Die Digitalisierung unserer Gesellschaft führte zwangsläufig zu einem Paradigmenwechsel in der Mediennutzung: vom Konsumieren von Inhalten zu einem festgelegten Zeitpunkt hin zum Abrufen von Inhalten – unabhängig von Ort und Zeit und mit der wachsenden Möglichkeit, den Inhalt selbst zu beeinflussen. Der Konsument der News entwickelt sich sozusagen zum Newsmacher. In der Welt des World Wide Web werden Große plötzlich klein und Kleine groß. Die sozialen Netzwerke sind Katalysatoren dieser Entwicklung und schaffen neue Vertrauensrealitäten. Heute glaubt so mancher den Empfehlungen von Einzelnen mehr als den um Vertrauen bemühten Bekundungen von Unternehmen, Organisationen und offiziellen Medien. Politiker und Journalisten sind weitere Berufsgruppen, denen mitunter kaum noch Vertrauen entgegengebracht wird.

Der Ruf nach Geschwindigkeit und der Mangel an Platz- und Zeitressourcen erfordern es, Inhalte verkürzt oder visualisiert darzustellen, um sie schneller erfassbar zu machen. Der Vormarsch der visuellen Kommunikation geht entsprechend rasant vonstatten. Auftrittskompetenz und Authentizität werden hierbei zu immer größeren Herausforderungen für alle Repräsentanten von Unternehmen und Organisationen.

Die in der Einleitung beschriebenen Aspekte sowie die Megatrends Digitalisierung, Paradigmenwechsel, Vormarsch der visuellen Kommunikation und die zunehmende Ausbreitung der sozialen Netzwerke führen zu weiteren Bedeutungsverschiebungen innerhalb definierter Kommunikationsformen.

Kommunikationskanäle und -aktivitäten, denen steigende Bedeutung beigemessen wird:

- Regionale Netzwerke: Die regionale Adaption von globalen Konzepten wird zum Erfolgsfaktor. Dies führt umgekehrt zur möglichen Positionierung regionaler Ideen, Personen und Aktionen im globalen Kontext. Regionale Netzwerke stehen aber auch für Heimat, Bekanntes und Familie, was das Modewort »glocal« (global and local) zum Ausdruck bringt.
- Gruppenspezifische Plattformen: Der Rückzug auf die »eigene« Gruppe verlangt nach Diversifikation in den Kommunikationskanälen und Plattformen. Die Wert- und Kernbotschaften wollen im Auftritt auf die jeweilige Gruppe übersetzt und verpackt sein – gezielte und fragmentierte Ansprache ist gefragt.
- Ad-hoc-Themen: Ad-hoc-Gruppierungen zu den unterschiedlichsten Themen tauchen plötzlich auf und verschwinden wieder. Tradierte Gruppenorganisationen wie Parteien und Verbände kämpfen zunehmend um ihre Existenzberechtigung. Die Bindungsbereitschaft nimmt ab.
- Face-to-face-Kommunikation: Werte müssen natürlich vermitteln werden. Menschen wollen Menschen sehen, spüren und hören – direkt und echt.

- Reaktionsgeschwindigkeit: Social Media und die digitalen Medien insgesamt lassen die Notwendigkeit, besonders schnell auf Ereignisse zu reagieren, zunehmen. Das enthebt die Kommunikatoren jedoch nicht der Verpflichtung, die Wahrheit zu sagen.
- Reputations-Management: Die Wirtschaft ist heute Orientierungsgröße für die Moral einer Gesellschaft. Der Einfluss Einzelner und von Pressure-Groups erfordert eine starke soziale Kompetenz. Intakte Sozialreputation basiert dementsprechend auf der Pflege der Beziehung zu den Stakeholdern mit Hilfe neuer Programme (z. B. Corporate Social Responsibility) und auf der Verhinderung von Skandalisierungen.
- Krisenmanagement: Echtzeitinformation, Transparenz, Widersprüche in der Unternehmensstrategie, immer mehr Produktrückrufaktionen, Unternehmensstagnation, Marktanteilsverluste, Führungskrisen, Streiks, Forderungen und Anklagen bringen erhöhte Ansprüche an die Krisenmanager und die Kommunikation mit sich.
- Change-Kommunikation: Firmeneröffnungen und -schließungen, Übernahmen, Verlagerungen, neue Kulturmodelle, Produkteinführungen, Standortmarketing-Offensiven sind Spiegel der generell kürzer werdenden Lebenszyklen von Firmen und Organisationen.
- Issue-Management/Agenda-Setting: Die Themensetzung, das Story-Telling und die richtige Taktik bei der Planung von Aktionen jeglicher Art werden entscheidend wichtig.
- Interne Kommunikation: Das Know-how und die Wertehaltung der Mitarbeiter sind das Kapital des Unternehmens – viel beschworen, doch oft sträflich vernachlässigt. Der beruflich wie privat zunehmend vernetzte Mitarbeiter wird in immer stärkerem Maß zum Träger der Wertbotschaften des Unternehmens (Employer-Branding, Leadership-Branding).
- Networking/Beziehungspflege zu Fachexperten, Meinungsbildnern und wichtigen Multiplikatoren: Kommunikation im Social Web bedeutet vor allem Netzwerken und Aufbauen von Communities. Eine wichtige Grundregel lautet hier:»Build your network before you need it!« Es geht also darum, bereits Teil der relevanten Netzöffentlichkeit zu sein, bevor diese tatsächlich gebraucht wird.

Phänomene, denen sinkende Bedeutung zugeschrieben wird:
- Media Relations: Beziehungen zu klassischen Medien und ihren Gatekeepern sowie die auf genauer Kenntnis der redaktionellen Spielregeln basierende Themenarbeit verlieren an Bedeutung, wobei zumindest im deutschsprachigen Europa immer noch die Printmedien als Messgröße dienen, wenn es um die Relevanz von Themen geht. Jedoch auch dies kann sich bald ändern.
- Langfristige, kontinuierliche Ansprache: Erhöhte Transparenz und Geschwindigkeit bringen eine verstärkte Projektkommunikation mit sich. Ad-hoc-Grup-

pierungen mit kurzfristigen Zielen nehmen zu (z. B. Schwächung der traditionellen Parteien, Aufstieg der monothematischen Parteien; Initiative gegen
Offroader etc.).
- »Autoritäre Kommunikation«: Unternehmen und Organisationen müssen sich
  bemühen, Teil der sie selbst betreffenden Kommunikationsprozesse zu werden. Sie können diese – und somit ihre Reputation – nicht länger autonom
  über »Verlautbarungen« steuern.

3. Neue Kommunikationsformen – Konsequenzen für die Beratung

Welche Konsequenzen ergeben sich nun für Organisationen infolge der Digitalisierung unserer Gesellschaft, der neuen Mitwirkungs- und Bewertungsmöglich-
keiten im Rahmen der sozialen Medien sowie aufgrund der zunehmenden At-
traktivität der visuellen Kommunikation?

Vorab eine grundlegende Erfahrung: Bisher haben wir in unserer Arbeit noch
keine Organisation kennengelernt, in der nicht über Kommunikations- und Infor-
mationsmangel geklagt würde. An dieser Stelle betrachten wir daher einige Hebel, wie Kommunikation verbessert werden kann.

3.1 Führen heißt Kommunizieren

Der Mensch ist ein Gewohnheitstier. So wie wir Jahrzehnte damit zugebracht
haben, Führung vor allem als hierarchischen Top-down-Prozess und kommunikative Einbahnstraße zu erleben, so gewöhnen wir uns langsam, aber sicher an
etwas anderes: Seit dem Einzug des Web 2.0 ist Kommunikation durch Mitreden,
Kommentieren, Bewerten und Mitmachen geprägt. Unsere individuelle Meinung
ist mehr denn je gefragt, und wir müssen nicht einmal mehr abwarten, ob uns
irgendjemand dazu ermutigt, diese zu äußern. Im Gegenteil: Wir können aktiv
entscheiden, wann und wozu wir das tun. Diese Entwicklung, die ganze Natio-
nen in Bewegung gebracht hat – wie auch die jüngsten Beispiele aus Nordafrika
gezeigt haben –, wird auch die Führung von Unternehmen beeinflussen. Führung bedeutet Kommunikation. Und da sich diese verändert, wird sich auch die
Art der Führung wandeln, wenn sie weiterhin wirksam sein und ihren Beitrag
zum unternehmerischen Erfolg leisten will.

Schon heute sehen wir, dass Informationen im Sinne der Einwegkommunikation nur in ganz bestimmten Fällen die gewünschten Effekte zeigten. Über ein
Thema zu informieren bietet in der Regel allenfalls die für die weitere Kommunikation notwendige Grundlage. Denn wir nehmen Informationen nur sehr selek-

tiv auf und sind zudem mehr denn je einer immer größeren Informationsflut ausgesetzt. Wenn heutzutage tatsächlich erreicht werden soll, dass wir unsere Aufmerksamkeit bestimmten Themen zuwenden, so muss man diese erlebbar präsentieren, und dies gelingt unserer Erfahrung nach besonders erfolgreich über interaktive Kommunikationsformen. Dialog ist einer der Schlüsselbegriffe der neuen Kommunikationswelt. Sein Mehrwert zeigt sich speziell dann, wenn heikle »Aufregerthemen« vermittelt werden sollen. Dabei war es im Grunde schon immer so: Die Menschen wollen gerade bezüglich kritischer Themen gefragt und gehört werden. Allerdings hat sich mit dem Einzug der neuen Medien etwas Entscheidendes geändert: Es wird schlichtweg immer alltäglicher, in Foren, Blogs und auf anderen interaktiven Plattformen seine Meinung zu äußern. Zwar ist die Zahl der passiven Mediennutzer noch immer deutlich höher als die der aktiven, aber die Gemeinde der Poster, Meinungsäußerer und Bewerter wächst langsam und stetig.

Für die Führung im Zeitalter der sozialen Medien bedeutet dies, mehr denn je in einen Dialog zu gehen. Das klingt ja erst einmal einfach – miteinander zu reden, so scheint es, ist ja nichts Neues. Doch wir nutzen den Dialog häufiger, und auch sein Charakter unterscheidet sich vom gängigen Bild des Austauschs: Der Dialog im Zeitalter des Web 2.0 vollzieht sich auf Augenhöhe und steht für Gleichberechtigung. Echtes Interesse an der Meinung des anderen liegt ihm ebenso zugrunde wie die Fähigkeit zuzuhören, andere Perspektiven zuzulassen und dazu einzuladen, diese zu präsentieren. Hierarchie im klassischen Verständnis wird somit aufgehoben. Es geht um echtes Miteinander, das Sichtbarmachen von Unterschieden, gegenseitigen Respekt, Achtsamkeit und einen Sinn für den Mehrwert des Wir. Und das betrifft nicht nur das Vier-Augen-Gespräch, sondern die Wirkung des Dialogs zeigt sich vor allem in großen Runden.

Dialog – egal ob zu zweit oder in Gruppen – will gelernt sein und erfordert die ständige Arbeit an der eigenen Person. Er unterscheidet sich in der beschriebenen Form von den Scheindialogen, die vielfach immer noch auch in Change-Prozessen geführt werden. »Wir müssen unsere Mitarbeiter einbinden, damit sie das Gefühl haben, dass sie gefragt werden«, bekommen wir dann immer mal wieder zu hören. Die Grundhaltung ist hier eine eher strategisch-taktische. Also werden Mitarbeiter pro forma in einen Dialog involviert, um eine bestimmte Erwartung zu bedienen. Der tatsächliche Nutzen eines echten Austauschs von Wissen und Meinungen steht hier weit weniger im Blickpunkt als bei der folgenden Haltung: »Wir haben das Gefühl, dass wir mit unseren Mitarbeitern reden sollten, denn das wird uns weiterbringen.«

Immer wieder erleben wir erstaunliche Resultate dieser Art von Grundhaltung: Die Mitarbeiter spüren, dass sie eine ernst gemeinte, offene Einladung erhalten und gehen infolgedessen selbst mit einer größeren Offenheit in einen solchen Dialogprozess. Die Führungskräfte wiederum spüren diesen Effekt und sind ein ums andere Mal erstaunt, wie reich sie für ihren Vertrauensvorschuss belohnt werden.

Ähnliche Aha-Effekte sehen wir, was das Stichwort Partizipation betrifft. Von kollaborativer Produktentwicklung und offener Innovation ist inzwischen in vielen Unternehmen die Rede. Zumeist werden in diesen Fällen gemeinsam mit Kunden, externen Partnern und Experten über die sozialen Medien Produktideen generiert, getestet oder bewertet. Doch das gleiche Prinzip stößt in der Binnenanwendung noch häufig auf Widerstände. »Manche Dinge müssen eben im Kreis der Fachexperten bzw. ganz oben entschieden werden«, hallt es uns dann entgegen. Und dem ist auch so. Demokratisches Verhalten bedeutet ja – zumindest auch nach landläufigem Verständnis – nicht, dass alle alles entscheiden. Demokratisch kann jedoch der Weg zur Entscheidungsfindung sein. Genau diese Form der Partizipation und Demokratisierung werden wir auch in Unternehmen immer häufiger sehen. Auch hier werden Erwartungsdruck und kreative Impulse wieder aus dem World Wide Web und den dort gemachten positiven Erfahrungen kommen.

Die Innovationsforschung ist dem längst auf der Spur und fand beispielsweise heraus, dass die innovativsten Hochschulen in den USA durch eine ausgeprägte soziale Interaktion und eine mittelstark ausgeprägte Diversifikation von Fachrichtungen gekennzeichnet sind. Experten sprechen auch von der Intelligenz der Vielen, der Stärke des Schwarms. Wir nennen es gerne die Hyperintelligenz von Gruppen oder Teams, die durch Dialog- und Beteiligungsprozesse aktiviert wird. Wir gehen davon aus, dass im Rahmen der sozialen Netzwerke der Partizipationsgedanke weitere Unterstützer finden und nach und nach auch im Unternehmensalltag zur gängigen Praxis werden wird. Entscheidungen werden auch dann vermutlich noch immer ganz oben getroffen werden.

Einen weiteren Impuls in Richtung Führung sehen wir im Prinzip des Teilens, das den neuen sozialen Medien im Kern ebenfalls zu eigen ist. Auf den Websites von immer mehr Unternehmen und Organisationen finden wir heute das geballte Wissen all derer, die dahinter stehen. Frei zugänglich und in der Regel kostenlos geben selbst Kleinstunternehmen ihr Wissen im öffentlichen Netz preis. Auch in den sozialen Netzwerken gilt dieses Prinzip des Gebens, denn es geht hier »wie im richtigen Leben« um das Aufbauen persönlicher Kontakte über das World Wide Web. Wie im echten Leben gilt auch hier das Prinzip des Netzwerkens: Erst wer gesät hat, wird auch ernten können. Damit hält also auch hier eine ordentliche Portion Vertrauensvorschuss im Umgang mit Informationen und Wissen Einzug. Das stellt viele Unternehmen vor einen Paradigmenwechsel, zumal ihre unausgesprochene Devise noch häufig »Wissen ist Macht« lautet.

Auch die Rolle der Topentscheider wird in der veränderten Kommunikationslandschaft anspruchsvoller. Zum einen werden Vorstände, Geschäftsführer und Führungskräfte insgesamt in unsicheren und unüberschaubaren Zeiten in verstärktem Maß zu Projektionsflächen, und sie sollen vor allem Orientierung und somit Sicherheit und sogar Halt bieten. Zum anderen erwarten die Stakeholder von ihren »Leitwölfen« Authentizität, Ehrlichkeit und Offenheit. Wo also soll sich ein CEO in diesem Spannungsfeld verorten? Darf er – ganz offen und ehrlich –

Schwächen zeigen oder wird dies dann als Desorientierung ausgelegt, die eher für Verunsicherung sorgt? Eine Antwort darauf kann es pauschal nicht geben, sondern sie ist je nach Kontext genau abzuwägen. Wir haben zumindest immer wieder die Erfahrung gemacht, dass es sehr gut ankommt, wenn zum Beispiel in einem Veränderungsprozess auch dann lebhaft kommuniziert wird, wenn noch vieles offen und unklar ist. Dies schafft Transparenz und fördert die viel beschworene Prozesssicherheit weit mehr, als wenn monatelang niemand etwas sagt, weil noch keinerlei endgültige Ergebnisse feststehen.

Zudem beobachten wir, dass das so wichtige Erfolgskriterium Vertrauen vor allem aufgrund von drei Faktoren entsteht: von fachlicher Kompetenz, gepaart mit Authentizität und Konsistenz. Ist also ein kompetenter Entscheider gleichzeitig als Mensch erlebbar und be-greifbar, so ist er besser einzuschätzen und infolgedessen weit eher vertrauenswürdig. Sich zu offenbaren, erfordert jedoch Mut. Denn in vielen Unternehmen sind Emotionen in Führungskreisen tabu. Helmut Lind, Chef der Sparda Bank in Deutschland, hat sich mutig über dieses Tabu hinweggesetzt und damit positive Erfahrungen gemacht: »Man muss sich auch im Business trauen, Emotionen zu zeigen – Menschen warten darauf, dass wir uns ihnen öffnen. Wir sollten lernen, uns auch im Beruf so zu verhalten wie in unserem privaten Umfeld«, so postulierte Lind auf einer Veranstaltung in Frankfurt im Jahr 2012.

Dem Bedürfnis nach mehr persönlichem Einblick und Eindruck tragen auch die sozialen Medien Rechnung. Denn gerade Netzwerke wie Facebook stehen für die Kommunikation von Mensch zu Mensch und den Blick hinter die Kulissen. Und so steht ja auch das Wörtchen »sozial« sinngemäß für Menschlichkeit, Humanität, für das Miteinander und die Gemeinschaft.

Wird also authentisches Verhalten über einen längeren Zeitraum sichtbar, stimmen Worte und Taten überein und ist die Führungskraft persönlich erlebbar, so ist die Chance groß, dass das Vertrauen in die Führung wächst. In diesem Punkt ist unserer Erfahrung nach auch der Berater gefragt. Für ihn ist es entscheidend zu erspüren, wie es sich mit der Übereinstimmung von Gesagtem und Gelebtem verhält. Denn Kommunikationsberatung darf eben nicht bei perfekt ausgefeilten Formulierungen, lebendigen Geschichten und attraktiven Bildern stecken bleiben, sondern muss die Verhaltens-, Sinn- und damit Werteebene der jeweiligen Kommunikatoren mit einschließen. Die Frage, die sich dann stellt, sollte also nicht »Wie sagen wir es denn am besten?« lauten, sondern vielmehr: »Wie können wir es so sagen, dass wir es nachher auch tatsächlich leben können?«

In diesem Zusammenhang geht es auch darum, genau zu analysieren, wie die offizielle Kommunikation und die tatsächlich gelebte Kommunikationskultur übereinstimmen. Wir beobachten hier häufig eine Glaubwürdigkeitslücke. Diese »blinden Flecken« müssen im Laufe des Beratungsprozesses herausgearbeitet werden, damit die Kommunikation authentisch und somit wirksam sein kann.

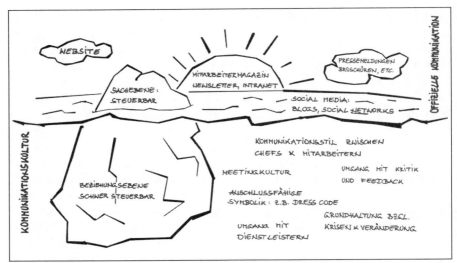

Abb. 1: Erfolgsfaktoren. Medienkompetenz und Kommunikationskultur

Sachebene (steuerbar), Beziehungsebene (schwer steuerbar) und Strukturebene sollten im Idealfall deckungsgleich wahrgenommen werden.

An dieser Stelle auch noch ein kleiner Verweis auf die verschiedenen Ebenen der Kommunikation: Der Körper und vor allem die Stimme lügen nie, heißt es doch so schön. Auch hier haben wir zwar schon anderes erlebt, aber in aller Regel stimmen wir dieser Aussage zu. Für einen stimmigen, glaubwürdigen und kraftvollen Auftritt ist es also ganz besonders wichtig, den Gesamteindruck im Blick zu haben. Und hier meinen wir ebenfalls nicht die Inszenierung, sondern es geht eher um die Fragen, wo, wann und wie sich der Entscheider am wohlsten fühlt. Was passt zur Organisation? Welcher Stil im Haus ist anschlussfähig und kompatibel mit den Auftrittswünschen der Entscheider? Auch hier lohnt es sich – neben der sachlichen Dimension, also den Kommunikationsinhalten –, vor allem die räumliche, zeitliche, soziale und symbolische Dimension einer Intervention im Blick zu behalten. Also sich beispielsweise zu fragen, welcher Ort zu einem Auftritt am besten passt, welcher Raum sich dafür am besten eignet, wer mit auf der Bühne steht usw. Auch scheinbar weniger vorrangige Fragen wie z. B. die Sitzordnung einer Mitarbeiterversammlung, der Dresscode der Geschäftsleitung oder der Zeitpunkt der Veranstaltung haben einen wichtigen symbolischen Stellenwert, kommunizieren unbewusst Wertschätzung und unterstreichen den gewünschten Auftritt – oder aber eben nicht.

Wie Macht und Rolle durch symbolische Kommunikation untergraben werden können, zeigt das nachfolgende Beispiel: Wie müssen sich wohl die beiden Vorstände eines Großunternehmens gefühlt haben, als sie während einer Informationsveranstaltung zum anstehenden Change-Prozess ihren Vorstandskollegen im Freizeit-Look mit verschränkten Armen hinten im Saal an der Wand stehend entdeckten. Seine Haltung, die vor der Brust verschränkten Arme, kommunizierten seine Einstellung zum anstehenden Veränderungsprozess klar und unmissverständlich.

An dieser Stelle erinnern wir gern an den berühmten Satz von Paul Watzlawick: »Man kann nicht nicht kommunizieren.« So kann Kommunikation eben zum einen verbal, aber auch nonverbal – aufgrund von Blickkontakt, Mimik oder Gestik – stattfinden. Anders ausgedrückt: Solange wir uns im Wachzustand befinden und unter Menschen sind, kommunizieren wir ununterbrochen.

3.2 Kommunikation aktiv zu steuern heißt, Reputation zu steuern

Wir haben gern alles im Griff. Das gilt auch für die Kommunikation von Unternehmen nach innen und vor allem nach außen. Kommunikation zu steuern, Meinungen zu bilden, das waren lange Jahre hindurch die zentralen Aufgaben der Kommunikationsmanager und Topentscheider in Unternehmen – und sind es auch heute noch. Doch die Lage ist unübersichtlicher geworden. Die Informationsmengen explodieren: So wurden im Jahr 2012 jede Minute weltweit 18 Stunden Content bei Youtube hochgeladen, täglich weltweit 1 Mio. neue Nutzer bei Google + registriert und von rund 100 Mio. Menschen pro Tag 230 Mio. Tweets gesendet. Angesichts ständig wachsender Informationsmengen geht es heute um die sogenannte Aufmerksamkeitsökonomie. Aufmerksamkeit ist mehr denn je zu einer Währung geworden. Doch wie steht es um die Aufmerksamkeit und letztlich unsere Aufnahmefähigkeit, wenn Informationen heute zunehmend mobil genutzt und hierfür zum Teil sogar verschiedene Medien herangezogen werden? Aktuelle Studien belegen jedenfalls bereits, dass darunter unsere Konzentrationsstärke und Lesefähigkeit deutlich leiden. Erschwerend kommt beim Thema Steuerung hinzu, dass die typischen Meinungsmärkte zunehmend verschwimmen, sowohl regional als auch stakeholder-spezifisch. Das heißt, Mitarbeiter, Kunden und Bewerber sehen im Internet alle Inhalte gleichzeitig. Es kann also immer weniger getrennt und folglich auch nicht gezielt gesteuert werden, wer was sehen bzw. lesen soll.

Und damit nicht genug: Wo gestern noch eine zentrale Steuerungseinheit und einige wenige Pressesprecher die Botschaften über sogenannte Gatekeeper in die Öffentlichkeit trugen, kann heute der Einzelne die weit verzweigte Medienlandschaft mit Bloggern und Communities immer weniger managen. Es braucht vielmehr Mitstreiter aus dem eigenen Unternehmen, die sich in Foren zu Fachthemen äußern, sich am Expertendialog in sozialen Netzwerken aktiv beteiligen, Beziehungen aufbauen, beobachten und zuhören, was die relevanten Stakeholder im Netz verbreiten.

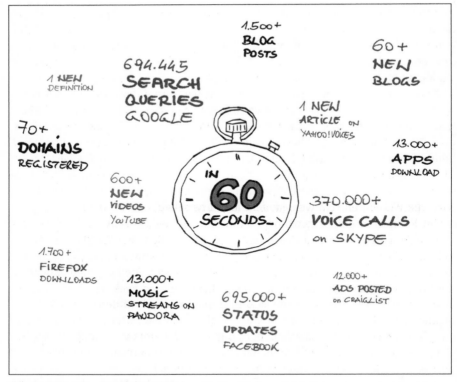

Abb. 2: Erfolgsfaktoren. Modernes Kommunikationverhalten

Wie also kann unter diesen Rahmenbedingungen Kommunikation noch gesteuert werden? Was passiert, wenn Fachexperten sich in Fachforen äußern sollen, eigene Blogbeiträge verfassen und ganze Fachabteilungen mit Kunden in sozialen Netzwerken interagieren? Die gängige Antwort nach den ersten Jahren Erfahrung im Umgang mit den sozialen Netzwerken lautet: Spielregeln aufstellen und Abstimmungsprozesse klar festlegen. Es geht darum, die wachsende Komplexität, die durch immer mehr Teilnehmer am Kommunikationsprozess entsteht, zu bewältigen. Von »Social Media Governance« ist die Rede, und in »Social Media Playbooks« werden verbindliche Richtlinien aufgestellt, wie sich Unternehmensmitglieder in sozialen Netzwerken verhalten sollten.

Neben Verhaltensrichtlinien braucht es zudem insbesondere in Krisenfällen schlanke und für alle verbindlichen Prozesse, klare Verantwortlichkeiten und eine überschaubare Anzahl von Ansprechpartnern. Denn die Zeiten, in denen einzelne Wortmeldungen einen langen Abstimmungsprozess hinter sich bringen müssen, bevor sie sich ans Licht der Öffentlichkeit wagen, sind nicht mehr zeitgemäß. Die neuen Medien erfordern schlichtweg kürzere Antwortzeiten.

Wir glauben zudem, dass auch beim Thema Steuerung der Aspekt des »Wie« mindestens so wichtig ist wie das »Was«. Neben Regelwerken und klaren Prozessen bedarf es also vor allem einer Kultur, in der das Abstimmen von Botschaften mit anderen Kollegen als Mehrwert und nicht als lästige Übung betrachtet wird. Das ist nicht überall ganz selbstverständlich der Fall, sondern dies gilt es zu entwickeln, und zwar genauso wie eine grundsätzlich entspannte Haltung gegenüber kritischen Kunden, launischen Aktionären und querenkenden Bloggern. Zudem erleichtert ein gemeinsames Verständnis hinsichtlich der Werte- und Kernbotschaften des Unternehmens die Zusammenarbeit zwischen den einzelnen Kommunikatoren ebenso wie der regelmäßige Erfahrungsaustausch untereinander. Denn wenn sich die Beteiligten darüber verständigen, was sie aus ihrer Kommunikation im Netz jeweils voneinander lernen können, kann auch die immer größer werdende virtuelle Welt für alle ein wenig kleiner und überschaubarer werden.

Im Kampf um die rar gewordene Währung Aufmerksamkeit wird der Einsatz von Bildern, Symbolen und Gesten immer wichtiger. Seit Paul Watzlawick wissen wir, dass Kommunikation immer digital und analog erfolgt. So versteht Watzlawick unter digitaler Kommunikation die begrifflich-logische Ebene. Symbole, Gesten und Bilder fasst er unter analoger Kommunikation zusammen, deren Stärken vor allem auf der Beziehungsebene liegen. Wenn möglich sollten beide Formen miteinander verknüpft eingesetzt werden – die digitalen, was die Qualität einer Aussage anbelangt, die analogen, damit die Botschaften beim Empfänger »hängen bleiben«. Analoge Formen sind in der internen und externen Kommunikation gleichermaßen wichtig, weil man Aufmerksamkeit und Wirkung erzielt.

Auch ein weiteres Phänomen, das wir aus den sozialen Medien kennen, kann für die Steuerung der internen Kommunikation nutzbar gemacht werden: der Trend zur Community-Bildung und zu gruppenspezifischen Plattformen. Wer diese innerhalb von Unternehmen anbietet und dort jeweils Gruppenverantwortliche festlegt, wird feststellen, wie gut Kommunikation bei Menschen mit ähnlich gelagerten Interessen gelingt. Denn in diesen Gruppen wird diskutiert und verarbeitet, was tatsächlich für jeden Einzelnen relevant ist. Gleichzeitig bleiben die Themen überschaubar und somit handhabbar. Sind die internen Medien so angelegt, dass sie diese Form der Zusammenarbeit und internen Kommunikation ermöglichen, entstehen virtuell verteilte Energien in kleinen Gruppen. Ein Effekt, der auch in Change-Prozessen genutzt werden kann, um überall im Unternehmen Veränderungsenergien zu erzeugen – Stichwort: positive deviance.

Ähnliches kann auch gelingen, wenn nicht das Fachliche das Verbindende ist, sondern das Regionale. Menschen leben in Mikrokosmen, das gilt insbesondere für die Arbeitswelt. Die Firmenzentrale ist oft weit weg, die eigene Arbeitswelt gestaltet sich vor Ort. Und dafür sollte auch die interne Kommunikation die passenden Plattformen bereiten – abseits der Kantine und des Raucherbereichs.

3.3   Der Kommunikationswandel führt zu neuen Struktur- und Organisations-bedürfnissen

Die vierte Gewalt – so werden die Medien im Machtgefüge der staatlichen Gewaltenteilung bezeichnet und positioniert. Prägen sie doch maßgeblich das Bild der öffentlichen Meinung mit. Medienmacher, Publizisten und Journalisten genießen in unserer Gesellschaft hohes Ansehen. Pressesprecher und Kommunikationsmanager in Unternehmen wissen darum und taten jahrelang alles, um eine gute Beziehung zu den Vertretern der klassischen Medien zu pflegen. Wer die politische Macht hat, so hieß es lange Zeit, muss auch die kommunikative Macht besitzen.

Mit dem Einzug der sozialen Medien besitzen immer mehr Menschen kommunikative Macht. So hat eine Person heute mehrere Rollen: Sie ist nicht nur Konsument, sie kann auch Produzent von Informationen sein, Multiplikator, Mitmacher und Mitglied einer Community. Eine einzelne Person kann damit zu einem wichtigen Verstärker in einem kommunikativen Prozess werden.

Somit verschieben sich mithilfe der Einrichtung des Social Web langsam aber sicher die über lange Jahre gültigen Machtverhältnisse. So kann die Kommunikation von Ereignissen heute nicht mehr von nur einigen wenigen Medien zeitlich gesteuert und bestimmt werden – denn vielleicht war ja einer der Twitterer schon schneller. Die Steuerungshoheit über die Verbreitung von Informationen kommt den klassischen Medien also immer mehr abhanden, die Meinungsbildung erfolgt zunehmend z. B. über Blogger. Von regelrechten Meinungsstürmen (shit storms – von Privatpersonen über soziale Netzwerke verbreitet) ist die Rede. Und Produkte werden nicht mehr nur von Redakteuren getestet oder bewertet, sondern von Verbrauchern. Diese neue Form der Bewertung ersetzt zunehmend die klassische Werbung, relativiert die Meinungsmacht der klassischen Medien und macht uns Verbraucher einflussreicher denn je.

Auch auf Organisationen wirkt sich das aus, etwa auf die Kommunikationsmanager, deren Rollen und Verantwortlichkeiten sich verändern. So gab es in den bislang vorherrschenden Organisationsstrukturen der Kommunikationsbereiche jeweils Verantwortliche für einzelne Stakeholder. Um die Kunden kümmerte sich das Marketing, um die Medienvertreter der Pressesprecher, um die Mitarbeiter der Verantwortliche für die interne Kommunikation, und manche Firmen setzen Public-Affairs-Manager ein, um ihre Interessen gegenüber öffentlichen Institutionen zu vertreten. Mit dem Einzug des Web 2.0 verschwimmen die Grenzen zwischen bisher eher getrennt behandelten Zielgruppen. Denn der Kommunikationsweg aus dem Unternehmen zum Kunden ist ein direkter, wie auch der Weg vom Kunden ins Unternehmen ganz ohne Umwege erfolgen kann. Kommunikationsarbeit ist somit in immer höherem Maß Öffentlichkeitsarbeit und bezieht sogar die eigenen Mitarbeiter mit ein, die ja selbst auch in den sozialen Medien unterwegs sind und sich ganz einfach den vollen Überblick verschaffen können, ohne sich überhaupt je eine Zeitung kaufen zu müssen.

So beobachten wir in einigen Unternehmen, dass sich in den Organigrammen eine neue Funktion etabliert: der Social-Media-Manager. Seine Rolle ist vor allem die eines Vermittlers – zwischen der internen und der externen Community. Seine wesentliche Aufgabe besteht darin, alle Beteiligten im Unternehmen, die mit internen und externen Stakeholdern in einem engen Austausch stehen, an einen Tisch zu bringen und eine gemeinsame Strategie für Kommunikation und Zusammenarbeit über das Web 2.0 zu definieren. Er nimmt damit vor allem eine Schnittstellenfunktion wahr und rückt ins Zentrum des unternehmerischen Handelns. Denn er bringt alle zusammen, die mit wichtigen Stakeholdern des Unternehmens in Kontakt sind – z. B. Kundenservice, Vertrieb, Marketing, Personalwesen und die Geschäftsleitung. Im Mittelpunkt stehen dabei strategische Fragen, die für die Reputation und damit den Erfolg einer Organisation schon immer relevant waren: Wie wollen wir mit unseren Ansprechgruppen kommunizieren? Mit welchen Themen wollen wir in Verbindung gebracht werden? Wie wollen wir wahrgenommen werden? Das Neue besteht jedoch darin, dass einzelne Botschaften eben nicht mehr zentral entwickelt und kommuniziert werden können, sondern die Kommunikation über die einzelnen Fachbereiche zunehmend dezentralisiert wird. Es geht also darum, Prozesse richtig aufzusetzen, und aus diesem Grund benötigt der Kommunikationsmanager auch Kompetenzen im Bereich Organisationsentwicklung.

Neben der fachlichen Seite, also beispielsweise den Themen, die in die Öffentlichkeit getragen werden sollen, spielt also auch hier die gemeinsame Grundhaltung eine wesentliche Rolle, will man an allen Kontaktpunkten mit den Stakeholdern den gewünschten Eindruck hinterlassen. Dies gelingt aufgrund der Vielzahl der Beteiligten eben nicht mehr über klar vereinbarte »Sprachregelungen« oder die typischen »Verlautbarungen«. Wir sehen stattdessen die größten Effekte, wenn die am Kommunikationsprozess Beteiligten ihre eigenen Kommunikationsprinzipien entwickeln und verinnerlichen und dann in der Lage sind, diese umzusetzen. Genau hier setzt auch die neue Rolle des Kommunikations- oder Social-Media-Managers an: Er ebnet Wege und befähigt die am Kommunikationsprozess Beteiligten dazu, gemeinsame Spielregeln und verbindliche Prozesse zu entwickeln. Dabei ist es hilfreich zu verstehen, dass gerade diese Gemeinsamkeiten bei ganz unterschiedlichen Interessenlagen der einzelnen Fachbereiche nur schwer herstellbar sind. Der Social-Media-Manager wird damit auch zum Moderator unterschiedlicher Interessen, muss verstehen, warum und wie Konflikte entstehen.

Um diese Aufgabe des Befähigens erfolgreich wahrnehmen zu können und unterschiedliche Fachbereiche an einen Tisch zu bringen, braucht der Kommunikationsmanager Macht, und zwar im Sinne von Respekt und Akzeptanz seitens anderer Organisationsmitglieder. Diese Form der informellen Macht ist vor allem deshalb notwendig, weil der Kommunikationsmanager in seiner neu geschaffenen Schnittstellenfunktion nicht länger die disziplinarische Durchschlagskraft hat wie in der heute noch vorherrschenden Linienfunktion. Er ist eher moderierend tätig, ist Wegbereiter, Befähigter und Prozessgestalter. Damit sind vom Kommunikationsmanager neben den neuen fachlichen Kompetenzen ganz andere soziale Fähigkeiten gefragt. Er wird sozusagen selbst zum Rollenmodell für eine in zunehmendem Maß demokratische und partizipative Kommunikation und Zusammenarbeit.

Gerne wollen wir an dieser Stelle auch darauf hinweisen, dass der Kommunikationsmanager als wesentlicher Gestalter der Reputation des Unternehmens eine zunehmend erfolgskritische Rolle im Unternehmen einnimmt. Denn wenn wir davon ausgehen, dass Reputation einen zentralen Wert- und Absatztreiber für die Organisation darstellt, dann wird der Kommunikationsmanager in seiner Rolle aufgewertet. Mit seiner Arbeit beeinflusst er maßgeblich den Geschäftserfolg der Organisation und wird somit zum »Business-Maker« bzw. zum Business-Partner.

3.4   Neue Kultur der Offenheit in der Kommunikation

Bereits in den 1980er-Jahren begannen sich Menschen und soziale Systeme – ausgelöst von der oder einhergehend mit der zunehmenden Globalisierung – immer intensiver mit den Themen Transparenz und Partizipation zu beschäftigen. Dies spiegelt sich unter anderem in der Tatsache wider, dass die Zahl der registrierten sogenannten Nicht- Regierungsorganisationen (NGOs) von weltweit rund 3 000 im Jahr 1980 auf rund 45 000 im Jahr 2000 explodierte. Die sozialen Netzwerke waren dann die ideale Plattform für genau diese Bedürfnisse nach Mitsprache und Mitgestaltung und nach einer neuen Offenheit im Umgang mit den Themen Offenlegung und Transparenz, mit Corporate Governance und gesetzlichen Vorschriften.

Wenn Partizipation zur Selbstverständlichkeit wird und Führung und Kommunikation demokratischer werden, wenn der Dialog auf Augenhöhe das heute gängige Verhaltensmuster ist, dann werden sich auch Unternehmenskulturen verändern. Verfolgt man die aktuelle Debatte über die Aktivitäten in Unternehmen im Bereich Social Media, so ist immer wieder zu hören, dass die passende Unternehmenskultur über den Erfolg von internen oder externen Kommunikationsaktivitäten in sozialen Medien entscheidet. Was aber bedeutet hier »passend«? Was passt zu den veränderten Ansprüchen der Stakeholder, was Mitsprache, Mitmachen, Feedback sowie interdisziplinäre Zusammenarbeit und Austausch betrifft?

Wir gehen davon aus, dass eine neue Kultur der Offenheit gefragt ist, und zwar in mehrere Richtungen: Offenheit für andere Meinungen, für Feedback, für Neues, für Dialog und Austausch – Offenheit im Sinne einer Bereitschaft, das eigene Wissen zu teilen.

Wir möchten an dieser Stelle noch etwas näher auf das Stichwort Feedbackkultur eingehen, da wir gerade in diesem Punkt immer mal wieder auf Missverständnisse stoßen. So wird Feedback oft mit dem Üben von Kritik und dem beherzten Kundtun der eigenen Meinung gleichgesetzt. Das ist sicherlich auch eine Form von Rückmeldung, doch bei unserem Verständnis von Feedback geht es nicht nur um ein grundsätzlich offenes Miteinander, in dem auch Kritik zu üben erlaubt ist, sondern vor allem darum, voneinander zu lernen, indem wir explizit um Resonanz bitten. Das gelingt jedoch nicht einfach so, sondern es braucht dafür neben der notwendigen Sensibilität und der Bereitschaft zum Risiko auch das Wissen darum, wie subjektiv unsere Wahrnehmungen sind. Weil jeder die Welt durch seinen ganz individuellen Filter wahrnimmt, werden Umweltinformationen niemals in ihrer Gesamtheit aufgenommen, sondern unsere Wahrnehmung lässt nur eine begrenzte Menge an »Daten« zu. Damit konstruiert sich jeder seine eigene Wirklichkeit innerhalb eines individuellen Bezugsrahmens, der sich aus grundlegenden Annahmen über die eigene Person, über andere und über das Leben insgesamt konstituiert. Wenn wir also eine Feedbackkultur etablieren wollen, ist es für die Organisationsmitglieder wichtig zu verstehen, wie Wahrnehmung abläuft, und entsprechende Interventionsformate gemeinsam zu erleben und zu erfahren, wie jeder die Welt mit ganz eigenen Augen sieht.

Ein weiterer wichtiger Wert in der Dialog- und Partizipationskultur des Web 2.0 ist Vertrauen. Da Kommunikation immer weniger steuerbar ist, werden diejenigen erfolgreicher sein, die statt auf mehr Kontrolle auf mehr Vertrauen setzen. Denn kontrollieren lassen sich die neuen Dynamiken mit mehr Sprechern und Kommunikatoren im Unternehmen ohnehin nicht. Es kommt vielmehr auf die gute Zusammenarbeit an – basierend auf gegenseitigem Respekt, auf Wertschätzung und Vertrauen.

Vertrauen entsteht vor allem durch Zuhören. Auch das ist ja keineswegs eine einfache Übung. Die meisten von uns wissen, wie schwierig es ist, sich in einem Gespräch voll und ganz auf den anderen zu konzentrieren. Zuhören scheint auch deshalb schwieriger zu werden, weil wir dafür offenbar immer weniger Zeit haben. Aber obwohl dies scheinbar einen Widerspruch darstellt, erleben wir im Zuge unserer Arbeit, dass gerade in der heute schnelllebigen Welt die Bereitschaft, sich Zeit für das persönliche Gespräch und den Austausch unterschiedlicher Perspektiven zu nehmen, letztlich zu schnelleren und auch besseren Entscheidungen führt. Auch in diesem Bereich kann also Kulturarbeit wertvolle zwischenmenschliche und ökonomische Effekte erzielen.

Ein weiteres wichtiges kulturelles Element in stürmischen Zeiten ist *Gelassenheit*. Die braucht es vor allem in Krisenzeiten und in Phasen der Krisenkommunikation. Dazu gehört eine grundsätzlich positive Haltung gegenüber Krisen, die nicht als Ausnahmezustand, sondern vielmehr als Normalzustand anzusehen sind und schlichtweg zum Leben – auch in Organisationen – dazugehören. Gleiches gilt für den Umgang mit Fehlern und die damit verbundene Fehlerkultur: Fehler und Krisen sind wichtige Lernfelder für Organisationen und ihre Mitglieder. Der gelassene Umgang mit Fehlern und Krisen ist also eine gute Möglichkeit, gemeinsam aus schwierigen Situationen gestärkt hervorzugehen.

4. Empfehlungen für den Berater

Wir haben für die Strukturierung des letzten Kapitels zur Kommunikation den Dreiklang *Zeichen erkennen, Haltung zeigen* und *Instrumente nutzen* gewählt, wobei wir bezüglich der Instrumente nach wie vor einen wichtigen Schwerpunkt bei den dialogorientierten Methoden sehen. Dies soll Orientierung bieten und gleichzeitig Aufforderung sein, sich mit dem Thema Kommunikation in Beratungsprozessen tiefer auseinanderzusetzen.

4.1 Zeichen erkennen

Von Tennis- oder auch Golfkommentatoren hören wir immer wieder, wie die Spieler an der Spitze »das Spiel lesen« können. Dahinter steckt der Gedanke, frühzeitig Dinge zu antizipieren, also wie ein Schachmeister in unheimlicher Geschwindigkeit vor dem inneren Auge Perspektivenwechsel zu vollziehen, sich somit das günstigste Szenario zu imaginieren und die weiteren Handlungen entsprechend auszurichten. Wir meinen damit die Beobachtungs- und Analysephase zu Beginn des Beratungsprojekts. Es geht darum, möglichst viele Sichtweisen und Ansichten zu sammeln, zuzuhören, um die Situation und die Akteure besser zu verstehen und um nachher zielgerichtet agieren zu können. Gleiches gilt auch für den weiteren Verlauf des Beratungsprozesses. Auch hier gilt es, immer wieder zu antizipieren, in Szenarien zu denken, um sich auf verschiedene Möglichkeiten der Entwicklung vorzubereiten.

Wir haben die Erfahrung gemacht, dass die Werkzeuge und Designs der Organisationsberatung hervorragend geeignet sind, die Herausforderungen wie auch die Architektur für die Kommunikation festzulegen – seien es Auftaktgespräche in Interviewform, die über zirkuläres Fragen geführt werden, die Thesenbildung mit Rückspiegelung und Feedbackrunden, das klassische Modell aus der Komplementärberatung, unterteilt in Strategie, Struktur und Kultur und um das Kapitel Kommunikation angereichert. Berater sollten genug Zeit in die Analysephase zu Beginn des Projekts investieren, denn eine saubere Ausgangslage zu schaffen erleichtert es dem Berater, die Zeichen zu erkennen, die er für eine erfolgreiche Gestaltung des Projekts braucht.

Hierfür möchten wir unseren Beraterkollegen insbesondere die folgenden Empfehlungen ans Herz legen:
- Beachten Sie, dass Unternehmens- und Kommunikationsstrategie zwingend

miteinander vernetzt sein müssen, denn Kommunikation muss helfen, Unternehmensziele zu erreichen.

- Achten Sie darauf, dass alle, die sich im Beratungsprojekt mit Kommunikation befassen, möglichst detailliertes Wissen zum faktischen und psychologischen Umfeld aneignen können, denn Kommunikation erfordert Sach- und Kulturkompetenz (das »Was« und das »Wie«).

- Es erleichtert die Steuerung der Kommunikation, wenn Organisationen eine Vision und Kernwerte bereitstellen und beseelen, denn dann kann man den Rest getrost den Mitarbeitenden überlassen.

- Kommunikation muss nicht mehr nur »machen« – im Sinne von informieren, anordnen etc. –, sondern »befähigen«, und zwar dazu, die Vision und die Kernwerte zu verstehen und sie zu »leben«.

4.2 Haltung zeigen

Als Fachberater bezüglich Kommunikation sind wir ebenso oft wie unsere Kollegen in den anderen Disziplinen verleitet, schnell und sofort Lösungen zu präsentieren – und fühlen uns davon unter Druck gesetzt Als Komplementärberater wissen wir, dass erst der gemeinsame Prozess mit dem Kunden, also das Sich-einlassen, die Basis für erfolgreiche Kommunikationsarbeit ist. Wir möchten die Berater ermutigen, wertfrei und sich quasi als Archäologen vortastend an die Analysearbeit heranzugehen und sich nötigenfalls auch die Hilfe von Kommunikationsspezialisten zu holen. Arbeiten Sie aber auch an der Haltung der Kunden: Begleiten Sie diese im Sichherantasten an den gefühlten Kontrollverlust im Kommunikationsbereich. Schaffen Sie eine Atmosphäre des Vertrauens im Berater-Klienten-System. Erarbeiten Sie gemeinsam mit dem Kunden die Spielregeln der Kommunikation, die die Rollen klärt, und achten Sie darauf, dass Kommunikation hierbei Chefsache bleibt. Nur allzu gern wird diese delegiert. Bemühen Sie sich um eine neue Offenheit – einen Dialog, der den Menschen die Möglichkeit bietet, aus verfahrenen Situationen auszusteigen, Projektion zu vermindern und ihre Selbstreflexion zu steigern, indem sie z. B. lernen, sich zu fragen: Was kann ich dazu beitragen, hier die Situation zu verbessern? Verlagern Sie Ihre Aufmerksamkeit auf eine höhere Ebene der Betrachtung und sprechen Sie darüber, wie Sie miteinander umgehen oder was Sie im Moment stark beschäftigt. Dies verlangt von allen Beteiligten Mut und auch die Bereitschaft, sich selbst wahrzunehmen.

4.3 Instrumente breit nutzen und Dialogformate in den Mittelpunkt stellen

Wenn Kommunikation konkret wird, ist es zwingend, dass die Maßnahmen den ganzen Weg, der bis hierhin gegangen wurde, auch widerspiegeln. Die Übersetzung sollte also glaubwürdig und authentisch geschehen. Inhalte müssen heutzutage in Geschichten, Symbole und Bilder verpackt werden, um aufgenommen zu werden. Komplexe Inhalte werden so auf einer »Bauchebene« verdichtet, die eingängig verstanden werden kann. Es lohnt sich zu hinterfragen, was denn die »Moral der Geschichte«, das im Projekt oder im Projektschritt Erlernte sei. So kann der dramaturgische Faden zu unseren Ansprechgruppen gesponnen werden. Stellen Sie die Kraft des Dialogs in Gruppen in den Mittelpunkt der Aktivitäten, da diese weit effektiver ist als der Austausch in kleinen Teams. Es empfiehlt sich zudem, einen breiten Instrumentenmix für den Transport der Inhalte bereitzuhalten. Es muss nicht immer nur »persönliche« Kommunikation mit einem konkreten Gegenüber sein – viele sind heute digital fit und offen für neue Formen des Dialogs. Zusammenfassend empfehlen wir:

- Arbeiten Sie mit Formaten aus der Komplementärberatung – z. B. mit zirkulärem Fragen/Interview, Systemdiagnose, Thesenbildung, Feedbackrunden, Marktplatz etc.
- Bauen Sie ein systematisches Themenmanagement auf.
- Machen Sie sich digital fit und eignen Sie sich eine Basis-Medienkompetenz an. Dazu gehört es auch, soziale Netzwerke zu verstehen und neue Kommunikationsmittel zu kennen.
- Schaffen Sie dialogische Plattformen (Workshops, Großgruppenveranstaltungen etc.) und nutzen Sie für den Dialog auch die neuen Medien (Skype, Webkonferenzen, Wordpress-Blogs o.ä.).
- Erarbeiten Sie Schlüsselbilder, lassen Sie diese grafisch umsetzen und setzen Sie sie dann gezielt ein.

5. Führungskräfte frühzeitig einbinden – Ein Beispiel aus unserer Praxis

In einem mittelständischen Dienstleistungsunternehmen wurde im Auftrag des Vorstandsteams ein auf mehrere Jahre angelegtes Veränderungsprogramm aufgesetzt. Ziel war es, die Zukunftsfähigkeit des Traditionsunternehmens sicherzustellen, unter anderem durch die Einführung einer prozessorientierten Arbeitsweise und einer Matrixorganisation.

Der Startschuss für den Change-Prozess fiel im Führungsteam. In zwei moderierten Workshops mit Vorstandsmitgliedern, Führungskräften aus der Zentrale und den Regionen erarbeitete man gemeinsam die »Story« für das Change-Programm, das gemeinsame Zukunftsbild sowie den Programmnamen. Diese Workshops waren gleichsam die Keimzelle, in der die energetisierende Aufbruchstimmung für das Gesamtprogramm gebildet wurde.

Die Auftaktkommunikation für das Programm durchlief mehrere Stufen. Das Fundament aus Kerninhalten und der Vorgehensweise im Change erstellten wir im Change-Kommunikationsteam. Unter anderem entstanden hier auch die wichtigsten Kernbotschaften sowie die dazugehörigen Schlüsselbilder, die im gesamten Programmverlauf das Ziel des Veränderungsprozesses sinnbildlich verdeutlichten. Eine zentrale Rolle spielte hier der Programmleiter, der aufgrund seiner umfassenden Erfahrungen mit Change-Prozessen wertvolle Beiträge lieferte. Das Fachwissen in Sachen Kommunikation lag jedoch bei den Verantwortlichen für Unternehmenskommunikation. Es zeigte sich schnell, dass klare Verantwortlichkeiten u. a. für Freigabeprozesse und die Zusammenarbeit notwendig waren. Nichtsdestoweniger erwies es sich als eine der größten Herausforderungen im gesamten Programmverlauf, zwischen den Interessen der am Kommunikationsprozess Beteiligten eine gute Balance zu finden.

In einem ersten Schritt sollten zunächst alle Führungskräfte im Rahmen einer Veranstaltung die Ziele und Hintergründe des Change-Programms kennenlernen. Das Vorstandsteam erläuterte die Ziele, Inhalte und Grundprinzipien des Change, eröffnete den Dialogteil und stellte sich den verständlicherweise kritischen Fragen der noch überwiegend skeptischen Führungsmannschaft. Anschließend erhielten die Führungskräfte ein »Kommunikationspaket« mit allen notwendigen Materialien. Vor allem ein umfassender Katalog an Fragen und Antworten diente dazu, bereits im Vorfeld der anstehenden Kommunikation mit den Mitarbeitern sich mit unterschiedlichsten Perspektiven und mit neuen Sichtweisen auf den Change-Prozess vertraut zu machen.

Ebenfalls zu Beginn des Programms konnten über Interviews mit der gesamten Führungsmannschaft kulturelle Muster und somit wichtige Hebel sowie Stolpersteine für den Change herausgearbeitet werden. Die Ergebnisse wurden den Führungskräften zurückgespiegelt und sorgten bei vielen für die entlastende Erkenntnis, mit ihren Problemen nicht allein zu sein. Gleichzeitig zeigte sich der vielfach formulierte Veränderungsbedarf in seiner ganzen Breite. Die gewünschte neue Offenheit hinsichtlich kritischer Punkte – auch das Topmanagement betreffend – war für alle Beteiligten eine große Herausforderung und führte teilweise auch zu heftigen Irritationen. Das verdeutlichte uns die Notwendigkeit, diese Art der Intervention mit größter Sorgfalt und Achtsamkeit einzusetzen.

Für die gesamte Belegschaft erfolgte die Auftaktkommunikation schließlich über das mit dem Change-Programm beauftragte Vorstandsmitglied. In einem Event wurden die Kerninhalte des Programms vorgestellt, erste Fragen beantwortet und die gesamte Veranstaltung per Video in die diversen Standorte übertragen. Flankierend erschienen entsprechende Berichte in der Mitarbeiterzeitung und im Intranet.

Den Kern der Auftaktkommunikation bildeten Dialogrunden der Führungskräfte mit ihren Teams, die im Nachgang der Veranstaltung für einen bestimmten Zeitraum anberaumt waren. Ziele und Vorgehensweise des Change-Programms sowie die ersten konkreten Schritte wurden anhand der bereitgestellten Materialien an die Mitarbeiter weitergegeben. Danach wurden offene Fragen eingesammelt und vom Projektteam Change-Kommunikation beantwortet zurückgegeben.

Wichtige Instrumente für eine zielgruppengerechte und maßgeschneiderte Kommunikation waren unterschiedliche Feedbackplattformen. Über Einträge im Intranet sowie über anonyme Feedbackmöglichkeiten für die Mitarbeiter konnten wir ein breites Stimmungsbild generieren. Darüber hinaus übernahmen die Mitglieder des Kernteams des Projektteams Change-Kommunikation zusätzlich die Funktion eines Sounding Boards. Auf dieser Basis war es für uns einfacher, bei der Konzeption jeder Kommunikationswelle jeweils unsere Hypothesen zu bilden und die entsprechenden Maßnahmen maßzuschneidern. Die Feedbackplattformen waren zudem ein wichtiges Evaluationsinstrument, um den Erfolg unserer Arbeit zu messen und uns gegenüber immer wieder aufkommenden kritischen Einzelmeinungen behaupten zu können.

Literatur

Königswieser, R./Exner, A. (2008). Systemische Intervention. Architekturen und Designs für Berater und Veränderungsmanager. 9. Aufl., Stuttgart.

Schulz von Thun, F. (1981). Miteinander reden 1 – Störungen und Klärungen. Allgemeine Psychologie der Kommunikation. Reinbek.

Watzlawick, P./Beavin, J. H./Jackson, D. D. (2002). Menschliche Kommunkation. Formen, Störungen, Paradoxien. 10. Aufl., Bern.

Wilke, H. (1987). Strategien der Intervention in autonome Systeme. In: D. Baecker/J. Markowitz u. a. (Hrsg.). Theorie als Passion. Frankfurt a. M., S. 333.

Macht als vielfältiges Beziehungsphänomen

Roswita Königswieser/Bernhard Kressin

1. Einführung – Machtszenarien im Unternehmensalltag

1. Szenario
Bei der halbjährlichen Budgetsitzung eines Unternehmens geht es um die Entscheidung, ob ein Change-Projekt aufgesetzt werden soll. Der Finanzvorstand war bisher immer der Meinung, dass Organisationsentwicklung »unnötig« sei. Das von HR-Seite eingereichte Budget für ein OE-Projekt wird von ihm mit der Begründung, dass derzeit andere Investitionen wichtiger seien, abgelehnt: »Alle müssen sparen. Das sind Luxusthemen!« Trotz heftiger Diskussionen setzt sich das ökonomische Argument durch.

2. Szenario

Der Vorstand eines Finanzdienstleistungsunternehmens entscheidet, dessen Standort zu verlagern. Diese Entscheidung wird vom Betriebsrat, den Führungskräften und Mitarbeitern nicht akzeptiert, ja sogar bekämpft. Eine Verlagerung würde nämlich bedeuten, dass vermutlich nur 20 Prozent der Belegschaft mitkommen könnten. Die »Vertrauensmänner« mobilisieren mithilfe ihrer Beziehungen den organisierten Widerstand. Unterstützt von der Gewerkschaft finden Streiks statt, die Presse wird eingeschaltet, die Entscheidung wird hinausgezögert und letztlich modifiziert: Auf Druck der Belegschaft wird ein Projekt aufgesetzt, in dem die Betroffenen im Rahmen des Möglichen das weitere Vorgehen mitgestalten und mitentscheiden können.

3. Szenario

Trotz klarer Anordnungen von der Zentrale (Bereich Revision) werden heikle, aber wichtige Informationen aus den sieben Regionen des Unternehmens zurückgehalten bzw. verfälscht weitergegeben. Es gibt zwar keinen offenen Widerstand, aber die »Regionalfürsten«, die ihren Bereich beinahe als »Lehen« verstehen, haben seit Jahren damit Erfolg, Informationen so aufzubereiten, dass ihr Einfluss der Zentrale gegenüber bestehen bleibt.

2.   Wie begegnet uns Macht in Beratungsprojekten?

Macht begegnet uns in vielerlei Gestalt: als brachiale Gewalt, als aufgrund einer bestimmten Realität (z. B. der Finanzsituation) auferlegter Zwang, als raffinierte Verführung, als direkte oder subtile Verweigerung, als Manipulation, als politischer oder medialer Druck, als die Fähigkeit, Wirklichkeit zu definieren. Oft kann man Machtphänomene nicht konkret beschreiben, weil sie nicht gleich offensichtlich zutage treten, fast immer aber »spürt« man sie, und wenn man bereit ist, genauer hinzuschauen, dann werden sie deutlich erkennbar.

Im Mikrobereich erleben wir Einflussunterschiede in jeder Besprechung (Wer nutzt Koalitionen? Was steht wirklich im Protokoll?), in Entscheidungsprozessen (Wer stimmt Inhalte vorweg ab? Wer wird in Schlüsselpositionen gesetzt?), in allen Gesprächssituationen (Wer darf wen unterbrechen? Wer bewertet?).

Im Makrobereich haben wir oft nur indirekt Einblick in vorhandene Machtgefälle. Preisabsprachen sind zwar verboten, finden aber statt. Gesetzliche Rahmenbedingungen werden von Lobbyisten beeinflusst. Wirtschaftliche Logiken setzten sich seit geraumer Zeit auch in Non-Profit-Organisationen durch. Die Interessen der Aufsichtsratsseilschaften haben meist mehr Gewicht und Durchschlagskraft als die des Unternehmens.

Aber auch Medien sind ein gewaltiger Machtfaktor, den Einflussreiche zu nutzen wissen, sei es, indem sie gute Beziehungen zu Redaktionen unterhalten, Finanzierungshilfe leisten oder undurchsichtige Gegengeschäfte tätigen. Allerdings erleben wir auch, dass sich Massen durch gezielte Internetaktionen mobilisieren lassen und somit eine starke politische Macht darstellen können. Konsumentenverhalten, das ökologoscher Vernunft gehorcht, wird bereits von vielen Unternehmen ernst genommen, weil die Kunden sie dazu »zwingen«.

Macht kommt eben in mannigfacher Ausformung daher.

Meist hat Macht einen negativen Beigeschmack. Man assoziiert den Begriff rasch mit Gewalt, Missbrauch und mit Kampf. Es stimmt, dass Macht und Konflikt häufig als Zwillingspaar auftreten.

Macht bestimmt das Wesen menschlichen Zusammenlebens grundlegend. Sie ist immer im Spiel, wenn Menschen zusammen sind. Sie schafft Ordnung, Orientierung, Struktur. Das althochdeutsche Wort *mahti* bedeutet können, machen. Etwas zu machen – im Sinne von gestalten, durchsetzen – kann positiv sein. Es kann aber auch negativ sein, wenn es dabei um Zwang und um Unterwerfung geht.

Interessanterweise wird oft angenommen, man brauche bestimmte Eigenschaften, einen bestimmten Charakter, um Macht auszuüben. Dabei wird allerdings der Kontext außer Acht gelassen. Wir meinen: Macht kann man sich nicht nehmen, Macht bekommt man. Macht ist ein Beziehungsphänomen, das mit den Zuschreibungen seitens der anderen, mit der jeweiligen Rolle bzw. Position, die man innehat, und mit den gerade benötigten Funktionen im Zusammenhang steht. Aber auch Bedürfnisse und Gefühle aller Art sowie Abhängigkeiten sind – wie immer in zwischenmenschlichen Beziehungen – mit im Spiel. Sozusagen als Begleiterscheinung entstehen Spannungsfelder und Konflikte.

Macht an sich ist weder gut noch schlecht. Es kommt auf die Situation, das Ziel, die Absicht und die Auswirkung an. Man muss jeweils genau hinschauen. Wir sind als Berater nicht nur Beobachter von Machtphänomenen, wir stehen nicht »draußen«, sondern sind immer auch Teil der Machtdynamiken. Es gilt, sich nicht hineinziehen zu lassen, sondern professionell damit umzugehen. Unsere »Beratermacht« ist ja grundsätzlich eine nur geliehene bzw. vom Auftraggeber verliehene Macht. Fällt sein Einfluss weg, schwindet auch unserer dahin.

Macht macht etwas mit Menschen. Abraham Lincoln sagte schon: »Willst du den Charakter eines Menschen kennenlernen, so gib ihm Macht.« Und Alfred Herrhausen (1930–1989) formulierte: »Entscheidend ist nicht die Frage, ob man Macht hat, entscheidend ist die Frage, wie man mit ihr umgeht.«

Wie schwer es offensichtlich ist, sich nicht durch Macht korrumpieren zu lassen, zeigt oftmals die persönliche Entwicklung idealistischer Revolutionäre, die, kaum sind sie an der Macht, denselben Korruptionsdynamiken anheimfallen wie ihre Vorgänger. Je mächtiger Menschen aufgrund ihrer Rolle sind, desto weniger Kontrolle wollen sie zulassen, desto weniger kritisches Feedback bekommen sie, desto eher geben sie der Versuchung, ihre Macht zu missbrauchen, nach. Allerdings ist das nicht mit einem »schlechten Charakter« zu erklären, sondern mit fehlerhaften Strukturen (z. B. mangelnden Kontrollprozessen) und der Tatsache, dass das Verhalten der Mächtigen zugelassen und hingenommen wird.

Schon Aristoteles sagte: »Wer Sicherheit der Freiheit vorzieht, ist zu Recht Sklave.« Wenn wir dieses Zitat vorbringen, erschrecken die Zuhörer oft. Analysieren wir aber dann gemeinsam Machtdynamiken, so wird rasch klar, welchen Anteil die »Ohnmächtigen« an der Aufrechterhaltung des bestehenden Machtgefüges haben. Meist stellt sich heraus, dass sie wesentlich mehr Freiraum für selbstständiges Handeln hätten, als sie sich – oft aus Bequemlichkeit – zunutze machen.

In allen Veränderungsprojekten stoßen wir auf eingenistete Machtstrukturen, die sich im Verlauf des Prozesses oft massiv verschieben und wandeln, weshalb in diesem Kontext immer auch mit Widerstand von mächtigen Gruppen und von Schlüsselpersonen zu rechnen ist.

Es ist stets bedeutsam, wem welche Macht zugeschrieben wird. Interessant ist, dass sich gerade jene Personen, die von anderen als mächtig gesehen werden, selbst völlig anders einschätzen und erleben. Einer der mächtigsten Industriebosse im deutschsprachigen Raum sagte einmal: »Ich fühle mich wie ein Lokomotivführer, der auf Schienen fährt. Ich kann höchstens mehr oder weniger Kohle nachlegen.«

Hat man im Vergleich zu anderen weniger Macht, überschätzt man die Macht der Mächtigen zumeist. Umgekehrt hingegen erlebt man sich selbst selten als sehr mächtig, da man in erster Linie die eigenen Abhängigkeiten und Grenzen sieht und sich immer mit noch Mächtigeren vergleicht.

3. Definitionen von Macht

Wir sehen davon ab, hier verschiedene Machttheorien zu beschreiben. Versucht man eine quer durch die Literatur zutreffende Kernaussage herauszufiltern, dann könnte man sagen, dass Macht das Vermögen ist, in einer sozialen Beziehung den eigenen Willen durchzusetzen. Machtausübung geht daher immer auch mit der Einengung anderer, mit der Einschränkung ihrer Optionen und Rechte (z. B. auf Platz, Ressourcen, Anerkennung etc.) einher.

Die folgende Einteilung von Macht/Autorität in drei Kategorien geht auf Traugott Lindner zurück und ist ein wesentliches Element der gruppendynamischen Tradition.

Wir unterscheiden also *hierarchische, funktionale* und *emotionale* Macht. Dabei vernachlässigen wir die Dimension der körperlichen Gewalt, da diese in unserem Kontext gewöhnlich keine Rolle spielt. Wir stimmen aber mit Hanna Ahrendt überein, die sagt: »Wo das Reden aufhört, beginnt Gewalt.« Die Verweigerung bzw. der Abbruch von Kommunikation stellt eine der massivsten »Sanktionen« in zwischenmenschlichen Beziehungen dar.

Die hierarchische Macht/Autorität

Auf der gesellschaftlichen Ebene Inhaber einer bestimmten Rolle/Funktion – Polizisten, Gesetzgeber, Politiker, Richter, Arbeitgeber – bilden hierarchische Macht.

Sie bekleiden Ämter, die sie per Rollendefinition ermächtigen, Entscheidungen für und über andere zu treffen. Ein Asylantrag wird gewährt oder abgelehnt. Ein gefälltes Urteil hat oft existenzielle Folgen. In Unternehmen haben in jedem Fall die Vorgesetzten, die Vertreter bestimmter Interessengruppen (z. B. die Betriebsräte oder die Stäbe des Vorstands, die oft als Kettenhunde bezeichnet werden) machtvolle Positionen. In all diesen Rollen kann man geben, nehmen, belohnen, bestrafen, verhindern, ermöglichen, Strukturen ändern, Weichen stellen.

Die funktionale Macht/Autorität

Wer über gerade benötigte Ressourcen verfügt – z. B. über Geld, Beziehungen oder Spezialkenntnisse – hat funktionale Macht. »Wissen ist Macht!« »Ohne Beziehungen geht nichts. Der Zugang zu relevanten Personen, zu wichtigen Informationen etc. sichert Einfluss, schafft jedoch Abhängigkeiten bei jenen, denen dieser Zugang verwehrt ist. Das Angewiesensein auf Expertenwissen, auf Kontakte, auf spezifisches Know-how etc. stellt Asymmetrien her.

Funktionale Macht ist nicht an eine Person gebunden, sondern verlagert sich den unterschiedlichen Erfordernissen der jeweiligen Situation entsprechend. Ein Sanierungsfachmann etwa steht, der EDV-Fachmann ist fehl am Platz, wenn es um Anforderungen im Rahmen einer Unternehmensübernahme und dabei nötiges Konfliktmanagement geht. Es nützt einem Vorgesetzten nichts, wenn er privat über viel Geld verfügt, im Unternehmen aber schlecht führt und steuert. Die richtigen Leute zu kennen, sich ihrer unterschiedlichen Potenzen »bedienen« zu können, hilft in verschiedensten Kontexten und hat daher einen besonders hohen Stellenwert im Einflussranking.

Emotionale Autorität/Beziehungsmacht

Für Kinder sind die Eltern machtvollste Autoritäten, weil sie diese für ihr körperliches und ökonomisches Überleben brauchen, aber auch weil sie auf unbedingte Zuwendung, Liebe und Akzeptanz angewiesen sind, um sich gut entwickeln um gedeihen zu können. Liebesentzug und Abwertung gehören zu den schmerzlichsten Strafen, die oft ein Leben lang selbstbewusstseinsmindernd nachwirken.

Auch Erwachsene sind mehr oder weniger von der Anerkennung ihrer relevanten Umgebung abhängig. Je mehr soziale Anerkennung jemand genießt, je höher sein Rang, desto »wertvoller« wird seine Zuwendung. Diese Art Wertigkeit lässt sich gut an Gegebenheiten mit Symbolcharakter – z. B an Sitzordnungen oder an der Lage des Büros – ablesen. Die Ehrenplätze liegen möglichst nahe den Plätzen der bedeutendsten Personen, wichtige Leute haben ihr Büro möglichst nah am Vorstandsbüro.

Unter emotionaler Macht verstehen wir auch das Charisma von Personen, die rasch eine intensive, von Bewunderung begleitete Beziehung herstellen können. Sie üben bewusst oder unbewusst Macht über andere aus. Ihnen wird geglaubt. Sie können überzeugen. Man schließt sich ihnen an. Ihre Anerkennung wiegt besonders schwer.

Bei guten Führungskräften spielt diese Dimension auch immer eine Rolle. Oft spricht man dann von »natürlicher Autorität«, von »charismatischen Persönlichkeiten«, von »Netzwerkern«, von »Menschenfängern«.

Auch auf dem Feld der Geschlechterbeziehungen spielt die emotionale Macht eine große Rolle. Attraktive Frauen und Männer üben auf subtile Weise Macht auf das andere Geschlecht aus. Man fühlt sich zu ihnen hingezogen. Wer schon einmal unglücklich verliebt war, kann nachvollziehen, welche Macht der Abweisende hat – die seinerseitige Zurückweisung kann zur Folter werden.

Die Verteilung der Macht – Rollenabhängigkeit

Ein und dieselbe Person kann zugleich über alle drei beschriebenen Machtkategorien verfügen. Das ist z. B. bei einem Firmenchef der Fall, der hierarchische Macht hat, gleichzeitig ein Allrounder ist, der sein Geschäft von der Pike auf kennt, also funktionale Autorität hat, der noch dazu beliebt ist und bewundert wird, weil er Charisma – also auch emotionale Macht – hat. Allerdings ist diese Multidimensionalität selten anzutreffen.

Die drei angeführten Machtformen verstärken sich aber auch oft wechselseitig: Ist jemand in einer hierarchisch bedeutenden Position, z. B. im Topmanagement, dann bezieht er mehr Gehalt, verfügt über mehr Ressourcen und den Zugang zu mehr Wissen und zu förderlichen Beziehungen. In diesem Sinne gilt auch hier das Sprichwort: Wo's nass ist, regnet's hin. Oder: Wo Tauben sind, fliegen Tauben zu. Dazu kommt, wie schon erwähnt, dass auch Anerkennung und Zuwendung seitens höherrangiger Personen als wertvoller erlebt werden als die von Gleichgestellten.

Macht ist an Rollen gebunden, an Erwartungen und an Beziehungen. Es ist kein Zufall, welche Beziehungen sich zwischen Menschen entwickeln. Sie sind mit bestimmten Erwartungen an Personen, mit dem eigenen Selbstverständnis, mit den jeweiligen Rollen engstens verbunden. Rollen und die an sie geknüpften Erwartungen sind ordnende, stabilisierende Strukturbestandteile aller sozialen Systeme. Man kann Rollen auch als Angelpunkte gesellschaftlicher Kommunikation und Kooperation bezeichnen. Sie prägen den sozialen Status. Rollen sind ja nicht angeboren, sondern wir werden in sie »hineinsozialisiert« und erfüllen sie mehr oder weniger gut. Da Rolle und Person nicht identisch sind und jeder mehrere Rollen innehat, kommt es oft zu Rollenkonflikten, da man es in unserer komplexen Welt meist mit widersprüchlichen Erwartungen zu tun hat. Die Rolle der Führungskraft erfordert den vollen beruflichen Einsatz. Das kollidiert mit der Rolle des Familienvaters und Ehemanns, von dem wiederum umfassendes privates Engagement erwartet wird. Das Ausbalancieren dieser widersprüchlichen Anforderungen ist sehr herausfordernd – dazu braucht es Ich-Stärke und Rollendistanz.

Um zu erkennen, wer aufgrund seiner Rolle wie viel Macht hat, ist es, wie schon erwähnt, zielführend, auf diesbezüglich aufschlussreiche Hinweise im zwischenmenschlichen Umgang und auf Statussymbole zu achten.

Mächtige verfügen in unserer Gesellschaft tendenziell meist über:
- große, teure Autos (mit Chauffeur);
- Parkplätze nah am Firmeneingang;
- in den obersten Etagen gelegene Büros mit mehreren Vorzimmern und Sekretärinnen;
- attraktive Frauen, die dem gängigen Schönheitsideal entsprechen;
- teure Häuser und/oder Wohnungen in elitärer Lage;
- kostspielige Konsumgüter (Kleidung, Uhren etc.), die die Zugehörigkeit zur privilegierten Oberschicht signalisieren.

Verhaltensweisen, die die Inhaber von Macht kennzeichnen:
- Sie unterbrechen andere, werden aber nicht unterbrochen (auch wenn sie monologisieren).
- Sie sitzen an der Stirnseite von Tischen (wo sie den besten Überblick haben):
- Sie sprechen beurteilend, bewertend, bestrafend. Das zementiert Asymmetrien.
- Sie fragen wenig oder gar nicht, sondern geben Anordnungen,
- Sie lassen andere (absichtlich) warten, hassen es aber, selbst warten zu müssen.
- Sie bilden gemeinsam mit mächtigen Freunden und Bekannten ein elitäres Netzwerk.
- Sie nehmen Einladungen zu Veranstaltungen eher an, wenn bereits klingende Namen auf der Gästeliste stehen usw. usf.

4. Die Quintessenz unserer Überlegungen

Macht ist ein interessantes Phänomen: Hat man »zu wenig« davon, wird man nicht ernst genommen, ja nicht einmal wahrgenommen. Hat man »zu viel« davon, verbreitet man Angst und erzeugt Abhängigkeiten. Um aber in einem Unternehmen Entwicklungsprozesse mitgestalten zu können, braucht man genügend Macht. Ein Vergleich aus dem medizinisch-pharmazeutischen Bereich liegt nahe: Ist eine Substanz zu gering dosiert, bewirkt sie nichts, zu viel davon, wirkt hingegen als Gift! Es kommt also auf die richtige Dosierung an.

Ein Fallbeispiel

Ein aus ehemals mehreren kommunalen Unternehmen fusionierter Spitalskonzern mit ca. 15 000 Mitarbeitern muss sich aufgrund der Finanznot des Eigentümers immer dringlicheren Frage stellen: Wie sollte die Organisation ausgerichtet sein, um in einem privatwirtschaftlichen Umfeld gesunde Erträge erwirtschaften und somit bestehen zu können? Welches Zukunftsbild hat die Unternehmensgruppe?

Mehr als acht Jahre hindurch schreibt der beim Übergang in die neuen Verhältnisse tätige CEO eine herzeigbare Erfolgsgeschichte. Er ist in der Politik hoch anerkannt. 2004 schafft er es aufgrund seiner guten Organisation, eine Insolvenz abzuwenden. Die meisten älteren Mitarbeiter haben Respekt vor ihm und nahezu familiäre Gefühle ihm gegenüber. Auch bei neuen Mitarbeitern schafft er es sofort, einen Wohlfühleffekt zu erzielen. Er ist ein »Menschenfänger«. Alle weiteren Mitglieder der Geschäftsleitung machen der Statistik bezüglich der Verweildauer von Geschäftsführern in Konzernen alle Ehre: Es finden in dieser Zeit acht Personenwechsel in diesem Gremium statt, die zum Teil zu schweren Erschütterungen, Irritationen und Verwerfungen in der Organisation führen. Die Geschäftsführung ist daher stark mit sich und ihren Problemen beschäftigt, Entscheidungen bleiben liegen. Die wirtschaftliche Situation gestaltet sich aktuell immer schwieriger. Es toben Verteilungskämpfe zwischen den Bereichen.

Wie häufig in vergleichbaren Organisationen, gibt es auch hier eine engagierte und außerordentlich fähige Mannschaft auf der Ebene unterhalb der Geschäftsführung. Über diese Ebene werden wir vom HR-Bereich der Geschäftsführung als Berater empfohlen und sollen letztlich im Auftrag des CEO das zerrüttete Vertrauen zwischen Vorstandsebene und erster Führungsebene wiederherstellen helfen. Es geht um einen Kulturwandel, der eine hohe Identifikation mit dem Unternehmen und effizientere Strukturen mit sich bringen soll. Ein echtes Interesse der Geschäftsleitung an einem nachhaltigen Veränderungsprozess ist aber anfangs nicht gegeben.

Wir führen Interviews mit den Geschäftsleitungsmitgliedern und den 30 Führungskräften der ersten Ebene. Das Ergebnis ist eine »hoch anschlussfähige Analyse« der Stärken und Schwächen des Unternehmens. In einem weiteren Schritt werden die verschiedenen Perspektiven im Dialog zwischen der ersten Führungsebene und der Geschäftsführung reflektiert. Die sogenannte erste Ebene spricht sich letztlich geschlossen für einen nachhaltigen Prozess zur Neuausrichtung des Konzerns aus. Ziel ist es, profitable Erträge zu erwirtschaften, mithilfe von Konzentration auf die Kernkompetenzen eine solitäre Position im Markt zu erringen und eine durch mehr Kooperation gekennzeichnete Kultur des Unternehmens zu entwickeln.

»Wo ist Macht gut und wo ist sie negativ? Wo endet mein Einflussbereich? Verliere ich gerade an Einfluss?« All diese Fragen stellt sich der CEO – und nicht nur er. Für ihn, den »Allmächtigen« mit hierarchischer und emotionaler Macht, verändert sich der Fokus sprichwörtlich über Nacht. Hat er bis dahin alles mehr oder weniger entlang der Geschäftsordnungen des Hauses nach »Gutsherrenart« entschieden, erkennt er – und auch die gesamte Geschäftsführung – nun, dass es ein Zeichen von Stärke ist, »nur« Metaentscheidungen zu treffen und die operative Verantwortung abzugeben.

Für uns Berater besteht eine wesentliche Herausforderung darin herauszufinden, welche Mächtigen in der Organisation die Strategie unterstützen und den Dialog zwischen den verschiedenen Ebenen fördern wollen. Erst infolge der Schaffung von Transparenz mithilfe einer neuen Feedback-Kultur kann Verständnis für die unterschiedlichen Perspektiven der Beteiligten hervorgerufen und ein nachhaltiger Prozess in Angriff genommen werden. Der Startschuss für eine »lernende Organisation« ist gegeben. In intensiver Zusammenarbeit entsteht ein Bild von der gemeinsamen Zukunft und die Überzeugung, dass sich die Unternehmenskultur aufgrund der Art und Weise, wie Inhalte bearbeitet werden, beeinflussen lässt. Die Führungskräfte, die diesen Prozess aktiv gestalten, werden sich ihrer Macht bewusst (natürlich auch des Risikos!) und machen sich mit enormer Energie und Verbindlichkeit an die Entwicklung von Maßnahmen, die spürbare kurz-, mittel- und langfristige Effekte zeigen. Es mangelt nicht an Fachkompetenz, wohl aber an Umsetzungsfähigkeit. Die Ursachenanalyse zeigt, dass ein neues Verständnis bezüglich Macht und Verantwortung in der Organisation den Dialog ermöglicht und somit die Voraussetzung für einen nachhaltigen Veränderungsprozess schafft.

Wir begegneten in diesem Projekt den unterschiedlichsten Formen von Macht: Der CEO hatte sowohl emotionale als auch hierarchische Autorität, dazu Charme und Charisma und enorme »politische« Macht dank bester Beziehung in mächtigen Kreisen. Den Finanzchef zeichneten funktionale Autorität, gute Beziehungen und herausragendes finanzwirtschaftliches Können aus. Und da war die Leiterin der Organisationsentwicklung, die zusätzlich zu ihrer inhaltlichen und methodischen Expertise – also ihrer funktionalen Macht – auch über hierarchische Autorität verfügte, da sie als Arbeitnehmervertretung im Aufsichtsrat saß. Sie setzte Normen, und aufgrund ihres dichten Beziehungsnetzes, das sich in die unterschiedlichsten Bereiche erstreckte, war sie nahezu eine Art Königsmacherin. Auch der Betriebsrat stellte eine überragende hierarchische Autorität dar, denn in kommunalen Unternehmen wird dieser Rolle ja traditionellerweise großer Einfluss eingeräumt. Er agierte wie ein »Schutzpolizist« und konnte Entscheidungen lange Zeit verhindern bzw. hinauszögern. Als Berater kostete es uns viel Energie, Reflexionszeit und Gelassenheit, die oft überraschenden »Macht-Tsunamis« zu überleben.

Was mussten wir bei diesem Projekt – speziell bezüglich der Machtthematik – berücksichtigen?

- Die Instabilität in der Geschäftsleitung zwang uns dazu, unseren eigentlichen Auftraggeber, unseren »Anker«, in der Gruppe der ersten Führungsebene (30 Personen) zu sehen und nicht in den Personen an der Unternehmensspitze. Diese waren der Spielball der politischen Macht des Aufsichtsrats, des Senats. Nachhaltigkeit war nur auf der Ebene darunter zu erwarten.
- Die enge Zusammenarbeit mit der ersten Führungsebene war ein wesentlicher Erfolgsfaktor.
- Da die »eigentlich Mächtigen« im Senat bzw. im Aufsichtsrat saßen, pflegten wir bewusst den Kontakt dorthin.
- Die HR-Verantwortliche, die uns ursprünglich geholt hatte, fiel im Zuge der Intrigen in Ungnade und verlor an Macht. Daher war es funktional sehr zielführend (in Absprache), nicht allzu viel »öffentliche« Nähe zu ihr zu pflegen.
- Der CEO als »Menschenfänger« wollte auch uns vereinnahmen. Es gelang uns, ihm zwar mit Respekt zu begegnen, aber nicht »auf den Leim« zu gehen, also professionelle Distanz zu wahren.
- Die Zusammensetzung der Kerngruppe repräsentierte die wichtigsten Interessengruppen, was zu genereller Akzeptanz führte. Zentrale Konflikte waren hier exemplarisch bearbeitbar. Die Teilnehmer konnten sozusagen als Multiplikatoren die Resultate ins Unternehmen kommunizieren.
- In den Hebelprojekten setzten die akzeptierten Fachleute ihr exzellentes Know-how ein. Ihre Ergebnisse stießen bei den Kollegen auf Wohlwollen und Akzeptanz. Sounding Boards (mit etwa 20 bis 40 Teilnehmern) dienten neben dem inhaltlichen Feedback der energischen Unterstützung und Umsetzung der Ergebnisse.

Dieses Projekt war sehr herausfordernd, weil es um das wirtschaftliche Überleben der Unternehmensgruppe ging, vor allem aber weil unterschiedlichste massive Machteinflüsse auf den Prozess einwirkten. Immer wieder liefen wir Gefahr, zwischen die Mühlsteine der Machtgruppen (innerhalb der Geschäftsführung, zwischen erster Ebene und Geschäftsführung, zwischen Betriebsrat und Unternehmensleitung) zu geraten. Es gab Intrigen, die sich bis in den Aufsichtsrat/ Senat auswirkten, in die wir aber nicht verwickelt werden durften. Es rollten mehrere Köpfe. Wir versuchten immer wieder klarzumachen, dass wir keiner der

»Parteien« zuzurechnen, sondern dem Gesamtsystem als unserem Klienten verpflichtet seien. Es gelang uns, eine potente Kerngruppe zusammenzustellen, die den Prozess vorantrieb, und eine Projektleitung zu installieren, die Vertrauen genoss. Da die Gruppe und der Projektleiter uns im Laufe des Prozesses zu schätzen lernten, »überlebten« wir mehrere Auftraggeber aus der Geschäftsführung. Wir konnten in dramatischer Weise vielfältige Spielarten von Macht am eigenen Leib spüren und daraus lernen.

Instrumente und Tools

Welche Möglichkeit haben wir als Berater, Machtdynamiken zu erkennen, zu durchschauen, zu nutzen und im Prozessverlauf eventuell auch zu verändern? Als ein Beispiel wollen wir das Instrument der »Machtfeldanalyse« (Königswieser/Hillebrand 2009, S. 75–76) beschreiben, weil es – zu Beginn eines Projekts eingesetzt – als eine Art »Frühwarnsystem« im Hinblick auf Machtverhältnisse bzw. Konfliktfelder fungieren kann. Die so gewonnenen Erkenntnisse helfen, die passenden Interventionen zu wählen. Ziel und Zweck der Machtfeldanalyse ist es, mithilfe von Hypothesen das Projektumfeld zu beleuchten und eine erste Einschätzung bezüglich das Projekt unterstützender bzw. behindernder Kräfte vorzunehmen.

Man kann schon in eineinhalb bis zwei Stunden mit fünf bis zehn Personen einen ersten Wurf schaffen und somit bereits am Projektbeginn auf einem qualitativ höheren Niveau arbeiten. Die Teilnehmer erstellen gemeinsam eine grafische Darstellung von relevanten Projektumwelten und von deren Einfluss auf den Erfolg bzw. Misserfolg des Projekts. Plus- bzw. Minuszeichen signalisieren, wer zu den Unterstützern bzw. Verhinderern gehört. Blitze symbolisieren Konfliktpotenzial. Unterschiedlich große Kreise verdeutlichen das Ausmaß an Einfluss. Sehr oft sind die Teilnehmer vom Ergebnis überrascht, weil anhand dieser Darstellung Latenzen bewusst werden. Auf Basis dieser Grafik werden Hypothesen gebildet, Erwartungen analysiert, und spielerisch wird die Perspektive der verschiedenen Interessenvertreter eingenommen. Darauf aufbauend werden Strategien überlegt, wie damit umzugehen sei, die dann in die Planung mit einfließen. Die Machtfeldanalyse liefert z. B. auch Hinweise darauf, wer für die Erstellung einer Systemdiagnose interviewt werden sollte, wen man in die Kerngruppe berufen bzw. wen man wie, wann und wo miteinbeziehen sollte.

Tipps und Empfehlungen für Berater

- Der Auftrag muss von den Mächtigen unterstützt werden, sonst hat das Projekt keine Chance. Beraterautorität ist geliehene Autorität! Setzen Sie nicht nur auf einen Mächtigen als Auftraggeber, falls dieser ausscheidet, wird zumeist auch das Projekt abgebrochen. Als Berater braucht man Vertrauensbeziehungen zu den verschiedenen Interessengruppen.

- Halten Sie sich aus Intrigen heraus und lassen Sie sich nicht instrumentalisieren. Sie können nicht für andere kämpfen. Das muss innerhalb des Systems passieren.
- Bringen Sie Mächtige nie in Situationen, in denen diese ihr Gesicht verlieren. Als Zeuge derartiger Niederlagen wird man unbequem und folglich bekämpft.
- Seien Sie vorsichtig, was das Aufdecken von Machtunterschieden betrifft. Das ist gefährlich, da diese meist tabuisiert sind. Diesbezüglich ist es oft hilfreich, mit Bildern, Metaphern und Symbolen zu arbeiten und auf diese Weise mehr Interpretationsspielraum einzuräumen.
- Kämpfen Sie nie direkt gegen Mächtige (auch wenn diese im Gegensatz zu Ihrer Werthaltung agieren), ergreifen Sie eher indirekte Gegenmaßnahmen wie z. B. paradoxe Interventionen. Die Auseinandersetzung muss innerhalb des Systems stattfinden und sollte nicht in Form von Stellvertreterkriegen geführt werden.
- Nutzen Sie die Reflexions- und Entlastungsfunktion der Kommunikation im Staff.
- Entdramatisierung ist ein gutes Motto.
- Klären Sie Ihre Beraterrolle zu Anfang und auch während des Prozesses immer wieder einmal. Machen Sie sich bewusst, wie Sie selbst zu Macht stehen.

Literatur

Königswieser R./Hillebrand M. (2009). »Einführung in die systemische Organisationsberatung. 5. Aufl., Heidelberg, S. 75–76.
Lindner, T. (o.J.). Unveröffentliches Manuskript.

Kontextreflexion als Operationsbasis

Marion Keil/Bernhard Kressin

1. Das verlorene Paradies

Das waren noch Zeiten, als Arbeitgeber noch »echte« Arbeitgeber waren und sich die Mitarbeiter die Arbeitsplätze aussuchen konnten; als man noch die europäischen Nachbarländer und die USA als die wichtigsten Absatzmärkte ansah; als Finanzkrisen primär heimische Märkte betrafen und sich nicht nach dem Dominosystem global um den Globus fortsetzten; als Politik noch Politik und Wirtschaft noch Wirtschaft war; als Energieressourcen noch unbegrenzt verfügbar schienen; als Männer in Vorständen, Aufsichtsräten und Regierungen unter sich waren.

Alles verändert sich. Grenzen verschwimmen, Vertrautes muss aufgegeben werden.

Es gibt vielfältige Wechselwirkungen zwischen unternehmerischen und gesellschaftlichen Phänomen. Der gesellschaftliche Wandel spiegelt sich im organisationalen und persönlichen Wandel wider. Das hat R. Königswieser im Kapitel »Umfeld und Kontext von Beratung« im Buch »Komplementärberatung« (2006) beschrieben.

Solange man nur die Dynamik des einzelnen Unternehmens sieht (z. B. Sparmaßnahmen, Lernprogramme), versteht man nicht, inwiefern sie mit den Umfeldbedingungen zusammenhängt. Die Globalisierung und der verstärkte Wettbewerbsdruck erzwingen ein anderes Kostenmanagement, das oft mit Personalabbau und Redimensionierung einhergeht. Gleichzeitig steigt die Notwendigkeit, gute junge Leute anzuziehen und zu halten, was sich in vielen Talent-Management-Programmen zeigt, denn infolge der demografischen Entwicklung der Überalterung Europas, werden gute Mitarbeiter zur Mangelware.

Wenn wir die Unternehmen mit der Erwartung der Mitarbeiter auf ein »Recht auf Arbeit« oder gar auf eine »Lebensanstellung« konfrontiert sehen, verstehen wir das individuelle Anliegen voll und ganz, stellen dem aber Studien gegenüber, die besagen, dass die gesamte »Arbeitslandschaft« im Begriff ist, sich weiterhin massiv zu verändern. Der Trend zu kleineren Stammbelegschaften, zu projektartigen Arbeitskontakten, zu netzwerkartigen Strukturen ist nicht zu übersehen. Das wirkt sich natürlich auf die Loyalität der Mitarbeiter gegenüber dem Unternehmen aus. Unternehmen können nicht mehr garantieren, dass einem der Arbeitsplatz sicher ist. Sie können »nur« die »Employability« der Einzelnen unterstützen.

Die relative Flüchtigkeit von Beziehungen wird privat und beruflich zum Normalfall. So wie es immer öfter »Lebensabschnittspartner« gibt, gibt es eine kürzere Verweildauer in Unternehmen und oberflächlichere Beziehungen. Das gilt nicht nur für Topmanager. Die »Herzlosigkeit« des Marktes schlägt voll in die Unternehmen durch. Liberalisierung, Deregulierung, Beschleunigung fordern extrem viel Unternehmertum, stärkere Autonomie von Unternehmen und Individuen. Nicht jeder ist diesen Anforderungen gewachsen. Die Beispiele sind beliebig fortsetzbar. Ohne eine schlüssige Theorie bezüglich der Prozesse und Trends in Wirtschaft und Gesellschaft kann man nicht unterscheiden, was »hausgemacht«, was Spiegelung des Zeitgeists ist. Ohne Position zu beziehen, sind die damit verbundenen Widersprüche und Unsicherheiten weder für Unternehmen und Mitarbeiter noch für Berater auszubalancieren.

Fazit: hinschauen, reflektieren, intervenieren!

Um heute erfolgreich zu sein, braucht es mehr denn je wache Umweltbeobachtung, Reflexion, Dialoge und ein aktives Gestalten des Umfelds. Unserer Erfahrung nach ist es nötig, bewusst unterschiedliche Außenperspektiven einzunehmen. Der Blick einer beraterischen Außensicht bringt dabei zusätzlichen Mehrwert.

2. Den Unternehmenskontext wahrnehmen, interpretieren, intervenieren

Wie wichtig die Analyse des Kontexts einer Themenstellung eines Unternehmens ist, zeigt sich auch, wenn Unternehmensführer die Umwelt »real time« einbeziehen bzw. soziale Bedürfnisse virtuell befriedigen. Netzwerke wie *Facebook*, *XING* oder *Twitter* haben das eindrucksvoll bewiesen. Dieser Trend zeigt sich aber auch im Erfolg von Unternehmen in klassischen Branchen wie dem Versandhandel, wenn wir an *Amazon* denken, oder im Computer- und Smartphone-Geschäft, wenn wir auf *Apple* schauen. Letztlich bedeutet es, als Unternehmen ein Gespür dafür zu entwickeln, welche sozialen und technologischen Entwicklungen sich in der Umwelt abzeichnen und welche Bedürfnisse daraus entstehen. Dafür gilt es dann Lösungen zu finden, die den Kunden einen zusätzlichen Nutzen und dem Unternehmen gute Gewinne bringen. Systeme sind gut beraten, wenn sie eine systemische Außenbeobachtung des Umfelds vornehmen, z. B. Trends vorwegnehmen, sonst laufen sie Gefahr, Entwicklungen zu verschlafen und folglich nicht anbieten zu können. Nokia z. B. unterschätzte die Tatsache, dass Smartphones jederzeit den Zugriff auf die virtuelle Community und virtuellen Konsum ermöglichen.

Das Umfeld achtsam miteinzubeziehen bedeutet nicht, Verantwortung zu delegieren. Das veranschaulicht ein »Spiegel«-Bericht vom April 2012 über vielfältige Initiativen von Unternehmen wie Toyota, Otto und Henkel, die Social Media für die Produktvermarktung und -gestaltung zu nutzen. Wohl in weiser Vorahnung überließ der Henkel-Konzern bei einer solchen kreativen Maßnahme zum Design des Spülmittels »Pril« und zur Auswahl der dazugehörigen Duftnote die endgültige Entscheidung nicht den Netznutzern. Diese hatten nämlich riesigen Spaß und wählten mit großem Vorsprung den Grillhähnchen-Geschmack auf den zweiten Platz. Wer die digitale Netzwelt einbezieht, der muss, so lernen wir daraus, mit unkontrollierbaren Konsequenzen rechnen.

Es gibt aber auch sehr positive Beispiele, wenn es darum geht, das Umfeld nicht nur wahrzunehmen, sondern es auch aktiv miteinzubeziehen. Einige Konzepte seien hier beispielhaft angeführt.

2.1 Corporate Social Responsability (CSR)

Das Konzept der Corporate Social Responsability (CSR) hat dem Spiegelungsphänomen Rechnung getragen. Als ganzheitliches, alle Nachhaltigkeitsdimensionen integrierendes Unternehmenskonzept verknüpft es alle »sozialen, ökologischen und ökonomischen Beiträge eines Unternehmens zur freiwilligen Übernahme gesellschaftlicher Verantwortung, die über die Einhaltung gesetzlicher Bestimmungen (Compliance) hinausgehen.« (nach Meffert/Münstermann 2005). CSR wird

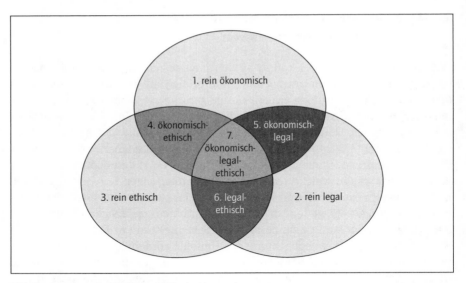

Abb. 1: Corporate Social Responsibility im Unternehmen

in drei Kernbereiche unterteilt: die ökonomische, die ethische und die legale Verantwortung eines Unternehmens. Diese Kernbereiche bilden miteinander Schnittmengen, sodass sich sieben mögliche Kategorien von CSR ergeben (s. Abb. 1). Die ökologische Dimension wird in dieser Darstellung in die ethische eingeordnet.

Lange wurde es als eine »nice-to-have« Herangehensweise betrachtet, doch als dann das ökologische Desaster (z. B. leckende Ölplattformen bei BP) und Klagen bezüglich der Gleichstellung von Frauen (Deutsche Bank in den USA) begannen, richtig Geld zu kosten und den Ruf von Unternehmen zu ruinieren drohten, kam Bewegung in die Diskussion. Obendrein entscheiden sich immer mehr Anleger auch für ethisch und ökologisch sinnvolle Anlagen – insbesondere nach der letzten Wirtschaftskrise 2008. Das Unternehmen ist eben ein Teil der Gesellschaft und braucht für sein erfolgreiches Überleben Leistungen aus der Gesellschaft, wie etwa die Infrastruktur, Sicherheit, Bildungs- und Sozialsysteme. Als Gegenleistung wird von den Unternehmen gesellschaftliche Verantwortung erwartet. So rechtfertigt sich auch der regulative Druck von Regierungen und staatenübergreifenden Institutionen, Unternehmen zur gesellschaftlichen Verantwortung zu veranlassen.

Das ökonomische Argument begründet die Motivation zur Implementierung von CSR intrinsisch. Die freiwillige, nichtnormative Implementierung ist mit einem Nutzenzuwachs für das Unternehmen selbst verbunden, und zwar der Schaffung und Bewertung von »Intangible Assets«, wie z. B. Reputation, Vertrauen, Mitarbeitermotivation und Kundenzufriedenheit (Wühle 2007). Das hat einen Einfluss auf Umsatz- und Gewinnsteigerung. Die verstärkte Hinwendung zu CSR wird durch die Erkenntnis, dass unternehmerische Verantwortung mittel- und längerfristig zur Steigerung des Unternehmenserfolgs beiträgt (Business Case) unterstützt. Als wichtiger Beweggrund erscheint die Möglichkeit, CSR als Werbemaßnahme zu nutzen und sich als gesellschaftlich engagiertes Unternehmen darzustellen. Wie kurz aber solche Werbemaßnahmen greifen, zeigen Beispiele wie etwa BP: Der Konzern warb mit einem neuen Logo – der Blume. BP wollte weg vom Öl – hin zu nachhaltiger Energieerzeugung. Doch dann platzen Ölleitungen in Alaska, die Ölplattform im Golf von Mexiko reißt sich los. Infolge dieser Katastrophen wird bekannt, dass Sicherheitsfragen nicht so genau genommen wurden und der Umgang mit der Gesamtsituation mehr als unglaubwürdig war! Das Ergebnis war massiv imageschädigend.

Heute investieren Unternehmen zunehmend in CSR, um direkt in ihrem Kerngeschäft besser oder attraktiver zu werden. Mitarbeiter arbeiten lieber in sozial engagierten Unternehmen. Kunden fühlen sich gut aufgehoben und ernst genommen, wenn das Unternehmen Produktentwicklungen mit Kunden reflektiert. Unternehmen streben aber auch an, indirekt über gesellschaftliches Engagement ihre Reputation zu stärken, Mitarbeiter zu binden oder Innovationen zu fördern.

2.2 Lean Startup

In Wissenschaft und Praxis findet sich eine Vielzahl von weiteren Ansätzen, die Modelle und Methoden zum Erfolg in einem dynamischen Umfeld darstellen. Hierzu zählen u. a.»Lean Thinking« (TOYOTA) und »Agile Project Management«-Modelle (Oracle). Exemplarisch für diese sich ständig weiterentwickelnden Trends ist ein insbesondere von Software- und Netzwerk-Organisationen genutzter Ansatz. In seinem Buch »The Lean Startup« findet E. Rice folgende Definition: »A startup is a human institution designed to create a new product or service under conditions of extreme uncertainty.« (Rice, 2011). Dabei geht es ihm nicht darum, ob es sich um ein großes oder kleines Unternehmen handelt oder in welcher Branche es tätig ist. Dem klassischen Ablauf von Analyse – Gestaltung – Umsetzung oder auch der Arbeit »in time – in budget – in quality« wird bewusst eine neue Methode entgegengesetzt. Rice formuliert fünf Prinzipien.

1. Entrepreneurs are everywhere
Jeder, der sich der oben aufgeführten Definition eines »Startup« unterwirft, ist ein Unternehmer.

Die Logik ist bestechend, kollidiert aber mit der Einstellung vieler Manager, die sich genau deshalb eine Festanstellung gesucht haben, weil sie glauben, kein Unternehmer sein zu wollen.

2. Entrepreneurship is management

In jedem Unternehmen, dessen zukünftiges Wachstum von Innovationen abhängt, sollte die Bezeichnung »Unternehmer« ein fester Bestandteil der Funktionsbeschreibung im Management sein.

Auch dieses Prinzip ist eine konsequente Umsetzung des Gedankens, dass alle Unternehmen sich mehr denn je im Umfeld extremer Unsicherheit befinden und sich mit ihrem Management darin positionieren sollten.

3. Validated learning

Unternehmen existieren, um zu lernen, wie sie ein dauerhaftes Geschäft aufbauen, nicht um etwas zu produzieren, Geld zu machen oder Kunden ein Service anzubieten. Dazu müssen alle Teile der Unternehmensvision ständig mit wissenschaftlichem Maßstab hinterfragt und durch ständiges Experimentieren getestet werden.

Wenn der Zweck eines Unternehmens tatsächlich darin besteht, in extremer Unsicherheit zu lernen, ein funktionierendes Geschäftsmodell aufzubauen, ist dieses Prinzip viel radikaler und schneller als klassische Marktanalysen und Business-Pläne. Es geht nicht um das »Pathologen-Denken«, wonach jeder im Anschluss weiß, was falsch gelaufen ist, sondern es geht darum, dass sich jeder und jedes Team daran messen lassen muss, tatsächlich (empirisch) einen Unternehmenswert zu generieren. Nur das, was einen Nutzen für den Kunden generiert, ist ein Wert. Für ertragsorientierte Unternehmen kommt hinzu, dass der Kunde bereit sein muss, für diesen Nutzen zu zahlen.

4. Bulid-Measure-Learn

Die fundamentale Aktivität eines solchen Unternehmens besteht darin, Ideen in Produkte zu verwandeln, zu messen, wie die Kunden darauf reagieren, und zu lernen, was man beibehält und was man verändert. Erfolgreich ist diejenige Organisation, die diese Feedback-Schleife nach vorangehender Hypothesenbildung möglichst oft durchführt. Somit wird Lernen möglich.

Es geht also darum, exakte Aussagen zu Kundenanforderungen treffen zu können, indem man mit dem Kunden interagiert, um ein genaues Feedback zu erhalten und Sachverhalte, die man selbst nie wahrgenommen hätte, zu erfahren. Zum Beispiel könnte ein Businessplan eine Rabattaktion vorsehen. Doch wie wird der Kunde auf ein verbilligtes Produkt reagieren? Organisationen sollen lernen, was Kunden wirklich wollen, nicht, was sie sagen, dass sie es wollen, und auch nicht, was wir denken, was sie wollen könnten.

5. Innovation accounting

Um tatsächlich Ergebnisse zu erzielen und die Mitarbeiter in der Verantwortung zu halten, müssen sich Organisationen auf den »lästigen, trockenen« Teil des Rechnungswesens und Controlling konzentrieren. Wie misst man den Fortschritt, setzt Meilensteine und was priorisiert man?

Offensichtlich ist hier Kreativität gefragt, und die Kennziffern, die eine qualitative Aussage über die Konsistenz eines Geschäftsmodells ermöglichen, müssen gefunden werden. So sind Kennziffern wie Volumen, Umsatz, Ertrag etc. etwa für das Geschäftsmodell von eBay nicht aussagefähig. Hierzu führt Rice an, dass Verkäufer bei eBay den Marktplatz mit den meisten potenziellen Kunden suchen und die Käufer den Marktplatz mit dem größten Wettbewerb und somit den besten Preisen. Entscheidend ist die Messung der Effektivität des Netzwerks in Bezug auf die Käufer- und Verkäuferbindung.

3. Umfeldtrends

Im Kern geht es immer um den angemessenen Umgang eines Unternehmens mit seiner Umwelt und der sich daraus ergebenden Unsicherheit mit den Spiegelungen. Was ist »richtig« oder angemessen, was ist »falsch« oder unangemessen? Wen gilt es wie einzubeziehen? Haben wir blinde Flecken? Was müssen wir berücksichtigen und was nicht? So geht es wohl jedem unternehmerisch Denkenden.

3.1 Emerging Markets sind die Zukunftsmärkte

Wir wissen heute, dass die Zukunftsmusik des Markts nicht mehr in Europa und auch nicht mehr in den USA spielt. Neben dem Super-Markt China und den sich auch stark entwickelnden Ländern Indien oder Brasilien lassen viele andere Länder die Muskeln spielen. Dazu zählen auch Vietnam, Indonesien, die Philippinen, Mexiko, Ghana, Nigeria und Angola.

Gemäß der oben genannten Haltung »Entrepreneurs are everywhere« und in Verbindung mit dem Konzept der CSR hat die Osram GmbH in München ein positives Beispiel gesetzt. Als 100%ige Tochterfirma der Siemens AG agiert sie an weltweit 52 Standorten. Die wichtigsten Entwicklungsziele von Osram waren Energieeffizienz, lange Lebensdauer und die Reduktion verwendeter Schadstoffe, als unter dem Stichwort »Global Sustainability« 2008 eine Stabsstelle aufgebaut wurde. Hier sollten insbesondere die Themen Recycling und energiesparende Beleuchtung sowie nachhaltige Projekte im Rahmen von Forschung und Entwicklungsaktivitäten sowie ein intensiver Stakeholder-Dialog vorangetrieben werden.

Ein spannendes Innovationprojekt repräsentiert die Verantwortung des Unternehmens für Innovation, Nachhaltigkeit und gesellschaftliche Verantwortung: Da etwa 1,6 Milliarden Menschen noch heute keinen Zugang zur öffentlichen Stromversorgung haben, nutzen sie fossile Brennstoffe wie Kerosin zur Lichtgewinnung. Die Lampen sind ineffizient und die Dämpfe ungesund. Aber die Lampen sind billig, und das Kerosin kann in kleinen Mengen gekauft werden – also auch von Menschen mit geringem Einkommen. Aus einer Brainstorming-Session zwischen dem Vertrieb/Übersee und dem Corporate-Innovation-Management entstand die Idee, ein konkretes Entwicklungsprojekt ins Leben zu rufen:

- die Erzeugung energiesparender Kompaktleuchtstofflampen und LEDs sowie wiederaufladbarer Akkus;
- die Einführung eines Pfandsystems mit Mikrofinanzierung, um die eher teuren Lampen erschwinglich zu machen, und
- den Betrieb von Dienstleistungstützpunkten, wo netzunabhängig per Photovoltaik Strom gewonnen wird, um die Akkus laden zu können. Anstatt Kerosin wird nun also Strom gekauft.

Der Effekt: Die Stunde Licht kostet den Kunden weniger als das Kerosin, das Licht ist heller, und die Gesundheit ist nicht gefährdet. Osram baute dieses System am Lake Victoria auf, die Firmen Solarworld und Nokia beteiligten sich. Das System wurde in Kenia und Uganda fortgeführt. Hier wurde technische Innovation mit Kundennutzen, enormen Marktpotenzialen, ökologischem Nutzen und Firmenkooperationen erfolgreich verbunden. Die LED-Technologie weist weitere Wege (nach Loew/Clausen/Hall/Loft/Braun, 2009). Wer also lernt, bewusst, methodisch und unternehmerisch mit Umweltunsicherheiten umzugehen, kann sehr erfolgreich sein. Daraus folgt, dass jede Organisation solche Unternehmer und auch Querdenker braucht.

3.2   Das Diktat der Rendite

Seit der Wirtschaftskrise 2009 reißen trotz wirtschaftlicher Erholung die Krisenberichte nicht mehr ab, sie setzen sich fort in der Eurokrise aufgrund drohender Zusammenbrüche von Staatshaushalten und gipfeln in einer lange nicht gekannten Arbeitsmarktkrise innerhalb der EU. Es werden Wetten auf Staatskollapse abgeschlossen, so als wette man auf den Tod eines Patienten. Gleichzeitig bleibt die Unternehmensrendite zentral, und die Bonuszahlungen der Manager erreichen wieder schwindelerregende Höhen. Es sind nicht wirklich Werkzeuge zur Gegensteuerung gefunden worden. Riesige Rettungsschirme wurden aufgespannt und mit Bürgschaften versehen. Es wirkt so, als laufe die Politik verzweifelt den Dynamiken der Wirtschaft hinterher, und diese geht beunruhigend schnell wieder zu ihrem Normalverhalten über, nämlich nach der größtmöglichen Rendite zu trachten. Das ist das Wesen der Marktwirtschaft, sagen die einen. Es muss auch anders gehen, sagen die anderen.

Nehmen wir ein Beispiel aus unserer Beratungspraxis: Wir wurden hinzugezogen, als ein amerikanischer Finanzinvestor zusammen mit einem international agierenden Konzern einen großen Mittelständler aus der Finanzdienstleistungsbranche erwarb. Das Diktat der Rendite führte dazu, dass die neuen Eigentümer – aus deren Sicht sehr gut verständlich – unerbittlich auf sehr schnelle Kostenwirksamkeit von Restrukturierungsmaßnahmen drängten. Im Innenverhältnis des gekauften Unternehmens herrschte die Vorstellung, dass mit den neuen Herren nun endlich die Grundlage für eine Langfristperspektive und neues Wachstum gelegt worden sei. Die relevanten Umwelten und deren Wirkung ignorierend, prallten beide Überzeugungen und Kulturen aufeinander, sinnvolle Veränderungsmaßnahmen kamen zum Stillstand. Die Kosten wurden nicht wirklich gesenkt. Es gab zwei unterschiedliche Identitäten und einen breiten Graben dazwischen. Das Gerücht eines schnell möglichen Weiterverkaufs verbreitete sich ohne tatsächliche Substanz und rief die Arbeitnehmervertreter mit größerem Nachdruck auf den Plan – eine schwierige Situation für alle Beteiligten.

An dieser Stelle half es nicht mehr, von Modellen der Strategieentwicklung, wirksamen Strukturen und nötiger Kulturveränderung zu sprechen. Nur das harte Aufarbeiten der Zahlen, Daten und Fakten, mit dem Ziel, das Erreichbare aufzuzeigen und die Potenziale möglicher radikaler Szenarien sichtbar zu machen, führte zur Wahrnehmung und Reflexion der Umwelten. Mithilfe unserer Begleitung wurde deutlich, dass positive Szenarien nur eintreten können, wenn beide Seiten mit ihren Kompetenzen zusammenarbeiten. Anderenfalls stand das mögliche Drama hoher Verluste am Horizont, und die würden das Gesamtunternehmen treffen und nicht die »eine« oder die »andere« Seite. Der Vertrauensschaden ist bis heute nicht richtig geheilt, aber man denkt gemeinsam über die Dimensionen Markt, Prozesse, Mitarbeiter, Führung, Qualität nach und hinterfragt auch gemeinsam, wie die Wechselwirkungen zwischen dem gesamten Unternehmen und seinem neuen Unternehmensteil nach innen, nach außen und zu den Kunden funktioniert. Auch umgekehrt ist man bereit, Impulse aufzunehmen. Zum heutigen Zeitpunkt ist noch ein weiter Weg zu gehen, sind viele Widersprüche zu managen, aber die Sicht auf die relevanten Umwelten ist frei.

4. Reflexionswerkzeuge

Unsere Erfahrung zeigt, dass diejenigen Unternehmen nachhaltig erfolgreicher sind, die das Umfeld wahrnehmen, miteinbeziehen, aktiv gestalten.

Fragen-Checklisten können dabei helfen. Hier einige Beispiele:
- Anhand welches Mechanismus werden Informationen aus der Umwelt »eingelassen« oder »ausgeschlossen«?
- Wie definiert sich eine Organisation – eher von »innen« oder von »außen«?
- Welche Resonanzen erzeugt die Umwelt im Unternehmen beim Management?

- Wenn wir die wechselseitigen Spiegelungen der Umwelt in die Organisation analysieren – welches Bild und welche Wirkung erzeugt die Organisation?
- Wonach richten wir uns aus – an den zukünftigen Kundenbedürfnissen, am Produkt?
- Wofür sind die Kunden in Zukunft bereit zu bezahlen?

Möglicherweise wird so die ständig steigende Komplexität unserer Umwelt, die uns zu schnellem und erfolgreichem Handeln zwingt, zum Vorteil, den wir nutzen können. Maßgeschneidertes ist angesagt – und nicht länger Ware von der Stange. Neben den Architekturen, Designs und Techniken, die wir in der Beratung anwenden, um Reflexion und Dialog über Zukunftsthemen zu forcieren, haben sich die folgenden Interventionen als besonders hilfreich herausgestellt.

4.1 Der Stakeholder-Dialog

Offen zu kommunizieren ist die wichtigste Fähigkeit, um einen gelungenen Dialog zwischen Unternehmen und seinen Stakeholdern zu führen. Viele Unternehmen haben Systeme zum Zweck des Stakeholder-Managements etabliert, aber das Potenzial, regelmäßig mit Mitarbeitern, Kunden, Lieferanten, Gewerkschaften, Anwohnern, Aktivisten und Nichtregierungsorganisationen, Kapitalgebern und Anteilseignern, Politik und Wissenschaft zu kommunizieren, ist noch längst nicht ausgeschöpft. Die bloße Mitarbeiter- oder Kundenbefragung greift zu kurz.

Der Stakeholder-Dialog ist Teil der internen Stakeholder-Managementaufgabe und reicht von der internen Analyse bis hin zur Entwicklung praktischer Wege der Einbeziehung von Stakeholdern. Stakeholder-Beteiligungen sind beispielsweise im Vorfeld großer Investitionsvorhaben sinnvoll einsetzbar (z. B. Stuttgart 21, neue Startbahnen am Flughafen Frankfurt), in Dialogforen zur gemeinsamen Priorisierung von Themen für die Berichterstattung im Rahmen von Nachhaltigkeitsberichten oder als Beteiligung des Unternehmens an Initiativen zur Ausgestaltung freiwilliger Selbstverpflichtungen – etwa auf Branchenebene.

Der Stakeholder-Dialog hat viele Vorteile: Er ist ein Frühwarninstrument und hilft, gesellschaftliche Trends aufzuspüren. Es entstehen neue Ideen, die im Unternehmen innovativ aufgegriffen werden können. Die Expertise der betroffenen Ansprechgruppen kann Unternehmen wertvolle Erkenntnisse bringen: Beispielsweise sind Nichtregierungsorganisationen (NGOs) häufig viel sensibler und viel früher über gesellschaftliche Entwicklungen in den Ländern, in denen Unternehmen Produktionsstätten betreiben, informiert, und sie thematisieren Missstände bei Zulieferern – wie etwa Kinderarbeit, unwürdige Arbeitsverhältnisse oder Umweltverschmutzung. Bei Nichteinbindung kann es über das Internet in kürzester Zeit zu Kampagnen gegen Unternehmen kommen. Es gibt vielerlei mögliche Formen, den Stakeholder-Dialog zu etablieren: anhand von Mitarbeiter- und Kundenbefragungen, von Kundenworkshops für die Produktentwicklung, von Dialogforen oder fachspezifischen Arbeitsgruppen. Doch wer sind die relevanten Stakeholder? Das muss zuerst festgelegt werden. Hierfür ist die Projektumfeldanalyse eine gute Methode.

4.2 Die Projektumfeldanalyse

Dieses Instrument – auch Stakeholder-Analyse – ist am Beginn von Beratungsprojekten von besonderer Bedeutung. Hier erstellen wir gemeinsam mit dem Kundensystem (möglichst heterogene Gruppe, z. B. das Change- oder Steering Team) eine Landkarte der Einflussnehmer und Interessengruppen. In Untergruppen lassen wir auf je einer Pinnwand die relevanten Stakeholder aufzeichnen. Unterschiedlich große Kreise zeigen die Bedeutung des Stakeholders die Distanz zum eigenen Unternehmen (oder Projekt) auf und machen deutlich, als wie weit weg vom Unternehmensgeschehen der Stakeholder empfunden wird. Die Breite des Verbindungsstrichs deutet an, wie fest die Beziehung ist, und Blitze oder Smilies veranschaulichen die aktuelle Qualität der Beziehung. Es ist immer wieder spannend zu sehen, wie unterschiedlich diese Analysen ausfallen und wie notwendig die anschließende Diskussion ist, um zu einem gemeinsamen Bild der Stakeholder-Landschaft zu kommen. Im nächsten Schritt geht es nämlich darum, wie welcher Stakeholder mit ins Boot geholt werden kann.

Die Stakeholder-Analyse kann auch sehr gut in Form einer Aufstellungsarbeit gemacht werden. In diesem Fall wird auch eine Liste der Stakeholder erstellt, doch nun versetzt sich je ein Teilnehmer in einen Stakeholder, positioniert sich im Raum entsprechend des aktuell angenommenen Verhältnisses zum Unternehmen/Projekt und überlegt sich aus dieser Position heraus eine Schlüsselaussage zu seinem Verhältnis zum Unternehmen/Projekt. Die Berater fragen diese Positionen nacheinander ab. Das ergibt ein sehr anschauliches Bild der Stakeholder-Beziehungslandschaft. Nun werden die Stakeholder gebeten, sich neu zu positionieren, nämlich dorthin, wo sie eigentlich lieber stehen wollten, damit sie sich wirklich angemessen involviert fühlen. Und wieder fragen die Berater nach. Anschließend gibt es eine Auswertung der Übung. Es fällt nun leicht, die Stakeholder in eine Matrix zu überführen, Maßnahmen zu definieren, wie sie besser eingebunden werden könnten, welche Beziehungen gestärkt, reduziert oder weiter gepflegt werden sollten.

4.3   Das Kundenparlament

Die Bezeichnung »Kundenparlament« lehnt sich an die parlamentarischen Prinzipien an, aufgrund deren die Vertreter des Volks das Rechtssystem eines Staates gestalten. Die Durchführung ist dann sinnvoll, wenn Organisationen die Kundenbeziehung nachhaltig verbessern möchten. Das Kundenparlament ist hervorragend geeignet, die Organisation hinsichtlich der Bedeutung ihrer Kunden zu sensibilisieren und ihr wertvolle Rückmeldungen in Form von Anregungen und Erwartungen zu liefern. Es gibt verschiedene Formate der Gestaltung eines Kundenparlaments. Eines wollen wir hier beschreiben.

Die Vorbereitung: Nach der Identifizierung der wichtigsten Kundenbeziehungen werden mit einer Vorbereitungsgruppe die einzuladenden Kundenvertreter ausgewählt. Am Workshop nehmen neben den Kunden Vertreter der einladenden Organisation als »Reporter« und »Beobachter« teil. Die Moderatoren führen als »Parlamentspräsidenten« durch das Programm.

1. Eröffnung der Parlamentssitzung: Nach einer kurzen Einführung und Klärung der Ziele, der Rollen und des Ablaufs stellen sich die Vertreter der Kunden und der Organisation gegenseitig vor.
2. Rückmeldung der Kunden bezüglich ihrer Zufriedenheit mit der Zusammenarbeit und den Leistungen bzw. Produkten. Die Kunden geben eine Gesamtnote und beschreiben, was gut bzw. weniger gut bewertet wird.
3. Die Kunden tauschen sich (in Themenkreisen, »Ausschüssen«) darüber aus, was in der Kundenbeziehung verbessert werden kann, und formulieren diesbezügliche Anträge.
4. Die Anträge werden von den Ausschüssen an das Parlament kommuniziert.
5. Während einer kurzen Pause bereiten sich die »Reporter« gemeinsam mit den »Beobachtern« auf die anschließende – in Form von Interviews gestaltete – Fragerunde vor.
6. Nun haben etwa drei bis vier »Reporter« Gelegenheit, noch offene Fragen aufzuwerfen und ein klares Bild hinsichtlich der Anträge zu erlangen. Sowohl die »Parlamentspräsidenten« als auch die »Beobachter« dokumentieren das Gesagte.
7. Im nächsten Schritt wird das weitere Prozedere erläutert: Der Bericht an das Unternehmen wird vor der Veröffentlichung von den Kundenvertretern genehmigt. Die Unternehmung wertet die Anträge aus und leitet Maßnahmen ein, die zu einer Verbesserung der Kundenbeziehung führen sollen.
8. Nach einer kurzen Schlussrunde dankt die Organisation den Kunden für die Bereitschaft zur Teilnahme und verabschiedet sie.

Die Nachbereitung: Die Organisation reflektiert das Geschehen im Kundenparlament und leitet die notwendigen Konsequenzen ein. Der »Artikel« der »Journalisten« dient der internen und externen Kommunikation. Kunden werden von den weiteren Aktivitäten und Maßnahmen zeitnah informiert. Meist stellt das Kundenparlament den Ausgangspunkt für einen weiteren Prozess zur Verbesserung der Kundenbeziehung dar.

5. Fallbeispiele

5.1 Die Messe Frankfurt

Ein gutes Beispiel für das Gelingen der Umweltreflexion im Rahmen eines umfangreichen Veränderungsprozesses ist die inhaltliche Erarbeitung des Verhaltensleitbilds bei der Messe Frankfurt, in die wir als Berater eingebunden waren.

Ausgangspunkt war eine immense Erwartungshaltung aller Interessengruppen wie Geschäftsführung, Mitarbeiter, Führungskräfte und Betriebsräte bezüglich eines schnell zu erstellenden Konzepts und einer verbindlichen Umsetzung. Der Druck war auch insofern hoch, als ein ähnlicher Prozess schon einmal im Unternehmen durchgeführt worden war. Nachdem viele Mitarbeiter sich mit enormem Elan eingebracht hatten, blieb zur Enttäuschung vieler nur eine »Blaue Karte« mit den erarbeiteten Eckpunkten übrig. Die Hoffnung auf weitere Implementierungsaktivitäten hatte sich in Luft aufgelöst.

Die Sehnsucht nach Orientierung und Klarheit in Fragen des Verhaltens von Mitarbeitern und Führungskräften zeigte sich allerorten (z. B. in Mitarbeiterbefragungen, Führungsrunden, Teamentwicklungen), und auch die Strategie der Geschäftsführung verlangte nach konsistenten Aussagen, um erfolgreich umgesetzt werden zu können. Das Unternehmen agiert mit einer starken Position in internationalen Märkten. Kodizes für Kunden, Lieferanten und Partner wurden schon vor einiger Zeit von beiden Seiten gefordert, lagen vor und hatten bereits erheblichen Einfluss auf den Arbeitserfolg. Da es sich um ein Unternehmen in kommunaler Hand handelt, gibt es eine hohe Sensibilität der Öffentlichkeit für Themen wie Vertrauen, Verantwortung für das Unternehmen und die Gesellschaft, Umgang mit Führung und Mitarbeitern.

Die Organisationsentwicklung und wir als externe Berater beschlossen, verschiedene Dialoge zu organisieren. Wir arbeiteten im Rahmen von Großgruppenveranstaltungen, die die relevanten Umwelten repräsentierten und die Einflüsse der wesentlichen Stakeholder hinterfragten. Auch wenn die Geschäftsleitung zunächst hohen Respekt vor dem Aufwand hatte, zeigte sich sehr schnell, dass das verantwortliche Kernteam ein sehr stabiles Mandat aller Mitarbeiter hatte und den Auftrag der Geschäftsführung zur Entwicklung und Umsetzung eines Leitbilds sehr ernst nahm. Ja, mehr noch: Es gelang, den Rucksack der schlechten Erfahrungen aus der Vergangenheit weitestgehend abzuwerfen und ohne zu aufwendige Projektorganisation zu Ergebnissen zu kommen, die mit vorhandenen

Grundsatzpapieren (z. B. Führungsverständnis, Kodex für den Umgang mit Partnern und Zulieferern) verzahnt werden konnten. In den moderierten Großgruppen- und Gruppenformaten konnte sich jeder Mitarbeiter einbringen, niemand war aus dem Prozess ausgeschlossen. Die Geschäftsführung führte wesentliche strategische Eckpunkte in die Diskussion ein und steuerte das Verfahren. Die Rollen und Aufgaben waren klar formuliert. Schnell ergab sich der Standard, nicht mit dem Finger auf andere zu zeigen, sondern als Selbstverpflichtung ein Leitbild zu finden, an dem sich alle messen lassen wollten. In einer weiteren Großgruppenveranstaltung wurde das endgültige Resultat der Dialoge umfassend reflektiert und verabschiedet.

Nun kam der Schritt zur Implementierung. Auch hier waren die Ungeduld und der Anspruch vieler groß. Das reichte von der Forderung nach Möglichkeiten für arbeitsrechtliche Konsequenzen bei Fehlverhalten bis hin zum Wunsch nach einer nachhaltigen Kulturentwicklung und nach positiver Öffentlichkeitswirkung. Es sollte einen Unterschied machen, wie man sich als Führungskraft oder Mitarbeiter verhielt. Die Kollegen, die sich der Herausforderung der inhaltlichen Arbeit gestellt hatten, ließen sich nun auch die Implementierung nicht nehmen. Sie gingen mit dem gleichen Grundverständnis für einen hoch reflektorischen und dialogreichen Prozess, der noch andauert, an die Arbeit. Dabei bleibt es ein wesentlicher Schritt der gemeinsamen Arbeit, die jeweiligen Wechselwirkungen in der Beziehung mit den relevanten Umwelten bewusst mit einzubeziehen.

5.2   Eine Partei in Österreich

Bereits einige Zeit bevor es die Piraten-Partei in Deutschland gab, trat die Jugendorganisation einer der großen Volksparteien Österreichs an uns heran. Ein energischer, energiegeladener Jungpolitiker wollte neue Ideen und Ansätze für zukünftiges politisches Handeln nicht nur mit Parteikolleginnen und -kollegen gleichen Alters entwickeln. Ihm schwebte vor, auch einen großen Teil Nichtparteimitglieder (aber damit natürlich potenzielle Wähler) sowie Altpolitiker dazu einzuladen. Er etablierte eine Vorbereitungsgruppe, und wir erstellten mit dieser das Design für eine spannende eineinhalbtägige Veranstaltung, in deren Rahmen die wichtigsten Stakeholder dieser Partei, nämlich die Wähler, direkt und face-to-face zusammenkommen sollten. Die Vorbereitungsgruppe wollte ein ganz offenes Herangehen – sogar bei der Auswahl der Themen sollten bereits alle Stakeholder involviert sein. Es ging darum herauszufinden, was überhaupt in Zukunft für die Stakeholder-Gruppe »Wähler« zentrale Themen sein würden.

Wir wählten für den ersten Tag der Veranstaltung das durchaus bewährte Großgruppenverfahren »Open Space Technology« – mit durchschlagendem Erfolg! Unter dem Motto »Was liegt politisch in der Luft und uns am Herzen?« wählten die eingeladenen einhundert Teilnehmer, die in einem Arenakreis saßen,

ihre Themen aus. Jeder Teilnehmer konnte sein ihm wichtig erscheinendes Thema auf eine Karte schreiben, in der Kreismitte ankündigen und es an der Infor-
mationswand mit Namens-, Raum- und Zeitangabe aufhängen. Nachdem jeder,
der ein Thema ankündigen wollte, das getan hatte, wurde der sogenannte Marktplatz eröffnet: Jeder konnte sich in eine Liste zu dem Thema, an dem er Interesse hatte, eintragen lassen. Sobald der Prozess der Agendabildung abgeschlossen
war, starteten die Themengruppen. Die Kleingruppen wurden nicht von außen
moderiert, sondern waren selbstorganisiert. Jede Session dauerte mindestens eine Stunde. In den Pausen wurden die Themengruppen gewechselt, und am
Abend kamen alle im großen Forum zusammen – begeistert von den offenen
Diskussionen und der Selbstorganisation. Wir bildeten Verschnittgruppen aus
den Themengruppen, die ihre Erlebnisse miteinander austauschten. Dann holten
wir die Stimmung ab: Es waren berührende Statements der Freude und des Stol-
zes, als Stakeholder an diesem Prozess teilnehmen zu dürfen, zu hören – dabei
hatten alle Teilnehmenden fast zwei Tage ihres Wochenendes »geopfert«!

Am nächsten Tag wurden neue Gruppen eingerichtet, die nun die Aufgabe
hatten, Möglichkeiten zu überlegen, wie die Themen und Ergebnisse des letzten
Tages in die Partei hineinzutragen wären. Anschließend wurden die Ergebnisse
des Workshops der Vorbereitungsgrupe übergeben, die daraus die neue Strategie
der Jungparteiorganisation erstellen wollten und ebenfalls eine Strategie erarbeiteten, um die Themen in der Partei zu platzieren. Alle Teilnehmer wurden über
den weiteren Prozess auf dem Laufenden gehalten. Eine bessere Art des Stake-
holder-Dialogs zur Innovationsgenerierung, Mitgliederbindung und -neugewin-
nung sowie zur Wähleraktivierung ist kaum denkbar. Das sollten mehr Parteien
machen!

6. Tipps für Berater

- Sorgen Sie für eine gute Analyse! Wer sind die Stakeholder? Bedenken Sie, es
  sind in der Regel mehr, als anfangs genannt werden!
- Berichten Sie von Ihren Erfahrungen und ermutigen Sie das Kundensystem,
  Vergleichbares auszuprobieren. Wie können die Stakeholder an Bord geholt
  und wie in den Unternehmensdialog eingebunden bleiben?
- Es ist wichtig, selbst in Szenarien zu denken und das Kundensystem einzuladen, das ebenfalls zu tun! Hier braucht es auch den Input der Berater, im Beraterstaff kreativ »out oft the box« zu denken. Die Realität holt alle schnell
  genug wieder ein.
- Manchmal kann ein Impulsvortrag z. B. aus der Hirnforschung oder aus einer
  ganz anderen Branche Wunder wirken. Auch »Learning Journey«-Ansätze helfen dem Kundensystem, alternative Handlungsformen wahrnehmen zu können.

* Unterschiede machen einen Unterschied! Wer und was könnte für das Kundensystem den entscheidenden Impuls geben?

Machen Sie die Andersartigkeit zum Mehrwert und bringen ihn aktiv in den Beratungsprozess ein. Es ist hilfreich, im Beraterstaff Unterschiede (Nationalität, beruflicher Hintergrund, Ausbildung, Geschlecht) wertzuschätzen und abzubilden.

Literatur

Riess B./Bertelsmann Stiftung (2012). Programm – Gesellschaftliche Verantwortung von Unternehmen. Gütersloh.

Loew, Th./Clausen J./Hall M./Loft L./Braun, S. (2009). Fallstudien zu CSR und Innovation; Praxisbeispiele aus Deutschland und den USA. Berlin/Münster.

Meffert H./Münstermann M. (2005). Corporate Social Responsibility in Wissenschaft und Praxis: eine Bestandsaufnahme. Arbeitspapier Nr. 186, Wissenschaftliche Gesellschaft für Marketing und Unternehmensführung e. V., Münster, S. 20 f.

Schwartz M.S./Caroll A.B. (2003). Corporate Social Responsibility; a three domain approach. In: Business Ethics Quarterly Volume 13, S. 503–530.

Wühle, M. (2007). Mit CSR zum Unternehmenserfolg. Gesellschaftliche Verantwortung als Wertschöpfungsfaktor. Saarbrücken, S. 14 ff.

Rice, E. (2011). The LEAN STARTUP. How Today´s Entrepreneurs Use Continuous Innovation to Create Radically Successful Businesses. New York.

Königswieser, R. (2006). Umfeld und Kontext von Beratung. In: Königswiser, R./Sonuc, E./Gebhardt, J. (Hrsg.). Komplementärberatung. Stuttgart, S. 11.

Königswieser, U. (2007). Kundenparalment. Ein Dialog-Design klärt Bedürfnisse. In: Königswieser & Network-Journal, Januar 2009, S. 16.

Königswieser, R/Keil M. (2000). Das Feuer Großer Gruppen. Stuttgart.

Der Mensch als Nadelöhr von Interventionen

Roswita Königswieser/Uwe Scheutz

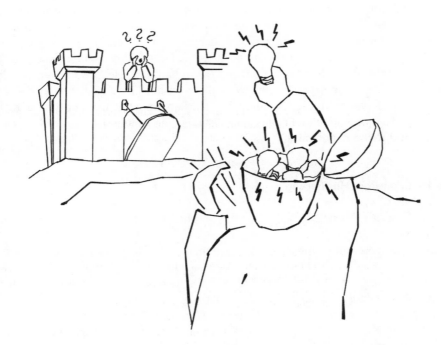

1. Einleitung – Der Faktor Mensch

Der frisch motivierte Projektleiter sagt angesichts der komplexen Architektur des Projekts:

»Aufgrund der widersprüchlichen hohen Erwartungen von allen Seiten frage ich mich, wie wir das schaffen sollen!«

Der Berater beruhigt: »Es wird schon gehen! Wir machen das Schritt für Schritt – gemeinsam. Ich bin an Ihrer Seite, begleite Sie.«

Desorientierung und Instabilität haben große Teile der Organisation erfasst. Die Identifikation der Mitarbeiter mit dem Unternehmen ist am Tiefpunkt, es fehlt an Zuversicht.

Wir schlagen unter anderem vor, zuerst einmal mit Schlüsselpersonen Visionsarbeit zu leisten, indem sie folgende Frage beantworten: »Wie müsste das Unternehmen in fünf Jahren aussehen, damit ich stolz sein kann, dort zu arbeiten?«

Danach sammeln wir die »roten Fäden« und verdichten sie. Im fünfstufigen Visionsprozess, in den die relevanten Zahlen, Daten, Fakten (ZDF) und wichtigen Umwelten mit einbezogen werden, schlagen wir immer wieder die Brücke zwischen den für die persönlichen Belange und den für die Zukunft des Unternehmens ausschlaggebenden Inhalten.

Die Mitarbeiter kennen zwar das »Strategiepapier« des Unternehmens, haben es aber weder tiefer in ihr Bewusstsein eindringen lassen oder es gar internalisiert, und für ihre Entscheidungen ist es schon gar nicht relevant.

Wir führen einen »Strategiedialog« in Kaskaden top-down durch. Die Wirksamkeit der dialogischen Kommunikation wird hautnah erlebt. Nach den streng über Zeit (3 Stunden) gesteuerten Workshops ist der Tenor: »Jetzt verstehe ich das Strategiepapier und stehe dahinter.« »Ich habe mich gehört und verstanden gefühlt; ich konnte meine Bedenken äußern, Fragen stellen, Anregungen geben. Das hätte ich so nie erwartet!«

1.1 Inhaltliche Hinführung

Wie passt das Thema Mensch zum systemischen Beratungsansatz? Systemikern geht es doch immer um Relationen, Kontexte, Systemmuster. Personensysteme sind »nur« relevante Umwelten von Systemen. »Es geht nicht um die Veränderung von Menschen, sondern darum, Voraussetzungen zu schaffen, die bestimmte funktionale Verhaltensweisen fördern oder hemmen.« Ja, das stimmt so für uns, aber dennoch ist das Individuum, der Mensch, ein wichtiger Faktor im Fokus von Veränderungsprozessen. Ohne Beteiligung der einzelnen Personen, ohne deren Gefühle, gibt es keinen Wandel. Darüber hinaus haben wir die Erfahrung gemacht, dass die reflexive Beteiligung am Prozessverlauf die Kompetenzentwicklung von Führungskräften und Mitarbeitern am effektivsten und überzeugendsten fördert. Noch so gute Seminarangebote tragen – von einigen Ausnahmen abgesehen – weit weniger zur persönlichen Qualifizierung bei als die Mitwirkung an der Bewältigung von anspruchsvollen Aufgabenstellungen in ganzheitlichen Unternehmensentwicklungsprojekten.

Dabei geht es uns nicht um psychologische Methoden, die den Einzelnen im Blick haben, sondern um die Erfahrung, dass Menschen das »Nadelöhr« unserer Interventionen sind. Wie oft scheitern Projekte, weil der Berater von Schlüsselpersonen nicht akzeptiert wird, weil wichtige Akteure gegen den Prozess sind, weil die internen und externen Projektleiter nicht miteinander »können«.

Unabhängig von strukturellen, strategischen oder kulturellen Faktoren geht es darum, gute, tragfähige Beziehungen zwischen Beratern und Auftraggebern, Projektleitern, Mitarbeitern und anderen relevanten Personen aufzubauen. Ohne Vertrauensbasis lässt sich Beraterkompetenz nicht vermitteln, sei sie auch noch so fachlich fundiert.

Diese banale Tatsache ist leichter formuliert als realisiert. Wie baut man Vertrauen auf? Wie kann man als Berater vermitteln, dass es wirklich um das Interesse des Gesamtsystems geht und nicht um die Unterstützung von Partikular- – ja sogar Eigeninteressen? Die soziale Kompetenz, tragfähige Beziehungen aufzubauen, die Haltung echter Wertschätzung zu vermitteln, Akzeptanz zu erzielen, ist die Voraussetzung dafür, dass man Menschen »abholen« und »mitnehmen« kann, dass man imstande ist, ihre Energien zu aktivieren. Berater sollten Unterstützung bieten können, ohne dominant zu sein.

Will man ein System (ein Unternehmen, eine Abteilung) in einem Change-Projekt begleiten, ist man häufig mit »schwierigen« Persönlichkeiten konfrontiert. Die Fähigkeit, die dabei entstehenden oft heiklen Beziehungsdynamiken zu meistern, ist kaum je Gegenstand von Beratungsqualifikationen. Für uns ist sie jedoch als wichtiges Kriterium ein zentrales Element von Professionalität (vgl. Artikel Beraterprofessionalität, S. 1 in diesem Buch). Es geht hierbei weniger um psychologische oder charakterologische Fachkenntnisse, sondern in erster Linie um Beziehungsgestaltung. Und eine diesbezüglich wesentliche Voraussetzung ist es, um die eigene Wirkung, die eigenen Fähigkeiten Bescheid zu wissen.

Nur wenn man selbst mit Konflikten und Ängsten sozial kompetent umgehen kann, ist man auch glaubwürdig, wenn man Konfliktbearbeitungen moderiert, in schwierigen Entscheidungssituationen als Sparringspartner Menschen zur Seite stehen muss oder dazu beitragen soll, die Zusammenarbeit von verschiedensten Interessenvertretern zu verbessern. Das heißt nicht, perfekt sein zu müssen. Wahre Professionalität bedeutet vielmehr einen bewussten Umgang mit eigenen Schwächen und das Einholen von Feedback zur Reduktion eigener blinder Flecken.

1.2   Charakteristische Phänomene infolge der derzeit vorherrschenden Situation

In welcher Situation befinden sich denn eigentlich Menschen in Organisationen – versucht man von Branchen-, Länder- und Regionalunterschieden abzusehen – grundsätzlich? Gibt es hervorstechende Phänomene, die unabhängig von Größe (Konzern, mittelständisch), von Struktur (Hierarchie, Netzwerk) etc. des Unternehmens zu beobachten sind? Wir nehmen wahr, dass der individuelle Druck auf Führungskräfte wie auf Mitarbeiter zunimmt. Die Komplexität hat sich infolge von Globalisierung, Computerisierung und Vernetzungen potenziert. Es herrscht eine Tendenz zu grundsätzlicher Überforderung: Die Zukunft ist nicht berechenbar, es wird immer schwieriger, die Auswirkungen von Entscheidungen richtig abzuschätzen; der Kommunikationsaufwand vervielfacht sich; die Erwartungen hinsichtlich ständiger Mobilität und Verfügbarkeit steigen; die strukturell bedingten Widersprüche führen zu Zerreißproben. Darüber hinaus leiden Manager oft unter Einsamkeit.

Was Halt geben könnte, erodiert. Beziehungen werden flüchtiger (außerhalb und innerhalb der Unternehmen). Sicherheiten (z. B. ein langjähriger Arbeitsplatz) gehen verloren. Die Identifikation mit dem Unternehmen verdünnt sich. Und auch Rechtssicherheiten stehen auf tönernen Füßen, wie die Compliance-Belange zeigen. Es ist weniger Platz für das Individuum mit seinen Bedürfnissen und Besonderheiten, für seinen Wunsch wirklich wahrgenommen zu werden. Diese Gemengelage ist insgesamt sehr herausfordernd, was durch die widersprüchlichen Anforderungen im Berufs- und im Privatfeld noch verstärkt wird. Die Folge: Es häufen sich Burn-out-Symptome.

All diese Phänomene treten jedoch nicht sogleich offen zutage, sondern sie schweben in der Latenz. Beim Bearbeiten latenter Themen stößt man allerdings schnell auf unerfüllte Sehnsüchte und unbefriedigte Wünsche danach, anerkannt und ernst genommen zu werden, nach wertschätzenden Beziehungen, nach einer sinnvollen Arbeit, einer erfüllenden Existenz. In kompetent begleiteten Projekten gelingt es, diese verschütteten Gefühle bewusst zu machen, in Energie umzuwandeln, die sowohl für die individuelle Entwicklung als auch für die des Gesamtsystems von Nutzen, ja ein Gewinn ist.

2. Ausgewählte Basismodelle für unsere Arbeit mit Menschen

In Führungskräfteseminaren und bei Coachings ist die Arbeit mit und an Personen explizit Gegenstand des Auftrags. In Beratungsprozessen wie z.B. in Change-Projekten findet Persönlichkeitsentwicklung jedoch in erster Linie implizit statt. Wir definieren zwar immer das Gesamtsystem und nicht einzelne Personensysteme, dennoch ist es sinnvoll, Denk- und Haltungsmuster von Rollenträgern zu thematisieren, um Verständnis und Unterstützung für den Gesamtprozess zu erlangen. Veränderung von Systemen ist wie gesagt nur über persönliche Betroffenheit zu bewerkstelligen.

Dabei führen uns ausgewählte Basismodelle bzw. Basisannahmen zu Beraterinterventionen, die nicht nur organisationales Lernen beschleunigen, sondern auch unweigerlich individuelles Lernen nach sich ziehen. Als Systemikern geht es uns darum, ein organisationales Umfeld schaffen zu helfen, das lösungsorientiertes Handeln und Zukunftsfähigkeit fördert. Es nützt nichts, Einzelne mit »Maßnahmen« zu beglücken, wenn das Umfeld nicht unterstützend agiert. Das ist auch die Ursache, weshalb externe Trainings zumeist nicht viel fruchten, weil nämlich Kultur und Struktur des Gesamtsystems weit größere Auswirkungen zeigen als individuelle Motive und Bemühungen.

Wir vergleichen diesen Ansatz oft mit der »Pflege eines Biotops«: Es gilt, den Boden so aufzubereiten und die Lichtverhältnisse dahin gehend zu berücksichtigen, dass sich erwünschte Pflanzen ansiedeln, optimal entwickeln und vermehren können, andere hingegen weniger werden oder ganz verschwinden. Die Metapher »Biotop« kann man mit Rahmenbedingungen übersetzen – als da wären Kultur, Strukturen, strategische Leitplanken etc., die es im Sinne der Zukunftsfähigkeit zu gestalten gilt. Wie ist das konkret »machbar«? Die Analyse unserer Praxiserfahrungen zeigt zwei Stoßrichtungen, um dieses Ziel zu erreichen.

1. Wir agieren auf einer Metaebene
Indem wir unserem Ansatz und unserer Haltung getreu unser Weltbild vermitteln, setzen wir Impulse, die eine neue Sichtweise ermöglichen sollen, um die Situation, die Wirklichkeit, die Welt dann neu definieren und eine gemeinsame Sprache entwickeln zu können. Wir vermitteln mithilfe verbaler und nonverbaler Kommunikationsformen unsere Grundbotschaften, Glaubenssätze und »Leitplanken«. Hierzu zählt unter anderem die Überzeugung,

- dass das »Gute« im Menschen vorhanden ist;
- dass Konflikte und Machtthemen »dazugehören«, Probleme aber entdramatisiert werden sollten;
- dass kurz- und langfristige Ziele vereinbar sind;
- dass Widerstand mit Angst zu tun hat und Energie blockiert;
- dass Wandel und Widersprüche im normalen Leben ihren Platz haben müssen und Stabilität immer nur kurze Zeit währt;
- dass Feedback hilft, Selbststeuerung zu erlernen;
- dass an einem Problem nicht nur einer (Symptomträger) »schuld« ist, sondern immer mehrere Personen Anteil daran haben;
- dass man stets nach der Balance zwischen Verändern und Bewahren trachten sollte;
- dass Gelassenheit und Entschleunigung nötig sind, um Probleme besser bewältigen zu können;
- dass es langfristig mehr bringt, Selbststeuerung und Selbstverantwortung zuzulassen und zu fördern, als zu viel zu helfen und zu stark zu entlasten;
- dass Gruppen Hyperexperten für Komplexitätsbewältigung sind und ihre Intelligenz und Kreativität im Kollektiv potenziert entfalten können.

Wir erleben immer wieder, dass Menschen sehr schnell spüren, welche Konsequenzen diese Haltung zeitigt – dass es sich eigentlich um »verschüttetes« Wissen handelt, das langsam freigelegt wird.

2. Wir setzen gezielt Architektur- und Designelemente, die der operativen Umsetzung dieser Haltung dienen, ein
Wir schaffen Räume, die Wachstum ermöglichen und beschleunigen – Wachstum, das gleichzeitig individuelles und organisationales Lernen fördert, das Entlastung und Stabilisierung bringt, das Unsicherheiten und Ängste besprechbar macht, das neue Beziehungsqualitäten hervorbringt.

Welche Prinzipien stehen hinter den speziellen Architekturelementen? Welche Auswirkungen bringen sie zumeist hervor?

- Die Arbeit in Gruppen hat – je nach deren Größe, nach Dauer und Tageszeit – unterschiedliche Auswirkungen. Z. B. sind Kleingruppen, speziell wenn sie abends stattfinden, förderlich für intime, offene Gespräche und für Feedback. (»Ich hätte nie gedacht, dass das Verbalisieren meiner Enttäuschung und das Reden in der Gruppe solch eine Erleichterung bringen kann.« »Feedback ist oft hart, aber auch ein Geschenk.« »Ich sehe: Ich bin mit meinen Problemen nicht allein.«)
- Bei jedem Arbeitsschritt ist der jeweilige persönliche Bezug – die individuelle Betroffenheit – mit zu thematisieren. Z. B. ist in einem Umstrukturierungsprojekt auch zu bearbeiten, was eine bestimmte Entscheidungsvorlage bei den einzelnen Personen auslöst. (»Ich habe meinen Bewusstheitshorizont hinsichtlich nötiger Kernkompetenzen erweitert. Das hatte auch Rückwirkungen auf meine Lebenseinstellung und meine Werthaltung.«)
- Die Designs sollten es ermöglichen, latente Themen, wie etwa Ängste, Konkurrenz, Sehnsüchte etc., hochkommen zu lassen, sich ihrer bewusst zu werden. (»Dass Ängste blockieren, wusste ich schon immer, aber jetzt habe ich es selbst erlebt und die Methode zur Deblockierung schätzen gelernt: Seinen Mitarbeitern hinsichtlich ihrer Ängste Fragen zu stellen ist meist besser, als bloß gute Ratschläge zu geben.« »Das Programm war anders als erwartet: weniger Vorträge, mehr Eigeninitiative – anstrengend, aber wirkungsvoll.« »Die Auseinandersetzung mit den Kollegen war für mich wichtig. Ich lernte, mit Konflikten konstruktiv umzugehen.« »Mein Führungsstil hat sich verändert. Ich nehme mir mehr Zeit für die Mitarbeiter und bin konsequenter.«)
- Die Designs und Architekturen sollten so konzipiert sein, dass sie neue Zugänge zu den Problemfeldern eröffnen und somit einen differenzierten Entscheidungsprozess ermöglichen. Hierfür sind z. B. Reflexionsrunden und Metakommunikation probate Mittel. (»Erst war ich ungeduldig, aber das sorgfältige Reflektieren der Auswirkungen von Lösungsvorschlägen sowie das Miteinbeziehen der kulturellen und menschlichen Aspekte haben meinen Wahrnehmungshorizont erweitert.« »Ich habe für meine Führungsaufgabe sehr viel mitgenommen.« »Ich lernte, über meinen Aufgabenbereich hinaus ans Ganze zu denken.« »Mir waren die Vernetzungen nicht so bewusst.« »In der Konzepterarbeitung wurde mein Fall exemplarisch besprochen – das hat mir die Augen geöffnet.«)
- Unangenehme, schwierige Themenbereiche nicht auszuklammern, sondern aus der Tabuecke herauszuholen, deblockiert Energien. Dazu gehört es, z. B. auch Fragen zu stellen wie: Welche Leute wären infolge dieser Struktur die Gewinner bzw. die Verlierer? (»Ich habe aufgrund dieses Ansatzsatzes erkannt, dass der gekonnte Umgang mit Unsicherheit – die Fähigkeit, sie zu ertragen – in Veränderungsprozessen die Kernkompetenz schlechthin ist. Das gilt auch für mich.«)

Die folgende Liste zeigt, wo und wann diese beispielhaft angeführten Prinzipien der Prozessgestaltung besonders deutlich zutage kommen:

- bei Dialogplattformen,
- in Feedback-Prozessen,
- im Zuge kollegialer Beratungen,
- beim Durchlaufen systemischer Schleifen/bei Hypothesenbildungen,
- anhand von Übungen zum Erkennen eigener Muster (z. B. »Stabile Zonen«, »Achillesferse« etc.)
- in Teamentwicklungsprozessen,
- in »themenlosen« Gruppen.

Geht man bei der Prozessgestaltung gemäß dieser Grundprinzipien vor, so dient das nicht nur der Weiterentwicklung der Organisation insgesamt, sondern auch der Persönlichkeitsentwicklung der einzelnen Beteiligten.

Es ist sicherlich schon deutlich geworden, dass wir weder Fans von Tests und Checklisten noch von Persönlichkeitsdiagrammen sind. Wir nutzen zwar manchmal Selbsteinschätzungsmethoden – z. B. die »Grundformen der Angst« (auf Basis der Theorie von Fritz Riemann) – in Kombination mit Feedback-Prozessen als Instrumente, die die Kommunikation bezüglich individueller Problemfelder erleichtern sollen, in erster Linie setzen wir aber auf Interaktionsprozesse in und zwischen Gruppen, verwoben mit inhaltlicher Arbeit.

Die aktive Einbindung der Führungskräfte und der Mitarbeiter in die Situationsanalyse und in den Prozess der Ergebniserarbeitung z. B. von Teilprojekten führt zu einer differenzierteren, genaueren Kenntnis der Abläufe, aber auch zu einem vertieften Verständnis hinsichtlich der Organisations- und Machtdynamik bzw. der Konfliktmuster und der Latenzen. Die Fachkompetenz der Mitarbeiter wird umfassender, und das Verständnis für die Aufgaben außerhalb des eigenen Verantwortungsbereichs wächst.

Die Teilnehmer können ihr Selbstbild kontinuierlich mit den Fremdbildern abgleichen, ihre Stärken und Schwächen, ihre Muster besser erkennen. Sie lernen implizit, in Relationen zu denken, Symptome von Ursachen zu unterscheiden, Team- und Machtdynamiken schneller richtig einzuschätzen, Prozesse und Rollen klarer zu durchschauen. Sie erleben, dass Führungsrollen kontextabhängig und nur im Zusammenhang mit Beziehungsgeflechten zu begreifen sind. Sie üben, den eigenen Anteil an der jeweiligen Sachlage/Situation mitzudenken. Anhand der Kombination von Erleben, Erfahren und Erkennen erweitert sich ihr Horizont, relativiert sich ihre subjektive Wahrnehmung, nimmt die Bereitschaft und Fähigkeit zur Selbstreflexion zu. Das bringt deutliche Entwicklungsschübe mit sich. Die neuen Rollen, die ungewohnten Aufgaben, die neue Qualität der Gespräche und Feedbacks, die Art und Weise, wie Probleme angegangen und Konflikte gelöst werden, ja die gesamte Prozessgestaltung – all das liefert Entwicklungsimpulse.

Die Methode, wie wir mit Kunden arbeiten, nutzen wir auch für uns selbst. Gute Staffarbeit bedeutet immer inhaltliche Arbeit, aber auch Auseinandersetzung mit der eigenen Haltung, um professionell zu bleiben und um die eigene Anschlussfähigkeit ständig zu überprüfen. Denn wenn es uns nicht gelingt, mit den Projektleitern, den Auftraggebern, den Mitarbeitern von Mensch zu Mensch eine Vertrauensbeziehung aufzubauen und gegenseitige Akzeptanz zu erzielen, hilft uns selbst das profundeste, kognitive beraterische Rüstzeug nicht weiter. Der Staff ist das Biotop für unsere eigene Weiterentwicklung.

Konsequenzen-Empfehlungen für Berater

1. Will man die unterschiedlichsten Menschen erreichen, sowohl auf der intellektuellen als auch auf der emotionalen Ebene, ist zuallererst die konsequente Arbeit an sich selbst und die kontinuierliche reflexive Staffarbeit wichtig. Oft ist auch Supervision sinnvoll. Kernsätze wie »Wohin ich auch sehe, ich sehe immer nur mich selbst!« oder »Was Peter über Paul sagt, sagt mehr über Peter als über Paul« haben nichts von ihrer entlarvenden Aussagekraft eingebüßt.

2. Grundvoraussetzung für eine belastbare Berater-Klienten-Beziehung ist ein robustes Berater-Klienten-System (BKS).
   Vertrauensaufbau und das probeweise Durchspielen von Designschritten – vor allem zwischen den externen und internen Projektleitern – sind zentrale Erfolgsfaktoren. Von entscheidender Wichtigkeit ist auch die Pflege der persönlichen Beziehungen: Vier-Augen-Gespräche mit in der Organisation speziell belasteten Personen können in schwierigen Phasen helfen.

3. Wie bereits ausgeführt, ist das Herstellen eines persönlichen Bezugs zu den zu bearbeitenden Themen, das Erzeugen von reflektierter Betroffenheit, ein Schlüssel, um Akzeptanz für die Ergebnisse und deren Umsetzung zu erzielen.
   Diese »persönliche Schiene« setzen wir gern in Abendeinheiten ein. Die Arbeit in Zweier- oder Dreierkonstellationen stellt rasch Intimität her und fördert einen nachhaltigen Vertrauensaufbau. Wenn der persönliche Bezug zur jeweiligen Aufgabenstellung und die diesbezüglichen Befindlichkeiten wechselseitig ernst genommen werden, setzt das unglaublich viel Energie frei.

4. »Zweimal so viel ist nicht doppelt so gut«, sagt Paul Watzlawick und spielt damit auf Situationen an, die wir immer häufiger in Organisationen vorfinden. Man will alles noch schneller, besser, günstiger machen als bisher – mit doppelter Anstrengung, aber denselben Ressourcen. Das sind Lösungen erster Ordnung. Veränderungsprozesse benötigen aber Lösungen zweiter Ordnung. Dabei geht es darum, »es grundsätzlich anders zu machen«. Es geht um neue Muster von Problemlösungen. Veränderungen dieser Art beginnen bei den einzelnen Menschen.

Faustregeln bezüglich des Beziehungsaufbaus:

- Nimm dir Zeit für Vertrauensaufbau und Beziehungspflege.
- Stelle Anschlussfähigkeit her.
- Finde die Balance zwischen Behutsamkeit und Irritation/Härte, zwischen Nähe und Distanz.
- Ohne echte Wertschätzung geht nichts.
- Baue immer wieder gemeinsame Reflexionsarbeit, die kollektive Latenzen bewusst macht, ein, damit Widerstände besprechbar und Resonanzphänomene bearbeitbar werden.
- Wenn persönliche Ängste, Unsicherheiten, Sehnsüchte nicht besprechbar sind, gibt es keinen erfolgreichen Change-Prozess.
- Nutze Gruppenarbeit in verschiedenen Varianten – auf diese Weise ist kollektive Intelligenz besonders effektiv zu heben.
- Die Arbeit an der eigenen Person, Rolle und Haltung ist Voraussetzung, um als Berater Neutralität leben zu können.

Schematisch gesehen sind in den verschiedenen Projektphasen auch jeweils unterschiedliche Beziehungsqualitäten gefragt:

	1	2	3	4	5
Phase	Kennenlernen	Kontakt-gestaltung	Arbeitsphase	Belastungs-phase Arbeitsphase	Projekt-abschluss
Beziehungs-qualität	»Augenhöhe« Anschluss-fähigkeit Verstehen	Rollenklarheit Erwartungs-management	Containment Fordern Fördern	Konflikt-mangement Entlastung	Würdigung Dank Beziehungs-pflege nach Abschluss

Abb. 1: Beziehungsqualitäten in verschiedenen Projektphasen

Die Stichwörter sollen Schlaglichter auf die Dynamik der Beziehungsqualität werfen. Ein wesentlicher Faktor ist dabei die Kontinuität hinsichtlich der handelnden Personen: Wechseln die Berater im Projekt, ist mit Brüchen in den Vertrauensbeziehungen zu rechnen!

3. Praxisbeispiel

Der Vorstand eines international tätigen Finanzdienstleisters in der Automobilbranche ist völlig überrascht, dass die Entscheidung, mit dem Unternehmen umzuziehen und es zu optimieren, bei den Mitarbeitern derart heftigen Widerstand auslöst. (»Unser Haus wird niedergerissen.« »Unsere Identität zerstört.« »Wir kämpfen bis zum Umfallen, das lassen wir uns nicht gefallen!« »Wir wurden angelogen.«) Die Mehrzahl der Führungskräfte solidarisiert sich mit den Mitarbeitern. Diese reagieren mit Protest und Streik auf die für sie unverständlichen Maßnahmen. (»Wir haben das beste Ergebnis der Firmengeschichte, trotzdem wird gespart!« »Es werden höchstens zehn Prozent der Belegschaft mitgehen.«). Der Vorstand wird als herzlose Maschine gesehen, die Mitarbeiter definieren sich als Familie. (»Es wird nur drauf geschaut, dass noch mehr Rendite erzielt wird, wir Mitarbeiter sind dem Vorstand egal.«) Der Vorstand argumentiert mit der Notwendigkeit, kurzfristig erfolgreich zu sein und wettbewerbsfähig zu bleiben und bezeichnet die Belegschaft als verwöhnt.

Unsere Aufgabe besteht in einer Art Brückenfunktion: Wir müssen zwischen Vorstand und Mitarbeitern Vertrauen aufbauen, Übersetzer sein, wieder eine Gesprächsbasis schaffen. Die Zusammenarbeit zwischen Berater- und Klientensystem ist anfangs von Unsicherheiten und großem Misstrauen geprägt. »Schon wieder Berater!« Das Berater-Klienten-System ist anfänglich nicht stabil, weil unsere Haltung den internen Projektleitern sehr fremd ist. Es geht vorerst nur darum, zwischen allen Gruppen Vertrauen aufzubauen. Das geschieht mithilfe einer gelungenen Systemdiagnose, vieler Dialoge und Vier-Augen-Gesprächen sowie mutiger Interventionen (Aufstellungen, Feedback, Bilder). Auf der menschlichen Ebene gelingt der eigentliche Durchbruch, als der Vorstand – nach intensivem Coaching – öffentlich sagen kann: »Wir haben Fehler gemacht, es tut uns leid!«

Erst dann ist es dem Vorstand und der Belegschaft möglich, ihre unterschiedlichen Logiken wechselseitig zu verstehen. Die konstruktive Bearbeitung der widersprüchlichen Ziele wird durch das intensive Miteinbeziehen der Führungskräfte und Mitarbeiter möglich. Es ist ein herausfordernder Balanceakt, das Vertrauen zwischen den verschiedenen Interessengruppen ständig aufrechtzuerhalten.

Profile

Sabine Grözinger
Inhaberin von Arbach Consulting, Frankfurt/M.; Studium der Politikwissenschaft und Germanistik; mehr als 10 Jahre Führungserfahrung auf Unternehmensseite in den Bereichen PR, Marketing und Unternehmenskommunikation; systemische Berater-Langzeitausbildung, Ausbildung in systemischer Gruppendynamik.
Tätigkeitsschwerpunkte: Gestaltung von Veränderungsprojekten durch Kommunikations- und Dialogprozesse, Konzeption und Moderation von Markenentwicklungsprozessen, komplementäre Kommunikationsberatung.

Reinhard Günzl
Netzwerkpartner von Königswieser & Network; Studium der Betriebs-, Rechts- und Wirtschaftswissenschaften sowie der Biochemie. Ausbildung in systemischer und komplementärer Beratung. Zentrales Thema: Die Soft Facts in Kombination mit betriebswirtschaftlichem Know-how sind der Schlüssel zum Erfolg in komplexen organisatorischen Veränderungsprojekten.
Tätigkeitsschwerpunkte: Maßgeschneidertes ganzheitliches Organisationsdesign und Geschäftsprozessoptimierung mithilfe von Integration der kundenintern Beschäftigten.

Dr. Marion Keil
Geschäftsführende Gesellschafterin von Königswieser & Network, Diplom Soziologin, Ausbildung in systemischer Beratung, systemische Berater-Langzeitausbildung.
Tätigkeitsschwerpunkte: Beratung und Begleitung von Change-Prozessen, Integration von Unternehmensstrategie, -kultur und -struktur, Leadership-Entwicklung, Großgruppenmoderation, Teamprozesse. Internationale Ausrichtung: Beratungen in Asien, Amerika und Afrika.

Roswita Königswieser

Vorsitzende der Geschäftsführung und Gesellschafterin von Königswieser & Network, Komplementäre Beratung und systemische Entwicklung GmbH, Wien, Frankfurt, Köln, Leipzig; Dr. phil.

Tätigkeitsschwerpunkte: Systemisch-komplementäre Beratung in komplexen Veränderungsprozessen in Mittel- und Großunternehmen; Integration von Prozess- und Fachberatung, wissenschaftliches Arbeiten und Publikationen; Coaching von Topmanagern, Weiterbildung für Veränderungsmanager und Berater.

Ulrich Königswieser

Geschäftsführer und Gesellschafter von Königswieser & Network, internationaler Berater und Managementtrainer im Change-Management;

Studium der Wirtschaftswissenschaften, Mag.rer.soc.oec., Ausbildung in Gruppendynamik, systemische Berater-Langzeitausbildung.

Tätigkeitsschwerpunkte: Strategie, Restrukturierung, kulturelle Veränderungen, Leadership-Programme, Teamentwicklungen und Coaching. Trainer für systemisch-komplementäre Berater und interne Veränderungsmanager. Lehrtätigkeiten an der Webster University Vienna.

Bernhard Kressin

Partner von Königswieser & Network; Studium der Psychologie in Berlin; mehr als 15 Jahre Tätigkeit als Personalverantwortlicher und Bankmanager; systemische Berater-Langzeitausbildung; Gründer und Inhaber eines eigenen Unternehmens.

Tätigkeitsschwerpunkte: Experte für komplexe Unternehmensveränderungen in Deutschland und Europa, Interimsmanagement, Prozesscoaching und Personalmanagement; Executive Coaching.

Erik Lang

Netzwerkpartner von Königswieser & Network, Studium der Betriebswirtschaftslehre und Informatik, Lic. oec. publ., Führungs- und Managementweiterbildungen, Coaching-Ausbildungen, systemische Berater-Langzeitausbildung.
Tätigkeitsschwerpunkte: Strategieentwicklung und -implementierung, Gestaltung und Begleitung von komplexen und nachhaltigen Veränderungsprozessen, Neudefinition und Implementierung von Geschäftskern- und Führungsprozessen sowie das Management großer internationaler Projekte.

Sandra Lenhard

Netzwerkpartnerin von Königswieser & Network; Studium der Pädagogik und der Wirtschaftswissenschaften, FHS; Ausbildungen in systemischer Organisationsentwicklung, Executive Coaching und Konfliktmediation, systemische Berater–Langzeitausbildung.
Tätigkeitsschwerpunkte: Beratung und Begleitung von umfassenden Veränderungsprozessen nach systemisch-komplementären Grundsätzen; Umsetzung von nachhaltigen Personalentwicklungs- und Führungskräfte-Qualifizierungen; Moderation von Management-Workshops zu Themen der Zukunftsgestaltung resp. der Zusammenarbeit; Begleitung und Mediation von berufsbezogenen Konflikten und Executive Coaching.

Christopher T. Mallmann

Senior Development Economist mit langjähriger internationaler Erfahrung in der Strategie- und Organisationsberatung. Von der Geschäftsbankenberatung bis hin zur Politikberatung bei Reformfragen auf Regierungsebene konnte er fast 20 Jahre hindurch bei großen und kleinen, privaten und öffentlichen Kundenorganisationen im In- und Ausland Erfahrung sammeln. Für KPMG Consulting Berlin war er u. a. als Manager für die Einführung von Kostenrechnungsverfahren in Bildungs- und Forschungseinrichtungen zuständig. Für die EU-Kommission, die deutsche Regierung und ihre Vorfeldorganisationen (GIZ), die UN und die Weltbank begleitete er in den letzten Jahren als freier Berater auf vier Kontinenten Organisationen bei schwierigen Veränderungsprozessen.

Andrea Reise

Personaldirektorin in einem globalen technischen Dienstleistungskonzern; Rechtsanwältin; Gruppendynamik und Komplementärberatungsausbildung bei K&N, Wien; systemische Coaching-Ausbildung, Dr. Backhausen; langjährige Gesamtverantwortung bei der Firma SGS für das strategische und operative Personalmanagement in Europa.

Tätigkeitsschwerpunkte: HR-Strategie; Entwicklung und Einführung von Best-Practice-HR-Prozessen/-Instrumenten; Personal- und Organisationsentwicklung, Reorganisationen; Führungskräfteentwicklung, Integrations- und Change-Management, Begleitung und Durchführung von M&A – Projekten. Mitwirkung an diversen internationalen Effizienz-Projekten.

Uwe Scheutz

Projektleiter und Netzwerkpartner von Königswieser & Network, selbstständiger Unternehmensberater Scheutz & Partner, Wieselburg; Ausbildung zum Bank- und Exportkaufmann, systemische Berater-Langzeitausbildung.

Tätigkeitsschwerpunkte: Beratung und Begleitung von Entwicklungsprozessen (Integration, Strategie), Team- und Leadership-Entwicklung, Coaching, Führungs- und Generationswechsel.

Adrienne Schmidtborn

Netzwerkpartnerin von Königswieser & Network; Diplom-Psychologin, systemische Therapieausbildung, systemisch-komplementäre Berater-Langzeitausbildung.

Tätigkeitsschwerpunkte: systemisch-komplementäre Organisationsberatung mit Spezialisierung auf Systemdiagnose, Teamentwicklung, Evaluation und Wissensmanagement; Lehrtätigkeiten an den Universitäten Hohenheim und Mannheim.

Dr. Benjamin Wellstein

Netzwerkpartner von Königswieser & Network; Diplom-
kaufmann und promovierter Organisationswissenschaftler
der Universität Mannheim; Langzeitqualifizierung Komplementärberatung.

Tätigkeitsschwerpunkte: Preis-, Marketing- und Vertriebsbe-
ratung sowie Strategieentwicklung; Begleitung von Veränderungsprojekten und deren Implementierung; Experte im Bereich Wissensmanagement; Durchführung von Management-
seminaren zu den genannten Themen.

Martin Zahner

Partner und CEO von YJOO Communications, einer schweiz-
weit tätigen Kommunikationsagentur; vormals CEO von
Trimedia Communications Schweiz; Teilstudium Geschichte
und Philosophie, langjährige journalistische Tätigkeit;
systemische Berater-Langzeitausbildung.

Tätigkeitsschwerpunkte: Strategieentwicklungen Unterneh-
mens- und Organisationskommunikation, Begleitung und
Umsetzung von Veränderungs- und Change-Kommunikations-
Projekten.